图书馆阅读推广理论与实践探究

杨 静 谢基新 王跃飞 主编

TUSHUGUAN YUEDU TUIGUANG
LILUN YU SHIJIAN TANJIU

内蒙古科学技术出版社

图书在版编目（CIP）数据

图书馆阅读推广理论与实践探究 / 杨静, 谢基新, 王跃飞主编. — 赤峰：内蒙古科学技术出版社，2018.3
（2020.2重印）
　　ISBN 978-7-5380-2944-4

　　Ⅰ. ①图… Ⅱ. ①杨… ②谢… ③王… Ⅲ. ①图书馆—读书活动—研究　Ⅳ. ①G252.17

中国版本图书馆CIP数据核字（2018）第052424号

图书馆阅读推广理论与实践探究

主　　编：	杨　静　谢基新　王跃飞
责任编辑：	张文娟
封面设计：	永　胜
出版发行：	内蒙古科学技术出版社
地　　址：	赤峰市红山区哈达街南一段4号
网　　址：	www.nm-kj.cn
邮购电话：	0476-5888903
印　　刷：	天津兴湘印务有限公司
字　　数：	283千
开　　本：	787mm×1092mm　1/16
印　　张：	10.875
版　　次：	2018年3月第1版
印　　次：	2020年2月第2次印刷
书　　号：	ISBN 978-7-5380-2944-4
定　　价：	58.00元

《图书馆阅读推广理论与实践探究》编写人员名单

主　编
　　杨　静　内蒙古医科大学图书馆
　　谢基新　内蒙古医科大学图书馆
　　王跃飞　内蒙古医科大学图书馆

副主编
　　陈　媛　内蒙古医科大学图书馆
　　冀萌萌　内蒙古医科大学图书馆
　　曹晓璐　内蒙古医科大学图书馆
　　景玉枝　内蒙古医科大学图书馆

前　言

　　阅读作为人所特有的一种精神活动，是人类传承知识和延续人类文明的一种手段，对个人的成长和国家的发展都具有非常重要的意义。任何一个希望获得知识或者从事创造性研究活动的人，都离不开读书。要用知识来丰富自己、武装自己，把自己培养成具有"自己的观点"的人，成为一个有知识的人，这其中最重要的环节就是阅读。一个民族的精神境界的发展程度，在很大程度上取决于全民族的阅读水平。根据中国新闻出版研究院第十二次全国国民阅读调查报告中的数据统计：成人手机阅读时间日均首次超过30分钟；2013年接触数字化阅读方式的比例为50.1%，2014年在此基础上升高了8个百分点，为58.1%；手机方式阅读率为51.8%，首次超过50%。数字阅读越来越受人们欢迎，纸质阅读出现了危机，人们传统的阅读习惯面临着严峻的挑战，阅读推广受到了人们的广泛关注，许多国家把促进全民阅读提升到国家战略层面。习近平总书记在党的十九大报告中提出文化是一个国家、一个民族的灵魂；文化兴国运兴，文化强民族强；没有高度的文化自信，没有文化的繁荣兴盛，就没有中华民族伟大复兴。在2014、2015、2016年的《政府工作报告》中，李克强总理多次提及要"倡导全民阅读，建设书香社会"，又一次把"全民阅读"提升到政府的重点工作中来。图书馆作为为广大读者提供读物、提供读书的场所及形成读书氛围的场所，理应成为一所学校、一个社区或一座城市的文化中心。因而，其在阅读推广上具有其他单位与组织做阅读推广无法比拟的优势，那就是具有丰富的资源做物质保障、具备文献资料阅读场地等。同时，社会教育是图书馆重要的职能，因此，其在推广社会文化方面更是具有不可替代的作用，那么，做好阅读推广是图书馆理所当然的工作，图书馆也理应担当推动全民阅读的重要职责。

　　本书共五章，通过阅读推广概述、国外及港台图书馆阅读推广现状、国内高校图书馆和公共图书馆阅读推广现状、儿童及青少年阅读推广现状，多维度、系统、全面地从理论及实践角度对阅读推广工作进行分析，总结出一些值得全国各类图书馆参考的推广全民阅读的经验，希望能够为我国的全民阅读事业提供一份力量，以促进我国加快实现构建和谐社会的步伐。

目 录

第一章　阅读推广概述 1
　　第一节　阅读推广的起源 1
　　第二节　阅读推广的概念 2
　　第三节　阅读推广的基础理论特征 6
　　第四节　阅读推广的理论学派 12
　　第五节　阅读推广的模式 17

第二章　国外及港台图书馆阅读推广现状 23
　　第一节　美国阅读推广活动概况 23
　　第二节　英国阅读推广活动概况 26
　　第三节　香港阅读推广活动概况 30
　　第四节　台湾地区阅读推广活动概况 36

第三章　高校图书馆阅读推广现状 42
　　第一节　高校图书馆多维度阅读推广实践 42
　　第二节　高校图书馆经典阅读推广实践 75
　　第三节　高校图书馆微媒体阅读推广实践 94

第四章　公共图书馆阅读推广现状 107
　　第一节　公共图书馆多维度阅读推广实践 107
　　第二节　公共图书馆数字阅读推广实践 127
　　第三节　公共图书馆经典阅读推广实践 137

第五章　儿童及青少年阅读推广现状 144
　　第一节　我国图书馆儿童阅读推广服务模式 144
　　第二节　图书馆儿童阅读推广活动评估 149
　　第三节　我国图书馆儿童阅读推广实践 159

参考文献 166

第一章 阅读推广概述

第一节 阅读推广的起源

　　回顾过去二十多年的图书馆事业,除了信息技术给图书馆服务带来的变化外,最大的变化莫过于阅读推广成为了图书馆的主流服务。图书馆人顺应社会发展给图书馆带来的挑战,持续推动阅读推广的发展,使阅读推广从以往自发的、零星的、补充式的图书馆服务,发展为图书馆服务中最具活力的、充分体现图书馆核心价值的自觉的图书馆服务。阅读推广的发展带来新的理论问题,对于阅读推广理论的研究正在形成新的图书馆学理论领域。阅读推广能够成为图书馆的核心领域,首要因素是现代社会对阅读的关注度上升。进入20世纪90年代后,政治、经济和社会的发展对公民素养的要求提高。各国政要意识到,无论是推行民主政治、维持社会稳定,还是提升经济、增强国民竞争力,公民的自我学习能力都是极为重要的因素。在这种背景下,国际组织和各国政府一再出台各种政策或战略,组织大型活动,促进阅读推广或非正规学习以提升公民素养。1995年,联合国教科文组织将每年4月23日命名为"世界图书与版权日"(又称"世界读书日"),这个日子现已成为全球阅读的重要节日。1997年又发起"全民阅读"(Reading for All)活动。此外,联合国教科文组织还有"素养十年"等中长期计划,鼓励各种机构培养公民读写能力和终生学习能力。世界各个国家和地区的政府都在大力推动阅读,相关政策法规和大型项目举不胜举。在全社会关注阅读的潮流中,图书馆始终走在前面。1994年国际图联发布的《公共图书馆宣言》,将"从小培养和加强儿童的阅读习惯"列为公共图书馆的首要使命。

　　2003年,英国文化、媒体和体育部(DCMS)的政策文件《未来的框架》更是明确了现代图书馆职能向阅读推广的转化。这一文件认为,公共图书馆需要不断更新和宣传他们的社区服务目标,试图基于新的目标为英国公共图书馆描绘十年蓝图。报告第一次将阅读推广放到图书馆事业的核心位置或首要位置,认为图书馆的职能应该聚焦于"发展阅读和学习,数字技能和服务,社区凝聚力和公民价值",并以极大的篇幅强调公共图书馆阅读推广和促进非正式学习的职能。报告称现代图书馆使命的核心有三条,第一条为"阅读推广和促进非正式学习"。

　　2005年,国际图联召开信息素养和终生学习高层研讨会,发布《信息社会灯塔:关于信息素质和终身学习的亚历山大宣言》,强调"信息素养和终生学习是信息社会的灯塔,照亮了信息社会发展、繁荣和走向自由的进程"。

　　中国图书馆学会2003年将全民阅读工作提上议事日程并列入年度计划,这是中国图书馆学会自觉推动阅读推广的起点。2006年中共中央宣传部等11个部委联合倡议发起全民阅读活动,党的十八大报告在关于"扎实推进社会主义文化强国建设"的论述中明确表示要"开展全民阅读活动"。在2014、2015、2016年的《政府工作报告》中，李克强总理多次提及要"倡导全民阅读，建设书香社会"，又一次把"全民阅读"提升到政府的重点工作中来，我国的阅读推广活动因此得到了蓬勃的发展。十多年来，中国图书馆学会不懈地宣传与推动全民阅读：从组织"4月23日"阅读推广活动，到评选年度全民阅读优秀组织和先进个人；从成立学会的阅读推广委员会，到将"图书馆努力促进全民阅读"写入《图书馆服务宣言》。经过全国图书馆界十多年的努力，阅读推广逐渐从一种自发、零星、补充式的图书馆服务发展为一种自觉、普遍、不可或缺的图书馆服务，开展阅读推广的地区从沿海发达地区走向欠发达地区，主动进行阅读推广的图书馆从公共图书馆（含少儿图书馆）发展到高校、中小学图书馆。2013年，中国图书馆年会的主题设定为"书香中国——阅读引领未来"，这标志着阅读推广已经成为全体中国图书馆人的自觉。

第二节 阅读推广的概念

1 什么是阅读推广

"阅读推广"一词来源于英文的"Reading Promotion"，"Promotion"除可翻译为"推广"外，还有"促进、提升"的意思，所以也有人将"Reading Promotion"翻译为"阅读促进"。"Reading Promotion"一词常见于联合国教科文组织、美国国会图书馆、美国国家艺术基金会的"大阅读"项目，国际图书馆协会联合会等倡导全民阅读的组织、机构的网站和工作报告。但是在英语世界，无论是机构网站、工作报告、期刊论文，还是维基百科，都没有赋予"Reading Promotion"一个学术性的定义，人们普遍认为"Reading Promotion"是一个意思清楚的词汇，无需作专门的定义。

国际上发出全民阅读的倡议之后，我国迅速响应，顺理成章地借用了"Reading Promotion"这个概念，通常将其翻译为"阅读推广"，自1997年以来，"阅读推广"逐渐成为国内图书馆界、出版界的一个常用词、高频词。按照字面理解，"阅读推广"无非就是为推动全民阅读的实现而开展的所有引导阅读、激励阅读的活动的统称。迄今为止，图书馆界整合各家见解，最郑重、最周全地给"阅读推广"下定义的是张怀涛先生，他在收集、分析10余位学者的观点的基础上，给"阅读推广"下的定义是："阅读推广，顾名思义就是推广阅读；简言之就是社会组织或个人为促进人们阅读而开展的相关活动，也就是将有益于个人和社会的阅读活动推而广之；详言之就是社会组织或个人，为促进阅读这一人类独有的活动，采用相应的途径和方式，扩展阅读的作用范围，增强阅读的影响力度，使人们更有意愿、更有条件参与阅读的文化活动和事业。"

阅读推广，即推广阅读，就是图书馆及社会相关方面为培养读者阅读习惯，激发读者阅读兴趣，提升读者阅读水平，进而促进全民阅读所从事的一切工作的总称。王波认为"阅读推广"的定义如果作如下表述，则更为大气和简洁：阅读推广，就是为了推动人人阅读，以提高人类文化素质、提升各民族软实力、加快各国富强和民族振兴的进程为战略目标，而由各国的机构和个人开展的旨在培养民众的阅读兴趣、阅读习惯，提高民众的阅读质量、阅读能力、阅读效果的活动。王波认为上述定义是一个国际化的定义，因为它提到了"各民族""各国"，如果将这里的"各民族""各国"替换成"中华民族""中国",那么就变成了"中国阅读推广"的定义。而且,这里用了"人人阅读"而不用"全民阅读",因为"全民"指的是"全体人民",是一个政治概念,并不能覆盖所有人。相比起来,"人人阅读"更符合"Reading for All"的本意。其次,这个定义强调了阅读推广的目的,交代了其国际背景是响应"人人阅读"的倡导,国内背景是各国希望借此提升国家和民族的竞争力。最后,这个定义中的5个关于阅读的概念不是随意罗列的,它们之间具有先后逻辑关系。

培养阅读兴趣解决的是阅读的动力问题,是其他阅读活动的前提,一个人只有阅读兴趣培养起来了,才终生具有阅读饥饿感,对阅读充满激情。培养阅读习惯解决的是阅读的惯性、持久性问题,一个人只有养成阅读习惯,才会把阅读作为一种生活方式,将其像空气和水一样对待,须臾不可分离。这种生活方式和工作方式相结合,正如李克强总理所说,将会变成一种强大的创新力量和道德力量。提高阅读质量解决的是阅读的内容和品位问题。人生有涯,而知识无涯,以有涯人生面对无涯知识,只能择善而读,所以好书需要挑选,读书需要引导。一切关于好书的出版、推荐、导读工作,目的都是为了提高人们的阅读质量。提高阅读能力解决的是阅读的方法和技巧问题,也就是解决阅读的效率问题。不管是一目十行读书法、对角线读书法,还是蚕吃桑叶读书法、不求甚解读书法,等等,都各有优点,要把各种各样的加快阅读效率的方法教给读者。提高阅读效果解决的是阅读的理解水平问题,即阅读的消化、吸收问题。阅读的最终目的是吸收读物的内容,实现阅读目标。阅读推广服务于所有的正当的阅读目的,不管是功利阅读还是休闲阅读,都不应该是阅读推广歧视或嘲讽的对象,阅读推广活动应该帮助各种怀揣正当阅读目标的读者实现其理想。阅读兴趣、阅读习惯、阅读质量、阅读能力、阅读效果这5个概念在阅读推广活动中具有最大的通约性,规约了阅读推广的内涵和外延,一切阅读推广活动都是围绕着这5个范畴来开展的。

2 什么是图书馆阅读推广

在阅读推广大潮中,图书馆因为是体系成熟、布点广泛、资源富集、专业化程度高的文化基础设施,所以自然而然地成为阅读推广的一支核心力量。但是,因为图书馆的阅读推广和新闻、出版、广播、电视行业的阅读推广有所不同,所以图书馆界常用的一个词是"图书馆阅读推广"。

那么,什么是"图书馆阅读推广"呢?与人们对"阅读推广"这个词的感觉一样,一般图书馆员多认为这个词的含义简单明晰,无需作专门解释,故而在期刊论文和专业辞典中,都找不到该词的学术定义。不过,以范并思教授为代表的少数专家认为,忽视对"阅读推广""图书馆阅读推广"这类常用词汇的专业含义的思考和探求,正是图书馆员们缺乏理论自觉的表现。概念是理论的根基,如果不追问基本概念的准确内涵和外延,何以建立能够概括实践和引导实践的阅读推广理论?没有成熟的阅读推广理论,阅读推广活动就容易长期停留在盲目、杂乱的阶段,难以走上有序、长效、可持续发展的科学轨道。但是,因为"图书馆阅读推广"与图书馆的诸多活动,如图书馆宣传、图书馆营销、图书馆书目推荐、图书馆展览等活动盘根错节,要想剔枝摘叶、勘边划界,对"图书馆阅读推广"下一个毫无争议的定义,也是一个难度很大的挑战。所以像范并思教授,即便意识到了为"图书馆阅读推广"下定义的重要性,发表了相关论文,表现出了指出这个问题的勇气,但是迟迟没有为"图书馆阅读推广"下定义。

然而,基于理论构建的责任感、使命感,也有专家尝试探讨"图书馆阅读推广"的定义。

比如，于良芝教授等认为："根据图书馆界从事阅读推广的经验，它主要指以培养一般阅读习惯或特定阅读兴趣为目标而开展的图书宣传推介或读者活动。""'培养阅读习惯或兴趣'这一目标决定阅读推广试图影响的通常是休闲阅读行为，即与工作或学习任务无关的阅读行为。这是因为，与工作或学习任务相关的阅读，其目标是解决工作或学习中的问题，它既然主要受任务驱动，便不易受阅读推广的影响。"正如一句老话：创始者难为功。上述定义虽有启发作用，却没有赢得广泛认同，尤其是定义之后的进一步解释，认为"阅读推广试图影响的通常是休闲阅读行为，即与工作或学习任务无关的阅读行为"，这个观点很难得到高校图书馆和大中型公共图书馆的服膺。因为对于高校图书馆而言，其是为高校的人才培养、科学研究、社会服务和文化传承与创新服务，满足师生的教学、科研和文化的传承与创新是其主业，满足师生的休闲消遣只是其副业，如果"图书馆阅读推广"真的局限于上述定义界定的范围，那就显然不符合高校图书馆的办馆目标，背离了其建设宗旨。同样，大中型公共图书馆也有服务于地方教学科研和大众创业、万众创新等使命，阅读推广仅影响读者的休闲阅读行为也是远远不够的。

而且，就高校图书馆已经举办过的阅读推广案例而言，上述定义也不足以概括。比如，北京大学图书馆在2014年11月13日至12月31日举办《化蛹成蝶——馆藏北大优博论文成书展》，将1999—2013年作为教育部《面向21世纪教育振兴行动计划》重要组成部分而评选的每年全国100篇优秀博士论文（简称"优博论文"）中来自北京大学的98篇挑选出来，然后一一按照篇名和作者对照馆藏，发现有18篇人文社会科学领域的优秀博士论文已经化蛹成蝶，变成了名牌出版社出版的优秀学术著作，继而将这18本著作的封面和原论文封面对照展示，附以作者信息、内容简介，以及从书的序言和豆瓣上摘录的同行专家和读者的精彩点评，向同学们推荐。这次阅读推广起到了3个方面的很好的作用：一是不但帮助北京大学社会科学部弄清楚了本校获得全国优秀博士论文的总体数量和学科分布，而且弄清楚了哪些优秀博士论文已经正式出版及其学科分布，因而此次展览得到了社会科学部的支持，是图书馆与社会科学部联名推出的。二是时间选定在下半年，正是硕士和博士研究生开题的阶段，优秀博士论文成书展为研究生们的选题和论证给予了很大启发。三是优秀博士论文之所以优秀，之所以能够很快正式出版，在于其做到了选题得当、论证严谨、结论重要、格式完备、恪守规范等，比同届的绝大多数博士论文更胜一筹，也是此后的研究生撰写学位论文应该借鉴和参考的范例。推荐优秀博士论文，等于为研究生们撰写学位论文树立了榜样和高标。这次展览的内容，因为离本科生的学习生活比较远，加上优秀博士论文通常研究的是填补空白的冷僻领域，格调显得阳春白雪，所以并没有引起大量本科生的热情关注，和以往主推新书、以休闲内容为主的阅读推广活动的效果反差较大。但是北京大学图书馆认为，作为高校图书馆，必须兼顾各类学生的需求，兼顾各项职能的落实，必须将畅销新书、休闲类书籍的阅读推广和严肃的学术类书籍、教学类书籍的阅读推广相融进行或交替进行，阅读推广不能只看读者参与人数和社会反响程度，还要看是否与高校图书馆的任务和宗旨相符合。

故而，在馆藏北大优博论文成书展之外，北京大学图书馆还打出"组合拳"，多方位开展面向教学、科研的阅读推广活动，比如请辛德勇教授做读书讲座，带领学生们探讨雕版印刷的起源；推出纪念新文化运动100周年图片和文献实物展览；与北京大学新青年网络文化工作室和北京大学出版社合作，开展以"新青年·享阅读"为主题的学术著作领读活动，每月一期，从各个院系遴选和邀请名师领读，已有社会学系的邱泽奇教授领读《信息简史》、历史系的张帆教授领读《资治通鉴》、经济学院的平新乔教授领读《思考，快与慢》、政府管理学院的燕继荣教授领读《社会资本与国家治理》等。

综上所述，可见图书馆阅读推广不限于影响读者的休闲阅读，于良芝教授给出的阅读推广定义的确有失偏颇。那么，究竟怎么给"图书馆阅读推广"下定义呢？在于良芝教授等人的《图书馆阅读推广——循证图书馆学的典型领域》一文中，有一句话更值得重视，那就是："凡是能够将读者的注意力从海量馆藏引导到小范围的有吸引力的图书的推广方式，都有可能提高图书的流通量。"这句话是于教授介绍的美国图书馆专家在研究阅读推广案例后所得出的重要结论之一。据此结论，可以反向推导出"图书馆阅读推广"的定义，即：图书馆阅读推广，是指图书馆通过精心创意、策划，将读者的注意力从海量馆藏引导到小范围的有吸引力的馆藏，以提高馆藏的流通量和利用率的活动。

首先，这个定义规定了图书馆阅读推广的关键要素是"创意""策划"。这是近些年所有参与图书馆阅读推广活动的同行的同感，大家普遍认识到，阅读推广和以前的图书馆新书推荐等活动的最大区别，就是其活动的创意性：不管是成立跨部门团队还是成立新部门，大家都感觉这个团队、这个部门很像公司里的广告设计和创意部门，所开展的阅读推广活动，只要创意到位了，就意味着成功了一大半，创意是阅读推广的前提。正因为如此，图书馆的行业组织特别重视阅读推广的创新，教育部高等学校图书情报工作指导委员会已经组织了两届全国高校图书馆的阅读推广创意大赛；2015年在苏州举办的出版界、图书馆界全民阅读年会也将阅读推广案例大赛作为重头戏。

其次，这个定义说明图书馆阅读推广的本质是"聚焦"，就是将读者的注意力从海量馆藏引导到小范围的有吸引力的馆藏，凡是锁定一小部分有吸引力的馆藏进行宣传推荐的，都属于图书馆阅读推广。至于推荐哪部分有吸引力的馆藏，以高校图书馆为例，可以配合学校的教学科研和学科建设来选择，也可以通过读者调查来选择，还可以根据馆员的猜想和推理来选择，不管是新书推荐、好书推荐、优秀博士论文成书推荐，都是吸引读者关注馆藏中有吸引力的一小部分。至于哪些馆藏算有"吸引力"，很大程度上依赖于图书馆员挑选馆藏的独特角度和文案的巧妙宣传。国外曾有图书馆只是把封面颜色一样的书挑出来，比如把红色、黄色、绿色封面的书按颜色集中在一面书架上，放在显眼位置推荐给读者，引起读者兴趣。深圳职业技术学院图书馆把从来没有被借阅过的书挑选出来，以"谁都没有借过的书"为主题搞展览，激发起读者的挑战欲望，提高了这批书的借阅率。清华大学图书馆每月根据重大历史纪念日和重要时事，挑选相关馆藏，在显著位置推出"专题书架"，大大方便了读者了解历史和现实，受到师生称赞。这些活动皆是以"舍大取小"的原理推介部分馆藏，所以都在阅读推广的范畴。

最后，图书馆阅读推广与其他行业的阅读推广的最大区别，是其阅读推广的直接目的是提高馆藏的流通量和利用率，这个直接目的达到后，才能间接发挥培养读者的阅读兴趣、阅读习惯以及提高读者的阅读质量、阅读能力、阅读效果的作用。报刊、电视、网络可以推广全国任何一家出版社出版的任何一本书，但是图书馆不能如此，它必须推荐自己的馆藏。如果它推荐一批年度新书的话，在推荐之前首先要检查本馆的目录，把没有采购的新书尽快补齐，或者边推广边补充，否则本馆推荐的书自己都没有收藏，读者如何利用？对图书馆而言，岂不是自我矛盾、欺骗读者。掌握了以上三点，就很容易判断图书馆阅读推广的边界，很容易将图书馆阅读推广与图书馆的其他活动区别开来。比如，新书推荐是引导读者聚焦小范围有吸引力的馆藏的活动，如果其形式新颖，就算图书馆阅读推广；图书馆阅读推广都属于图书馆宣传，但是如果图书馆的一项活动只是整体上宣传图书馆的历史、建筑、馆藏，不聚焦于某部分馆藏，那么就只能算是图书馆宣传，而不能算是图书馆阅读推广；图书馆开展的展览活动，如果展览的目的是吸引读者利用展览涉及的馆藏,那么这项展览就算是图书馆阅读推广,倘若展览涉及的文献在本馆大多数都没有收藏,或者展览的内容与本馆馆藏无关,那么这项展览就不能称之为图书馆阅读推广;图书馆开展的信息素质教育,因为其目的是引导读者面向全部馆藏检索到自己需要的最精确的文献,指向的是唯一的馆藏或知识单元,而不是小范围的馆藏,指向的不一定是有吸引力的馆藏而是最有用的馆藏,教育的目的是提高检索能力而不是阅读能力,所以也不能称之为阅读推广。总之,图书馆阅读推广主要靠富有创意的形式提高读者的阅读兴趣,靠优良的空间和氛围帮助读者养成阅读习惯,靠科学的馆藏发展政策保障读者的阅读质量,靠以海量馆藏带来的压迫感和信息素养教育帮助读者提高阅读能力,靠组织有序、体系完备的馆藏提升读者的阅读效果。

第三节　阅读推广的基础理论特征

1　阅读推广的属性定位:阅读推广是图书馆服务的一种形式

1.1　阅读推广是图书馆服务

研究图书馆阅读推广,首先需要将其当作一种图书馆服务。图书馆阅读推广,无论是编制导读书目还是组织读书活动,无论组织暑期阅读还是开展亲子活动,其目的与外借阅览一样,都是图书馆对于读者的阅读或学习的服务。图书馆阅读推广虽然势必对读者的阅读行为进行干预,但干预的目的是帮助读者喜欢阅读、学会阅读,而不是对读者进行价值观、品行方面的教育。

我国图书馆界有一个深入人心的认识,就是图书馆承担社会教育的职能。这一认识影响到图书馆的阅读推广服务。许多人认为阅读推广更应该体现图书馆的教育职能,要对读者进行各种教育,既包括读者利用图书馆的能力或信息素养方面的教育,也包括对读者的阅读内容教育(如读好书、读时事政治教育书籍)、阅读形式教育(如拥抱书香,远离屏幕),甚至包括对于阅读过程中个人习惯的教育(如纠正儿童阅读姿势,禁止或纠正衣着不整者进馆)。中国图书馆界执有这种教育理念有其历史的原因。杜威图书馆学信奉图书馆的教育功能,认为教化读者是图书馆人的使命。但是,这一近乎神圣的图书馆使命在20世纪30年代以后逐渐受到质疑。人们发现没有任何证据表明图书馆员有高于其他人的道德水平,同时公共资金资助的社会服务需要保持服务的公平性,不得将具有党派教义的"教育"掺杂其中。在美国图书馆协会《图书馆权利宣言》问世后,尊重公民使用图书馆权利的观念逐步确立,教化公民的观念逐步被放弃。西方图书馆学进入中国之时,正是杜威图书馆学时代,教化的观点影响了一代人。当西方图书馆学教化观念开始变革后,中国图书馆学却中断了对西方图书馆学的了解。直到本世纪初中国图书馆人开始研究"图书馆权利",人们才更多地了解服务读者是比教育读者更重要、更根本的图书馆职能。当然受到社会环境的影响,这种认识还远未成为我国图书馆人的共识。

比较国际图联《公共图书馆宣言》的变化可以看到国际图书馆界对于公共图书馆教育职能认识的变化。1949年版的《公共图书馆宣言》相信公共图书馆可以直接参与对公民的教育,宣言中设有"公共图书馆是民主的教育机构""人民的大学"这样的小标题,可见它对于教育的重视。1994年《公共图书馆宣言》修订版中仍然强调公共图书馆是开展教育的有力工具，但基本精神已经不再将公共图书馆当成从事教育的"机构"或"大学"，而是提供平等服务的"通向知识之门"。

对图书馆服务与教育功能认识的滞后，在一定程度上影响到阅读推广理论的发展。由于阅读推广在很多方面具有与教育类似的特点，人们很容易将阅读推广当作教育读者而不是服务读者的图书馆活动。具体误读表现为两个方面：一个是将阅读指导（reading instruction）当成阅读推广（reading promotion），例如中图学会阅读推广委员会的前称为"科普与阅读指导委员会"。阅读指导也可译为阅读教育，一般是学校语文教学的辅助，图书馆员在辅助学校教育中常常需要进行阅读指导，是人们将其误读为阅读推广的重要原因。另一个是将阅读经验分享当作阅读推广。不少图书馆做阅读推广就想到请名人，特别是文化名人讲座，分享他们的阅读经验。名人的号召力对于推动阅读的确有实效，但名人讲座服务的人群并非图书馆阅读推广的重点目标人群，许多图书馆将大量资源投放于此而忽略其他阅读推广服务，是不了解阅读推广是一种服务的表现。

1.2 阅读推广是活动化的服务

图书馆阅读推广作为一种服务，与传统图书馆服务的形态具有较大差异。这种差异可归纳为服务活动化和服务碎片化。活动化、碎片化的服务给图书馆管理与服务提出新的课题。服务活动化是现代图书馆服务的新特征，也是一个重要趋势。以活动形式出现的图书馆服务不仅有讲座和展览等在专门场所和特定时间开展的活动，还更多地表现为在儿童阅读推广和其他特殊人群的阅读推广中，以活动化的服务取代传统外借阅览服务，即在原有借阅场所、借阅时间中开展服务活动。在很长一段时间里，图书馆是一个幽静的场所。图书馆提供的服务，首先是外借阅览。外借阅读服务中，图书馆需要创造一个宁静的、不受他人打扰的阅读环境。现代图书馆还包括参考咨询类服务，这类服务往往比外借阅读服务有更多的对话，但由于对话规模不大，基本能够保持图书馆的宁静。但阅读推广服务则颠覆了原有图书馆服务的环境。读书会、故事会、抢答式竞赛、各种行为艺术在服务时间、服务场所出现，说话声、欢笑声甚至歌舞音乐声破坏了图书馆原有的宁静。美国新泽西州立图书馆介绍的公共图书馆十大创意活动，包括了扮演童话角色早餐、烹饪、探宝、模拟面试、街舞等。更具有颠覆性的事例是近年美国奈特基金会将音乐、演唱和歌舞带进图书馆，直接在阅览室进行歌舞表演，从资料看，图书馆和读者都乐于接受，活动也吸引路人进入图书馆。服务活动化在我国引起部分读者抱怨，他们习惯了图书馆高雅、舒适、宁静的阅读环境，难以适应服务活动化带来的变化，许多图书馆人也对阅读推广活动是否属于图书馆服务心生疑虑。如何改变这些观念，使图书馆管理与服务能够适应服务活动化，是图书馆学理论面临的新挑战之一。无论服务活动化面临多少质疑，它逐渐成为公共图书馆主流服务的趋势不变。不但IFLA公共图书馆服务的各种宣言、指南中频频出现"活动"字样，阅读推广活动成为公共图书馆服务的新的指标也是这种趋势的标志之一。吴建中是国内学者中较早关注阅读推广活动作为图书馆服务新指标的学者。他在2012年中国图书馆年会主旨报告中介绍了国际图联大都市图书馆委员会一份调研报告，该报告提出影响图书馆未来发展的四个新指标中，第一个就是"推广活动"。图书馆服务活动化的趋势也影响到我国的图书馆评估，2013年文化部组织的第五次公共图书馆评估定级指标中增加了"阅读推广活动"的指标。图书馆服务活动化直接导致服务的碎片化。传统图书馆服务是整体感很强的服务，图书阅览室的书籍按知识体系组织，图书馆的整体布局和书籍位置许多年不变。在这种具有整体感的环境中，读者在本馆或其他馆形成的经验可以方便地

— 7 —

帮助他们阅读，图书馆员只要进行少许知识更新就可以长期胜任图书馆服务工作。图书馆的馆长或部门主管可以通过主导图书馆的布局和设计，基本实现对服务的管理。但是阅读推广服务不一样。例如，在同一个儿童阅览室中，尽管阅览室布局没有大的变化，但它在学期中和暑期的活动不一样，每周周一到周末的活动不一样，每天上午和下午的活动可能不一样，甚至有些图书馆阅览室在半天内可以安排两场活动。这种服务活动化必然导致服务的碎片化，并给图书馆的管理带来新的问题，从以往图书馆馆长可以主导的服务，变成需要各个岗位上的图书馆员不断设计，构思主题，策划活动，解决服务资源的服务。一般而言，图书馆员无力独自承担如此多变的服务，只能将服务主体扩大到全社会，通过志愿者服务解决碎片化服务所需人力资源问题，而图书馆员的角色也由服务的直接提供者转型为服务的组织者。

1.3 阅读推广需要介入式服务

图书馆服务受人赞美，并被人提到维护社会民主制度的高度，不仅是因为图书馆能够为用户提供大量的知识与信息，还因为它在提供知识与信息时保持服务价值的中立性。最能体现图书馆服务价值中立性的是文献借阅服务。图书馆将百科全书式的知识按门类有序组织，将目录与文献全部对读者开放。读者根据自己的需要委托取用或自行取用，图书馆员仅仅承担传递文献或咨询服务，不介入读者挑选文献的过程，不指导读者阅读，将知识与信息的选择权完全交给读者，甚至保守读者秘密，不让他人知道读者阅读的内容。在图书馆参考咨询服务中，图书馆员对问题的解答中可能加入自己对于知识与信息的理解，但问题的来源属于读者，大部分问题的答案也是取自现有文献。

尽管图书馆服务价值中立的原则不可避免地受到意识形态或政治、文化因素的挑战，但国际图书馆界对此原则是有共识的。2012年国际图联公布的《图书馆员及其他信息工作者的伦理准则》中有"中立、个人操守和专业技能"条款，该条款称："在馆藏发展、信息获取和服务等方面，图书馆员和其他信息工作者应当严守中立和无偏见的立场。中立才能建设最为平衡的馆藏，并为公众提供最为平衡的信息获取渠道。""图书馆员和其他信息工作者应区分其个人信仰和专业职责。他们不应因为私人利益和个人信仰而损害其职业的中立性。"

从服务形态看，图书馆阅读推广对于读者阅读的介入程度远大于其他图书馆服务。在阅读推广时，图书馆员深度地介入读者的阅读过程。图书馆员不但直接介入从文献选择到内容解读的整个阅读过程，而且还通过各种措施鼓励读者阅读他们指定或推荐的读物。例如，在某些奖品丰厚的知识竞赛中，图书馆员明确告诉读者竞赛题的答案出自某几本读物，相当于明确指定了读者的阅读内容。介入式的阅读推广服务并不一定违背中立性原则。某些图书馆依据读者的阅读记录制作新书推荐书目，就是一种比较遵循中立性的阅读推广。但在更为一般的情况下，图书馆员需要依据自己的主观判断选择文献进行推广。因此，阅读推广服务的中立性受到人们的质疑。

在图书馆阅读推广服务中，表面上看图书馆员的立场是矛盾的。一方面，他们应该恪守服务价值中立原则，不介入读者阅读过程；另一方面，不能确保中立性的介入式阅读推广服务又在图书馆得到充分发展。解释这一矛盾依然要回到特殊人群服务问题。图书馆阅读推广的重要对象是特殊人群。由于特殊人群无法正常利用图书馆，如果图书馆员缺少深度介入的主动精神，这一人群不可能像普通读者一样接受图书馆服务，甚至可能完全被排斥在图书馆服务对象之外。因此，在"平等服务"和"价值中立"理论引导下的非介入式服务在20世纪90年代后期受到许多理论家的批评。英国图书馆和信息委员会的一份研究报告甚至认为，早期的"公共图书馆运动的核心逻辑仍然建立在继续推动普遍均等的公共服务，反映的是中产阶级白人的价值观"。所以该报告主张,"公共图书馆应该成为一个更加主动的,具有干涉精神的公共机构,肩负着平等、教育和社会正义的核心使命。唯有如此,才有可能让边缘化的被排斥的群体回归到社会主流之中,也只有这个时候,公共图书馆才实现了真正的开放和平等"。表面上看介入式的阅读推广服务可能违背图书馆的职业准则,实际上它正是对普遍均等服务的补充。是公共图书馆"成为一个更加主动的,具有干涉精神的公共机构"所必须迈出的一步。当然,阅读推广的介入式服务也应该尽可能遵从价值中立,这是阅读推广理论和实践中需要进一步探讨的问题。

2 阅读推广的目标人群

2.1 阅读推广的目标人群分类

图书馆,特别是公共图书馆的服务,是面向所有人的服务。面向所有人的图书馆服务不排斥任何人的参与,但并非图书馆的每一种服务都适用于所有人。也就是说,在具体的图书馆服务设计时,图书馆管理者需要考虑特定人群的需求。图书馆阅读推广作为一种图书馆服务,也有其特定的目标人群,在研究图书馆阅读推广时,需要对阅读推广的目标人群进行研究。图书馆阅读推广服务类型很多,涉及的服务边界很广,除了少部分读者具有很强专业知识,到图书馆主要是为获取专业文献,大多数读者都能够成为阅读推广服务的目标人群。但是,通过对阅读推广目标人群进行观察,发现普通人群和特殊人群对于图书馆阅读推广的需要是不一样的。

2.1.1 普通人群

与传统图书馆服务相关的阅读推广,如新书推荐、读书竞赛,是一种面向普通人群的阅读推广。此处所说的普通人群是具有一定阅读意愿并且具有较好阅读能力的读者,他们知晓和认同图书馆的社会价值,可以正常利用图书馆的各种资源与服务,即使没有图书馆员的特殊帮助,他们也能够通过图书馆的外借阅览服务,获得图书馆阅读资源。尽管如此,普通读者仍可能因为知识、视野、素养等方面的限制,难以更好地利用图书馆。面向这一读者群体的阅读推广,服务目标是帮助他们更加高效地利用图书馆,改善他们的阅读品质,并改善他们对于图书馆服务的评价。例如,漫无目的找书的读者可能通过图书馆新书推荐目录找到自己喜爱的新书。对于这类读者,图书馆员应该尊重他们阅读时对宁静与隐私的需求,更多地设计服务型、非干扰型的阅读推广项目。例如,近年华东师范大学图书馆和厦门大学图书馆利用已有的借阅数据,制作出毕业生回顾在图书馆借阅历程的产品,可进一步激发他们的阅读兴趣。而个人信息的网络发布则完全由读者自主选择。这种推广项目就没有对读者造成任何干扰。

2.1.2 特殊人群

图书馆的读者中存在许多由于各种原因不能正常利用图书馆资源和服务的读者,国际图联图书馆特殊人群服务委员会(Library Services to People with Special Needs Section)关于特殊人群的定义是"不能使用常规图书馆资源的人群",该委员会重点关注的人群是"因生活条件或身体、精神与认知障碍无法使用现有图书馆服务的人。这些人包括但不限于下列人群:在医院或监狱的人,无家可归的人,在养老院和其他保健设施的人,聋人,患有阅读障碍症或老年痴呆症的人"。《公共图书馆宣言》特别强调,公共图书馆需要为他们提供特殊服务。图书馆阅读推广的重点人群包括:①因为缺乏阅读意愿不愿意使用图书馆资源和服务进行阅读的人;②因为文化程度较低,图书馆利用技能或信息技能不足,或受到经济社会环境限制不善于利用图书馆资源与服务进行阅读的人;③因为残障、疾患、体衰等原因无法方便地进入图书馆阅读普通书刊的人;④因年龄太小或太老无法正常利用图书馆,需要提供特殊资源与服务的人。这些人群除了图书馆特殊人群服务委员会定义的特殊人群之外,还包括缺乏阅读意愿的人、文盲或半文盲、儿童等。因为这些人群具有不能正常使用图书馆资源和服务的共同特点,我们将他们统称为特殊人群。

面向普通人群的阅读推广对个人阅读具有帮助作用,而面向特殊人群的阅读推广则是一种建立、改造、重塑个人阅读行为的服务,它或者能够提升人的读写能力与信息技能,或者能够对阅读困难人群实施有效的救助。虽然图书馆开展面向普通人群的阅读推广不是可有可无的,但就图书馆使命而言,它只是一种辅助性服务,其重要性远不如面向特殊人群的阅读推广。

面向特殊人群的阅读推广在图书馆十分常见,如送书上门,组织阅读兴趣小组,讲故事或读绘本,组织亲子阅读、户外阅读活动等。在国内外图书馆阅读推广服务中,它们是开展最普遍,也是最受社会欢迎的项目。

2.2 阅读推广与公平服务

与外借阅览等图书馆传统服务相比,阅读推广是一种服务受益读者相对较少,服务成本相对较高的服务。例如,馆员给读者讲故事一般要比管理阅览室成本高。这就涉及图书馆服务政策的理论问题:将资源投放到服务少数人的阅读推广是否有违图书馆的公平服务原则?图书馆事业的现实状况是,在当今全球图书馆经济状况不好,管理者追求图书馆效益的时候,阅读推广这种相对成本较高的服务却逐渐发展成为一种图书馆的主流服务。理解这种现象需要了解现代图书馆为特殊人群提供特殊服务的理论。

《公共图书馆宣言》称,公共图书馆应该向所有人提供平等的服务,"还必须向由于各种原因不能利用其正常服务和资料的人,如语言上处于少数的人、残疾人或住院病人及在押犯人等提供特殊的服务和资料"。对特殊人群提供特殊服务是对所有人公平服务的修正和补充,开展特殊服务是公共图书馆服务走向成熟的标志。图书馆为特殊人群服务的概念是从图书馆为弱势人群服务的概念发展而来。国际图联早在1931年就成立了"图书馆弱势人群服务委员会"(Libraries Serving Disadvantage Persons Section),2009年该委员会正式改名为"图书馆特殊人群服务委员会"。名称改变背后所表达的图书馆服务理念的转变是深刻的:图书馆为弱势群体服务所表达的理念是慈善或救助理念,公共服务机构提供慈善服务是其社会责任,无论理论上还是实践中这种服务都是天然合理的,不存在异议;而为特殊人群提供特殊服务所表达的理念则是公平服务理念,《公共图书馆宣言》中对特殊人群提供特殊服务的文字就出现在平等服务条款中,紧随"向所有的人提供平等的服务"的表达之后。之所以要将对特殊人群提供特殊服务的表述紧随在对所有人平等服务的表述之后,是因为人们研究图书馆公平服务时发现,将资源与服务面向所有人一视同仁地平等开放,并不能天然地保证图书馆服务的公平性。因为任何社会中总是存在那么一部分人,一般是属于少数的社会边缘人群,或者由于先天能力不足,或者由于社会教育不良,或者由于尚未达到可以正常阅读的年龄,而无法正常利用图书馆的资源和服务。如果图书馆不对特殊人群提供特殊服务,这些人群将被排斥在图书馆服务之外,使图书馆的平等服务流于理念而无法真正落实。

中国图书馆人近年来致力于发展阅读推广服务,有着较为深刻的社会背景。当今中国图书馆界面临的问题,其实也是中国社会面临的问题,就是国民阅读意愿的缺乏。21世纪初,公共图书馆管理者面对市场的诱惑忘却了公共图书馆精神,在"以文养文"的口号下,让原本应该承担社会信息保障职能的公共图书馆普遍开展收费服务。在许多城市,由收费构成的门槛成为市民走进图书馆的主要障碍。2006年以后，公共图书馆免费运动逐渐发展，到2011年国家宣布全国公共图书馆基本服务全免费，收费的门槛被彻底破除。但是在很多地方，特别是在经济不发达地区的城镇，没有门槛的公共图书馆内仍然缺少读者。其实，这些缺少读者的图书馆存在最后一道门槛，就是阅读的门槛。不少人有阅读能力，也有阅读时间和资源，但他们宁可将时间和资源花费在麻将台，也不愿意阅读。朱永新先生在推行新教育实验时，提出培养"精神饥饿感"的想法。借助这一概念，可以看到人其实是可以存在"阅读饥饿感"的。人不吃饭会感到饥饿，这种饥饿感是天生的，与生俱来的。也有人不读书会感到"饥饿"，产生心理的空虚、精神的困苦等不适感，这种阅读饥饿感成为个人阅读的最大动力。与生理饥饿不同的是，阅读饥饿感并非与生俱来，而是在愉悦的阅读过程中逐步形成的。图书馆阅读推广服务的目标之一，就是培养现有读者和潜在读者的阅读饥饿感，使更多的人成为渴望阅读的人。

3 阅读推广的服务目标

图书馆阅读推广最容易看到的目标是提升服务指标。也即，通过面向所有读者的宣传，使更多的人了解图书馆、走进图书馆、利用图书馆，这种阅读推广还能增加特定文献（往往是原来利用率偏低的文献）的借阅指标，改善读者对于图书馆服务的评价。服务于这一目标的阅读推广有时也被称为"图书馆宣传"或"宣传推广"，尽管它与阅读推广有很多重叠，但我们更愿意将这类活动当成图书馆营销的一种形式。此外，为普通读者服务也是图书馆阅读推广的服务目标。但是，对图书馆最有价值，也最符合图书馆核心价值的阅读推广，应该是面向特殊人群的阅读推广。面向特殊人群的阅读推广服务目标可以归纳为三个方面。

3.1 使不爱阅读的人爱上阅读

对于缺乏阅读意愿的人群，图书馆阅读推广的目标是引导。通过阅读推广的引导，使他们接受阅读、热爱阅读，甚至迷上阅读。无论是读者人满为患的图书馆，还是门可罗雀的图书馆，都承担着一份使命，就是培养未来的读者。否则，无论图书馆如何改善藏书与读者服务，也无法逆转图书馆读者日渐稀少的局面。图书馆可以通过生动有趣、形式多样，甚至有奖励措施的阅读推广活动，引导他们感受阅读的魅力，在生活中享受阅读的乐趣，并逐步形成阅读的意愿，直至形成阅读的饥饿感。虽然这是一个十分不容易实现的目标，但也是图书馆阅读推广最有意义的目标。例如，美国素养基金会有一个阅读推广项目"爸爸和男孩—银河阅读项目"，许多图书馆参加。该项目针对男孩不愿意阅读的家庭设计，在阅读能力协调员引导下使男孩和父亲一起阅读。结果发现，参与的男孩对待阅读有更积极的态度，更加喜欢阅读，比参与活动前读了更多的书籍。参与的父亲也表明他们与男孩一起阅读使男孩更加享受阅读。这一阅读推广活动的目的十分明确，就是培养男孩们的阅读意愿，并且成效显著。

3.2 使不会阅读的学会阅读

对于有阅读意愿而不会阅读的人，图书馆阅读推广的目标是使他们学会阅读。在图书馆阅读推广的目标人群中，存在一类具有阅读意愿但不知道如何阅读的人群。他们相信阅读能为自己创造更多的机会，或者知道阅读能够愉悦生活，因此渴望通过阅读改变自己的人生。但由于文化程度较低、经济条件不好，或利用图书馆的能力不足，他们自主阅读存在困难。例如，成人中的文盲、半文盲、功能性文盲，许多是愿意阅读的，但是他们找不到适合自己的读物，同时也找不到适合自己的阅读方法，因而不得不远离阅读。又例如，3～10岁儿童通常会有较强的阅读意愿，但他们不识字或识字不多，无法阅读成人文字读物。对于这些人群，图书馆传统的文献借阅服务基本是无效的。图书馆需要通过有经验的图书馆员选择合适的读物，通过读书会、故事会、知识竞赛等组织方式，使他们在图书馆员或阅读伙伴的辅导下，逐渐地学会阅读。此类阅读推广最好能被设计成日常化、常规化的活动，同时需要训练有素的馆员、配套的读物和有吸引力的活动项目。如此长年训练，使读者在参加图书馆阅读推广活动过程中逐渐学会阅读。

3.3 使阅读有困难的人跨越阅读障碍

对于愿意阅读但阅读确有困难的人，图书馆阅读推广的服务目标是帮助他们跨越阅读障碍。图书馆的服务人群中存在许多无法正常接受图书馆资源与服务的特殊人群，如残障人士、居家不出的老人、各类阅读症患者等，图书馆需要为他们提供特殊服务。此类特殊服务，一般都属于阅读推广服务。例如，图书馆可以通过送书上门、诵读、读书会、绘本阅读等阅读推广活动，帮助他们走近阅读。上海浦东图书馆曾经坚持8年进行盲人数字阅读推广，2010年获国际图联Ulverscroft基金会最佳实践奖。2013年中国图书馆年会的一个主题论坛上，浦东图书馆的盲人读者王臻先生举起手中的盲杖深情地说："这根盲杖带我走到这个会场，图书馆教我的数字阅读是我的第二根盲杖，它带我游览更宽广的世界。"王臻先生的话非常形象地说明了图书馆阅读推广对于阅读困难人群的价值：帮助他们跨越阅读障碍。

第四节 阅读推广的理论学派

目前，有不少学者都根据丰富的理论知识或实践经验，客观地描述了阅读推广的概念，形成了不同的学派。学派形成是学科繁荣的标志，也是学科走向成熟的标志。梳理学派有助于学科向纵深发展，推动实践的前行。我们尝试梳理阅读推广领域基础理论的学派，并对不同学派的性质作分析，以促进阅读推广基础理论的进一步发展，为阅读推广实践提供理论支持。

1 使命类：使命说

使命说的代表人物是曾任深圳图书馆馆长的吴晞。他在《任务、使命与方向：图书馆的阅读推广工作》一文中，从宏观角度出发，指出阅读推广是图书馆的根本性任务，是图书馆历史发展的必然结果，是图书馆行业生存和社会文化发展的需要。吴晞馆长将阅读推广上升到图书馆使命的高度，是具有充分的理论依据的。2003年，英国文化、媒体和体育部发布报告——《未来的框架》，作为政府指导图书馆事业的重要政策指南文件，该报告提出"阅读是所有文化和社会活动的首要任务"，并将"阅读推广和促进非正式学习"作为三个新的图书馆现代使命的首要使命。《公共图书馆宣言》将开展阅读活动列为重要使命之一，是"公共图书馆服务的核心"，即以下重要使命与信息、读写能力、教育和文化相关，是公共图书馆服务的核心：支持和参与针对不同年龄层展开的读写能力培养和计划，必要时主动发起此类活动。2011年，国际图联素养与阅读专业委员会发布《在图书馆中用研究来促进素养与阅读：图书馆员指南》，这是该委员会发布的唯一指南。指南指出，国际图联坚信图书馆在促进识字和阅读中占据着独一无二的地位，因为这是他们的使命之一。同时这也是所有类型图书馆的使命，无论是学院图书馆、公共图书馆，还是专业图书馆、科研图书馆、大学图书馆甚至国家图书馆。在阅读推广实践领域,越来越多图书馆开始将阅读推广作为使命纳入战略规划。艾迪生公共图书馆在战略规划中称自己的使命是培养对阅读的热爱,推动终身学习。广州图书馆将"促进各年龄群体培养和保持阅读习惯,营造良好的社会阅读氛围,使阅读成为公众生活中不可或缺的一部分"作为自己的使命,纳入2011—2015年发展规划。

在当代社会,公共图书馆的扫盲、信息素养教育与培养阅读兴趣的使命都具有比较强的感召力。使命说将阅读推广定位为图书馆的使命、根本任务,将其作为图书馆核心价值的体现,有助于各图书馆将阅读推广纳入行业宣言或战略、政策类文件,形成管理自觉,在图书馆管理中对阅读推广进行顶层设计,在服务方向的把握、服务项目的策划、服务资源的组织等一系列问题上进行统筹规划和总体部署。

2 实践类

2.1 活动说

活动说的代表人物有张怀涛、王余光、王波等几位学者。在阅读推广实践领域,往往以丰富多彩的活动的形式推广阅读,比如知识竞赛、真人图书馆、读书会、亲子阅读、朗诵等,阅读推广最鲜明的特征就是活动化。因此,图书馆学界不少学者都认为阅读推广顾名思义就是指阅读推广活动,目的在于促进全民阅读。在此基础上,王余光、王波更重视活动的质量,认为这一活动是有规划的,需要精心策划。活动说起源于国外,国外不少研究中都出现活动说。例如在美国图书馆协会发布的媒体专家评估系统术语词汇表中,对"阅读推广"这一专业术语的描述是:阅读推广,鼓励独立自主选择学习或休闲的任何项目或活动。

2012年,李国新、于群共同编纂的《公共图书馆业务培训指导纲要》中,出现了活动说,"阅读推广是指图书馆通过开展各种阅读活动,向广大市民传播阅读知识,培养市民的阅读兴趣,促进全民阅读"。2015年,张怀涛根据实际工作经验,在总结10余位学者提出的阅读推广概念的基础上,给"阅读推广"下定义:阅读推广顾名思义就是推广阅读;简言之就是社会组织或个人为促进人们阅读而开展的相关活动,也就是将有益于个人和社会的阅读活动推而广之;详言之就是社会组织或个人,为促进阅读这一人类独有的活动,采用相应的途径和方式,扩展阅读的作用范围,增强阅读的影响力度,使人们更有意愿、更有条件参与阅读的文化活动和事业。同时,他还从阅读推广活动的视角出发,提出了阅读推广实施的6个步骤:明确主旨、创造条件、周密运筹、协作推进、打造品牌、提升自己。王余光与课题组成员经过4年的调研与研究,在国家社科基金重点项目"建设学习型社会与图书馆的社会服务研究"的研究报告中提出公共图书馆阅读推广的概念:由公共图书馆独立或者参与发起组织的,普遍的面对读者大众的,以扩大阅读普及度、改善阅读环境、提高读者阅读数量和质量等为目的的,有规划、有策略的社会活动。可以看出,阅读推广作为一种活动,其规划与策略的重要性正渐渐受到重视。阅读推广的开展并不是随意的、即兴的,其对图书馆的场地、设施、资金和人力资源等都有较高的要求,因此需要进行统筹策划和总体部署,这也是王余光与前两位学者观点的不同之处。

活动说的最新研究成果即王波在《阅读推广、图书馆阅读推广的定义——兼论如何认识和学习图书馆时尚阅读推广案例》中提出的图书馆阅读推广概念:图书馆阅读推广是指图书馆通过精心创意、策划,将读者的注意力从海量馆藏引导到小范围的有吸引力的馆藏,以提高馆藏的流通量和利用率的活动。王波认为,图书馆人可以通过这三点判断图书馆阅读推广的边界,同时,他还指出这个定义规定了图书馆阅读推广的关键要素是"创意""策划",所有的图书馆阅读推广活动都有一定的创新性。

活动说涵盖了阅读推广活动的全过程，包括前期策划、准备工作、协作推进、后期评估等。然而阅读推广并不完全是"活动"。阅读推广实践领域最早的形式是推荐书目，这是一种静态的服务，并非动态的活动。推荐书目属于阅读推广的范畴，至今仍是许多图书馆日常推广阅读的一种方式。刘勇和郭爱枝以浙江农林大学图书馆为例，介绍了该馆开展的图书漂流、知识竞赛、编制推荐书目等阅读推广实践，他们认为，推荐书目是图书馆阅读推广的重要方式之一，在引导大学生阅读中发挥了重要作用。活动说将阅读推广定位于活动，而活动的"动态性"局限了阅读推广的范围，无法将静态服务涵盖在内。同时，活动说不利于从宏观的角度对阅读推广进行研究，容易导致阅读推广实践领域的服务碎片化。

2.2　工作说

工作说的代表人物是万行明和王辛培，这两位都是具有丰富工作经验的学者。2011年，万行明根据丰富的实践经验，在《阅读推广——助推图书馆腾飞的另一只翅膀》中首次较全面地提出阅读推广的概念：阅读推广即推广阅读，就是图书馆及社会相关方面为培养读者阅读习惯，激发读者阅读兴趣，提升读者阅读水平，并进而促进全民阅读所从事的一切工作的总称。这一概念得到许多学者的认同，苏海燕、周佳贵等学者在相关研究中均引用了该概念。

2013年，王辛培指出，阅读推广是图书馆、出版机构、媒体、网络、政府及相关部门等为培养读者阅读习惯，激发读者阅读兴趣，提升读者阅读水平，促进全民阅读所开展的有关活动和工作。

显然，工作说不仅涵盖了阅读推广的动态活动，也涵盖了包括推荐书目在内的静态服务，比活动说更加全面地描述了阅读推广的概念。从工作的角度描述阅读推广的概念，有利于增强图书馆人的阅读推广意识，将阅读推广视为日常工作积极推进，在阅读推广工作中发扬职业精神，使阅读推广活动规范化、制度化。

2.3　服务说

服务说的代表人物是范并思。他曾多次强调，阅读推广是图书馆服务的一种形式，研究图书馆阅读推广，首先需要将其当作一种图书馆服务。他在《阅读推广的理论自觉》中指出，阅读推广是近年兴起的新型图书馆服务，已经发展成为现代图书馆的一种主流服务。图书馆的核心价值是图书馆界对于自己的责任或使命的一种系统的说明，以规范、简洁的语言表达图书馆人的职业信念。阅读推广作为图书馆的一种服务，必然要符合图书馆的核心价值。国际图联发表的《IFLA 2006—2009年战略计划》阐述了国际图联的核心价值，"认可信息、思想、作品获取自由的原则，以及《人权宣言》第19条关于言论自由的规定。人类、社团、组织出于社会、教育、文化、民主、经济等方面的目的和需求需要广泛和公平地获取信息、思想和作品的信仰"。美国图书馆协会公布的11个图书馆核心价值中，包括了"获取""民主""智识自由"。但是，当智识自由和平等获取产生冲突的时候，又该如何解决呢？图书馆在开展阅读推广活动时，尤其是针对特殊人群开展阅读推广活动时，往往需要干涉读者的阅读行为，才能达到较好的推广效果，而这一行为又与"智识自由"的核心价值自相矛盾，这一问题又该如何解释呢？对此，范并思教授认为，阅读推广需要介入式服务，阅读推广服务的重点对象是特殊人群，由于特殊人群无法正常利用图书馆，如果图书馆员缺少深度介入的主动精神，这一人群不可能像普通读者一样接受图书馆服务，甚至可能完全被排斥在图书馆服务对象之外，因此表面上看介入式服务可能违背中立原则，实际上它正是对普遍均等服务的补充。范并思还认为，对特殊人群提供特殊服务是公共图书馆服务走向成熟的标准。

虽然不少学者都默认阅读推广是一种服务，但并没有从该角度出发对阅读推广下定义。

服务说将阅读推广定位于图书馆的一种服务，从而提出阅读推广的服务形式、目标人群、价值基础，全面描述了阅读推广的内涵。对于近现代图书馆，图书馆服务是图书馆的核心价值，亦是图书馆立足于社会之本。服务说为图书馆人提供共享的、基本的理念，有利于图书馆人在实践中共同遵循普遍开放、平等服务、以人为本的图书馆服务原则，共同遵循图书馆核心价值观，以特殊人群为重点积极推进阅读推广服务的展开，从而保证图书馆服务的公平性。

2.4 实践说

实践说的代表人物是谢蓉、刘炜和赵珊珊。这三位学者在《试论图书馆阅读推广理论的构建》一文中提出了图书馆阅读推广的概念：图书馆阅读推广是图书馆利用其信息资源、设备设施、专业团队和社会关系等各种条件，鼓励各类人群成为图书馆的读者，并培养其阅读兴趣、养成阅读习惯或提升其信息素养的各种实践。他们认为，图书馆服务的特点在于其使命就是促进阅读，因此上述定义将"读者发展"作为其明确而坚定的目标，将"信息素养"的培育也作为阅读推广的重要目标，并且将图书馆所做的各种"努力"都纳入阅读推广的范畴。

实践说可以认为是对活动说、工作说和服务说的一种有效综合，因为关于阅读推广的活动、工作及服务都属于阅读推广实践。实践说以更加开放、包容的态度描述了阅读推广的概念，扩大了阅读推广的外延，拓展了阅读推广的研究范畴，有利于把阅读推广作为一项普遍的图书馆服务进行推行。

3 休闲类：休闲说

休闲说的代表人物是于良芝。休闲说起源于西方高校图书馆，祖哈（Zauha）指出，在1920—1930年间，阅读推广是美国高校图书馆员的重要职能之一。1927年，爱荷华大学图书馆的管理者指出："图书馆建议学生每周都花一部分时间去阅读与日常学习和工作无关的书籍。"爱荷华大学图书馆在图书馆、宿舍及校园里人流量多的地方（例如学生会）都设立了休闲阅览室，阅览室里存放的书籍一般都是能使学生产生兴趣或具有励志作用的当下流行图书。爱荷华大学图书馆并不是当时唯一推广休闲阅读的高校图书馆，《高校图书馆宣传》一书中介绍了许多高校图书馆设立休闲阅览室的案例，包括哈佛大学图书馆、耶鲁大学图书馆、西北大学图书馆及史密斯学院图书馆等。这些都对当时美国的阅读推广产生极大影响。从那以后，美国图书馆界对专业阅读的重视有所下降，反之越发重视休闲阅读的推广。在1930—1940年间，许多学者都开始研究大学生应在休闲阅读上花费多少时间为宜，产生了不少有价值的研究成果。至今，休闲阅读在美国高校图书馆仍然占据重要地位。可以看出，休闲说在西方高校图书馆中表现较普遍，这对我国学者产生了一定影响。于良芝在《图书馆阅读推广——循证图书馆学（EBL）的典型领域》一文中指出，根据图书馆界从事阅读推广的经验，图书馆阅读推广主要指以培养一般阅读习惯或特定阅读兴趣为目标而开展的图书宣传推介或读者活动。于良芝认为"培养阅读习惯或兴趣"这一目标决定阅读推广试图影响的通常是休闲阅读行为，即与工作或学习任务无关的阅读行为，这是因为，与工作或学习任务相关的阅读，其目标是解决工作或学习中的问题，它既然主要受任务驱动，便不易受阅读推广的影响。

显然，休闲说并没有将专业阅读的推广活动纳入图书馆阅读推广的范畴，而这与近年来高校图书馆开展的以教学、科研、文化等为主题的阅读推广活动相悖。虽然在西方图书馆界休闲阅读是阅读推广的主流，但在我国休闲说并没有得到广泛认可。杨莉、陈幼华和谢蓉认为，传统的阅读推广通常定位于"休闲阅读"，而究其阅读能力而言是不分内容的，阅读推广在专业领域也同样需要，她们强调高校图书馆阅读推广走专业阅读推广之路是提升图书馆核心价值的必然趋势。王波以北京大学图书馆举办的学术类书籍、教学类书籍的阅读推广活动为例,强调对于高校图书馆而言,满足师生的教学、科研和文化的传承与创新是其主业,满足师生的休闲消遣只是其副业,同样,大中型公共图书馆也有服务于地方教学科研和大众创业、万众创新等使命,阅读推广仅影响读者的休闲阅读行为也是远远不够的。

4 学科类

4.1 "阅读学"说

"阅读学"说的代表人物是徐雁。他秉持"学习之道,阅读之理,中外古今同一"的基本文化理念,将阅读文化学与阅读推广相融合,结合阅读推广实践活动,创造性地提出了"全民阅读推广"的三个内涵:对于社会群体来说,各行各业各阶层人员都应该成为阅读推广的对象;对于社会个体来说,阅读将是一种人生全过程的阅读,要牢固树立"活到老,学到老"的终身学习精神;无论是公益性的图书馆,还是商务性的书店,都应对所藏、所销读物进行全品种的积极推广,努力使所有图书资源都被人们消费。徐雁与其友生们共同编纂的《全民阅读推广手册》和《全民阅读参考读本》,其主旨理念就是为当前面对以网络、手机和平板电脑等电子阅读设备为载体的新阅读时潮或迷恋、或困惑、或焦虑不已的读者,提供知性的读本和理性的指南,两书都集纳了最为新颖、实用、权威的古今阅读学和中外阅读推广的信息,重视纸本经典图书,重视儿童导读和面向未来阅读,具有很强的可读性。

随着信息技术的发展,传统阅读受到强烈冲击,正面临十分关键的转型期,而阅读推广的发展给了传统阅读一个重要的转型契机。一直以来,中国阅读学研究会在全国各地积极举办读书活动,促进全民阅读。阅读学侧重于研究人的阅读行为与阅读过程,在图书馆阅读推广活动中,新书推荐、读书会等活动的举办都需要阅读学理论的科学指导,读者的阅读行为、阅读动机、阅读过程的研究等也都与阅读学息息相关。

阅读推广是一个新兴领域,需要广泛汲取阅读学、教育学、传播学等许多相关学科的先进理论,以促进自身发展。专注于阅读学研究的曾祥芹认为,"图书馆学"与"阅读学"是血脉相系的两个姊妹学科,应该在全民阅读推广的社会大舞台上分工合作、各擅胜场。他还认为,如果我国图书馆学界人士和广大图书馆工作者善于汲取"汉文阅读学"的知识营养,能够自觉地运用"科学阅读观"来指导社会大众的阅读实践,同时阅读学界又能深入掌握"现代图书馆学"的专门知识,在全民阅读推广的丰富实践中来进一步发展"汉文阅读学",那么中华民族阅读文化的伟大复兴就一定大有希望。

4.2 "传播学"说

"传播学"说的代表人物是谢蓉、刘开琼。2012年,谢蓉开创性地提出:阅读推广活动从本质上可以归结为一种传播活动,符合传播学的一般原理。她还认为,根据传播学理论,任何阅读推广活动不外是对推广主体、阅读者、阅读对象及推广媒介等要素在一定时空范围内进行一定的设计、组合、组织和配置的结果,通过它们之间的相互作用,达成诸如"促进知识分享、提升精神层次、获得有用信息及愉悦身心"等阅读目的。

2013年,刘开琼将拉斯韦尔的五W传播模型应用于阅读推广,指出阅读推广的五类要素:Who(谁)、Say What(说了什么)、In Which Channel(通过什么渠道)、To Whom(向谁说)及With What Effect(有什么效果)。在此基础上,提出阅读推广的概念:阅读推广是推广主体、阅读者、阅读对象及推广媒介等要素在一定时空范围内设计、组合、组织和配置的结果,通过它们之间的相互作用,让阅读成为人们实现知识分享、提升精神境界、获得有用信息及愉悦身心的一种渠道。阅读推广主体是阅读推广活动的组织者；阅读者要解决"向谁推广阅读"的问题；阅读对象主要是指阅读的客体，解决的是"推广什么"的问题；推广媒介即推广手段，指采取什么手段向阅读者推广阅读资料。

姜利华认为，拉斯韦尔的五W模式有其局限性，没有相应的反馈渠道和机制，没有揭示传播的双向和互动性，图书馆的阅读推广模型必须具备反馈的渠道，只有及时收集和处理反馈信息，才能更进一步地推动阅读推广活动的有效开展，因此应该增加反馈机制和图书馆与读者的互动沟通，在此基础上更进一步地推动阅读推广活动的开展，构成一个循环的过程。

"传播学"说将传播学理论（特别是拉斯韦尔的5W理论）应用于阅读推广这一新兴领域，将阅读推广当作一种传播活动进行研究，得到了吴高、张婷等多位学者的认同，对阅读推广的后续研究产生较大影响。近年来，基于传播学理论对阅读推广进行研究的论文不断增加。王琳根据英国、美国的国家婴幼儿阅读推广项目，结合我国实际情况，提出基于拉斯韦尔5W传播模式的婴幼儿阅读推广方案，其内容包括以青少年阅读推广委员会为推广主体，以阅读礼包为推广内容，以现场活动和网络媒介为推广渠道，以0~3岁婴幼儿为推广对象，以期实现我国所有婴幼儿出生即阅读、阅读无障碍的目标。李臻从我国残疾人阅读推广的现状入手，对影响其发展的障碍进行分析，根据拉斯韦尔5W理论，构建我国残疾人阅读的推广模式。推广即推而广之，阅读推广就是将阅读推而广之，使更多的人得以接触、获取。传播学是研究人类传播行为及传播过程中的规律的学科，传播学的理论可以为阅读推广带来新鲜、实用的思维，比如如何推广阅读、如何促进双向互动、推广效果研究、阅读推广受众者研究等。传播学与营销学是密不可分的两个学科，整合营销传播之父、美国西北大学教授唐·舒尔茨曾提出著名的命题："营销即传播，传播即营销。"从这个意义上讲，李超平提倡的与公共图书馆宣传推广密切相关的图书馆营销理论也属于传播学的范畴，值得"传播学"说借鉴。李超平认为，对于公共图书馆而言，营销与宣传推广要达到的目标是一致的，都是为了提高利用率，公共图书馆实施营销首先要建立在对用户需求的调查之上，根据用户需求设计营销"产品"，然后按照事先制定的方案营销该"产品"，最后需要对营销效果进行评估。李超平还指出，由于我国图书馆实践领域还没有真正接受"营销"这一术语，许多公共图书馆宁愿设置"宣传推广部"而不是"营销部"来实施事实上相当接近于营销理念的种种方案与活动。实际上，营销理论在非营利性组织也同样适用，1997年国际图联成立"管理与市场营销委员会"，2001年起启动国际图联营销奖，说明图书馆营销在国际图书馆界是一个广泛使用的术语，我国图书馆人应真正接纳营销理论，在阅读推广实践中积极引进营销学先进思想，用科学的理念指导实践，将大大提升阅读推广的效果。

第五节　阅读推广的模式

1　以信息技术为支撑的阅读推广模式

1.1　多媒体技术推广模式

多媒体技术是计算机对文本、声音、图像和视频等多种媒体的综合处理能力。多媒体技术使信息变得更加直观和有吸引力。在阅读推广的各种活动中，往往都会充分利用多媒体技术进行宣传、推广、留存记忆，其中也不乏一些独特的创意，形成以多媒体技术为核心的阅读推广模式。在图像技术方面，北京大学图书馆推出"书读花间人博雅：北京大学图书馆好书榜精选书目/阅读摄影展"活动，引入读者喜闻乐见的名画模仿秀形式，以"精选书目+阅读摄影模仿秀"的方式宣传好书，并在馆内和网络上同步展出，传递"书读花间人博雅，腹有诗书气自华"的阅读理念，吸引了众多读者的目光。据统计，图书馆官方微博相关话题的阅读量超过28万，大部分被推荐书的借阅量均有提升，说明该活动有效推动了读者的阅读行为，取得了实际效果。

在音视频技术方面，四川大学图书馆的"光影阅动——微拍电子书"活动，以"微"和"拍"为两个立足点，通过微博、微信等渠道展现内容精炼、创意闪亮的60秒阅读推荐微视频，融合视听等多媒体元素，提升阅读推广的趣味性，吸引更多读者了解并参与到图书馆的阅读推广活动中来。而利用微电影的方式进行阅读推广，是各大图书馆经常利用的手段，如清华大学的《爱上图书馆》，北京大学的《天堂图书馆》微电影，都有极大的影响力。

1.2 新媒体平台推广模式

随着互联网的快速发展，以微博和微信为主的新媒体平台成为广泛使用的阅读推广模式，具有技术门槛低、传播迅速、受众面广等特点。上海对外贸易学院图书馆的谢蓉将该模式称之社会化媒体推广模式。目前各大图书馆已经普遍开通微博和微信服务，也越来越受到读者的关注。除此之外，还包括博客、播客、维基、社交网络和内容社区（如豆瓣、优酷）等。据统计，图书馆利用微博开展的服务中，用户互动占14.89%，通知公告占17.94%，信息推送占12.21%，纸本书推荐占12.60%，活动开展占29.77%，数据库资源推荐及服务占12.60%，后面三项均与阅读推广相关。微信则更利于图书馆开展各项文献服务宣传和阅读推广，因为其开放机制可以承载图书馆的业务办理，如读者导读、文献搜索、业务提醒、各种活动的推介、二维码占座、二维码门禁、经典阅读书目推送等。近年来随着图书馆2.0的发展，越来越多的图书馆开始应用社会性网络进行阅读推广，如清华大学图书馆在人人网上成立的图书馆俱乐部——清华大学图书馆书友会等。

1.3 大数据理念推广模式

随着大数据理念深入到社会的各个领域，图书馆日益重视日常业务中产生的大量用户数据、借阅数据、访问数据，遂产生基于大数据理念的阅读推广模式。

上海图书馆自2012年开始，每年给读者发一封个性化的年度阅读账单，历数读者的阅读足迹，根据借阅图书的数量，读者会获得文青、极客、书虫等称号。此账单还包括上海图书馆的读者每人平均借阅书本册数、借阅量最大的读者借过多少册、借阅频率最高的书被多少读者借过、上海市中心图书馆的规模等统计数据。随着账单，上海图书馆也会不失时机地为读者推介各项贴心服务。

自2013年开始，厦门大学图书馆为毕业生送上毕业贺礼"圕·时光"，分五个部分："缘起、初恋、故事、书单、告别"，五幅美丽的插画配上优美文字，犹如一本画册，将毕业生在图书馆内的足迹和借阅数据用讲故事的形式展现出来，文艺范中带着温馨，受到了毕业生热捧。清华大学图书馆、华东师范大学图书馆、重庆大学图书馆等也有类似的毕业生服务。

1.4 游戏式推广模式

游戏式推广因其强有力的参与性优势，创新了图书馆阅读推广的内容，成为图书馆界的一股新鲜活力。游戏式推广通过设计多样性和互动性的网络游戏来与读者进行沟通，各种游戏通过有趣的、个性化的互动设计，既能引起读者的兴趣，又能把图书馆的阅读推广信息推送给读者，收到极好的效果。例如武汉大学图书馆于2012年推出虚拟馆员小布，将其融入阅读推广，拉近了与读者的距离，2014年以"小布"为主角，推出新生通关游戏"拯救小布"，推介图书馆服务，2015年以"经典阅读"为主题推出"拯救小布之消失的经典"，上线一个月的参与人数就达到931人、4300多人次，85%的读者表示这种活动方式对经典阅读起到了很好的推广作用。以游戏的形式推广阅读，使读者在参与答题活动的过程中自觉、主动地关注、搜集整理、学习有关经典名著的知识，潜移默化地接受经典阅读教育。

除此之外，2011年清华大学图书馆推出"排架也疯狂"游戏，读者需要根据图书的索书号，将随机出现的图书按照正确的排架方法进行排序，培养读者在图书馆能够正确地将图书归还到书架上的能力。2014年重庆大学图书馆推出"我的任务"游戏，设定了很多读者需要完成的任务，如登记电子邮箱、关注图书馆微信、发表书评、推荐图书、参加志愿者活动、门禁签到等，完成后获得相应的积分奖励，吸引了上万名读者的积极参与。2014年电子科技大学图书馆利用虚拟现实技术，构建类似3D游戏的虚拟化导览系统，包含虚拟漫游、照片墙、知识地图、知识闯关四个模块，如在"虚拟漫游"模块，读者用鼠标可以在虚拟图书馆的每一个借阅区随意驻足和参观，此模块帮助读者加强对图书馆布局和功能的了解。

1.5 业务流程再造推广模式

业务流程再造是图书馆管理和服务的系统工程，根据读者和阅读推广的需求，利用信息技术对原有业务流程进行优化和完善，以全新的信息系统改善读者的体验，这种方式也被各图书馆普遍应用于阅读推广。如中山大学图书馆对纸质图书的借阅量不再限制，提出"阅读无止境，借阅不限量"的口号，长沙市图书馆、内蒙古自治区图书馆通过和书店合作，开发专门的手机APP，市民在书店选书、查重后可由图书馆买单，市民阅览后归还到图书馆即可。

业务流程再造模式的阅读推广应用广泛、效果显著，仅举三个典型案例：

1.5.1 读者证卡的激活

近几年来，一些图书馆开始改变原来的借阅证办理和使用的业务流程，读者拿到借阅证后，不能立即借阅图书，需要通过简单的培训甚至考试才能激活读者证功能，这对于新读者对图书馆概况、规则的初步了解具有十分重要的价值。例如中山大学图书馆和重庆大学图书馆，读者登录图书馆门户后，须阅读图书借阅规则和电子资源使用规则，并补充常用电子邮箱和电话信息等资料，方可完成激活。湖南大学、云南大学、东北财经大学、盐城工学院等高校的图书馆，要求新生参加网络培训并通过考试，才能开通图书借阅权限，在借阅权限开通之前，读者不能借阅图书，但可以进入图书馆阅览或上自习。

1.5.2 书评系统的业务流程再造

重庆大学图书馆的书评系统是一个典型的业务流程再造案例。书评对于阅读的提升、引导、指导具有重要作用，因此图书馆专门开发了书评系统，评价页面就在OPAC和读者个性门户中，系统会对借阅而没有评论的图书进行提醒，引导读者直接对图书进行评论，参与到馆藏资源的评价。为了能让更多读者参与到图书评论中，以此促进阅读，图书馆对于业务流程进行了大量的优化和改革。首先构建了虚拟的书友会，加入书友会的读者，享受的借阅待遇和普通读者不一样，拥有更大的借阅权限，但是对所借阅图书的评论成为借阅流程中的必须环节，不评论不算归还；其次推行荣誉制度，系统设计了较完善的积分办法，按照积分累计情况将读者分为童生、秀才、举人、贡士、进士和状元六个等级，让读者因为阅读而产生荣誉感；最后采用了必要的激励机制，如举行"阅读达人""每月书生"评选，给予一定的物质奖励（如书卡、U盘等），每月选择优秀书评公布在官方微博上，"推荐书评"也将有机会发表在馆刊、馆报或单独刊印的图书推介资料中,系统中的积分可用于兑换小礼品、图书借阅册数等。通过上述业务流程再造,截止到2015年底,已有书评18.2万余条,且基本上都是进行流程优化后的2011年后产生的,有效地促进了馆藏借阅。

1.5.3 电子阅读器和其他设备的借阅

据2011年4月"第八次全国国民阅读调查"揭示,传统纸质媒介阅读率稳健增长,数字阅读接触率强劲增长。在各类数字化阅读方式中,电子阅读器的接触率增长幅度达到了200%,增幅最大。而2010年,我国国民人均阅读电子书0.73本,共阅读过电子书6.13亿本。伴随着强劲的数字阅读潮流,一种新的阅读方式——电子书或电纸书阅读应运而生成为潮流,图书馆作为阅读推广的最重要的阵地,当然不能缺席。为了消除读者利用信息的障碍,推广数字资源阅读,上海图书馆、北京大学图书馆、昆明理工大学图书馆等改变图书馆只能借阅纸本图书的惯例,为读者提供Kindle、iPad、笔记本等电子阅读器或电子设备的借阅。

2 儿童阅读推广模式

2.1 基于"阅读是一种生活方式"的儿童阅读推广模式

"阅读是一种生活方式"是程焕文教授在2015年阅读推广峰会(秋季)的专题报告中提出的概念。他说:"做世界上最强盛的民族,就要所有人的素质都要提高,民众生活到达一种高级状态,让读书成为他们生活的一部分,成为一种生活方式。《公共图书馆宣言》第一条就是从小培养并加强儿童的阅读习惯,阅读只有成为一种习惯,才是阅读推广今天应该做的事情,成为一种习惯,也就成为生活的一部分……只有达到了这种境界,我们才能说全民阅读,才能说书香社会。"程教授的讲话明确了当下阅读推广应该关注的重点,指出了"全民阅读"未来发展的方向,并为"全民阅读""书香社会"提供了一个具象的考量标准——阅读成为普通民众的一种生活方式。要达到这种境界,"全民阅读"必须从国家发展和民族未来的战略高度予以规划和推进。该种模式需要公共图书馆介入家庭亲子阅读推广,公共图书馆指导学校、幼儿园阅读推广,公共图书馆联合社会公益组织进行体验、激励阅读推广。

2.2 基于绘本载体的儿童阅读推广模式

所谓"贯穿模式",就是图书馆联合基金会组织,从孩子出生起,通过免费发放读物的方式,倡导从出生就开始的儿童阅读理念,并定期举办阅读活动,促进儿童阅读。

2.2.1 贯穿模式

2.2.1.1 英国"阅读起跑线"(Bookstart)运动

1992年,英国伯明翰图书馆联合图书信托基金会和基层医护服务信托基金会,联合发起"阅读起跑线"(Bookstart)运动,旨在缩小贫富家庭儿童之间的阅读水平差异,鼓励婴幼儿体验阅读的乐趣,培养儿童建立良好的阅读审美和阅读习惯。该运动免费为每个儿童提供读物,将0~4岁婴幼儿按照年龄段分成三个阅读层级,每个层级发放相应的读本,开展"蹒跚起步来看书"的儿童阅读活动,采用"阅读证书"的形式吸引儿童到图书馆参加阅读活动。

2.2.1.2 美国"从出生就阅读"(Born to Read)计划

1995年,美国H.Leslie Perry纪念图书馆、匹兹堡卡内基图书馆和普洛佛市立图书馆共同展开"从出生就阅读"(Born to Read)计划;1996年,加州Sutter郡图书馆加入该计划;1997年,田纳西州Memphis-Shelby郡公共图书馆加入该计划,形成了五家图书馆联合推动儿童阅读的合作局面。这五家公共图书馆联合基金会和医疗机构,通过不懈践行,开展多种多样的儿童阅读活动,尤其关注社会弱势群体家庭中的儿童阅读状况,为低收入社区的儿童开展绘本阅读和绘本讲述活动，上门提供儿童借书证的办理。该计划帮助父母树立"从出生就阅读"的理念，帮助儿童从出生就接触阅读，掌握自主阅读的基本技能，享受阅读的乐趣，成为终身阅读、终身受益的阅读者。

2.2.1.3 持续工程项目

持续工程项目模式主要是以年为限的长期持续规划的推广项目，一般都事先制订详细而周密的规划，其中最具代表性的是国家科学院主导的"Zeit Punkt Lesen"项目的系列活动。"Zeit Punkt Lesen"为德语，翻译成汉语的意思是"时间阅读"。该项目是2006年在下奥地利州发起的阅读推广倡议，是一个历时7年的长期推广项目，主要面向群体是儿童和青少年，宗旨是使下奥地利的儿童、青少年在阅读中学习，在不同的项目推广中主动阅读、自我激励，无论是在校内还是学校外都能以一种愉快的方式进行阅读。项目的重点是发展非传统的阅读服务，部分项目以父母或儿童照顾者为主要的支持对象，与他们一同培养孩子的独立的阅读能力及自我负责的学习态度。

2.2.2 分级模式

"分级模式"，是指根据儿童的身心特点和阅读能力，有针对性地提供阅读推介、阅读指导和阅读活动的阅读推广模式。德国布里隆市图书馆的"阅读测量尺"活动利用直观的尺子形象，结合儿童年龄和身高的对应程度，按照不同年龄段儿童的心智发育程度为其提供合理的读物推介和科学的阅读计划。"阅读测量尺"分为十段，由赤、橙、黄、绿、青、蓝、紫、粉红、桃红、橘红十种颜色加以区分，提供0~10岁儿童的最佳阅读读本信息、阅读建议及家长在该阶段所应掌握的阅读指导技巧。儿童在图书馆根据"阅读测量尺"上的身高，就能获取阅读的相关信息，吸引儿童的阅读兴趣，为家长进行阅读引导提供了极大便利。奥地利施泰尔马克州公立图书馆开展的系列活动，如"阅读从娃娃抓起"在婴儿出生后会向他们发放婴儿包，里面包含一些精选读物及为其家长准备的阅读指南。在孩子的第二个生日时，家长都会收到一本图画书和一个"阅读测量尺"，"阅读测量尺"根据儿童的年龄阶段给出相应的阅读指南，供家长参考。

2.2.3 接力模式

"接力模式"是指图书馆以借助绘本不断推进儿童阅读为主旨，不断地、持续地、有规划地开展系列绘本阅读活动，并形成自身品牌的儿童阅读推广模式。

2.2.3.1 广州图书馆"爱绘本爱阅读"儿童阅读推广系列活动

2009年6月起，广州图书馆以"由绘本爱上阅读——公共图书馆少年儿童阅读推广实践研究"科研项目为契机，开展"爱绘本爱阅读"系列儿童绘本阅读推广活动，该活动分为"周六晚，温馨夜"亲子读书会和"让阅读动起来"绘本创作活动。"周六晚，温馨夜"亲子读书会以故事讲述推动自主阅读，重点在于培养儿童的阅读意识和阅读习惯。在读书会活动的策划、组织、开展过程中，广州图书馆馆员不断加以总结和研究，制定出一套切实可行的绘本阅读推广模式，并形成了几十个经典案例以供参考和应用。"让阅读动起来"绘本创作活动是广州图书馆开展绘本阅读推广的又一项重要举措，在馆内读书会当中穿插简单的绘本创作会，把绘本单页制作成小卡片，由儿童根据故事内容进行重新编排，发动他们跳出局限，把绘本阅读扩展到无限的自我创作中去，倡导从"做一本绘本"到"认识绘本、爱上绘本、爱上阅读"的理念。

2.2.3.2 江阴市图书馆"幸福的种子"儿童阅读推广系列活动

江阴市图书馆从2008年起关注儿童阅读推广，在不断地探索中打造"幸福的种子"儿童阅读推广品牌，该活动包括"苗苗故事会""妈妈加油站"和"绘本之旅"三个项目。"苗苗故事会"每个月都制定一个特定的主题，按照一个个主题逐步开展绘本的阅读推广实践，借助绘本的独特表达形式和语言、图片的力量，让儿童在绘本故事当中探寻自身、感受世界，将阅读和他们的成长过程紧密关联，塑造他们的人生观。"妈妈加油站"是江阴市图书馆绘本馆的特设版块，妈妈们将孩子阅读绘本的故事、经历及阅读过程中的问题和心得通过"妈妈加油站"和其他妈妈分享、交流，使得绘本馆成为亲子共读和亲子关系的乐园。"绘本之旅"交流窗为儿童和家长提供了一个绘本互换和阅读交流的平台。

2.2.4 联动模式

"联动模式"是指在统一采购、编目、配送和通借通还的公共图书馆"总分馆"制度下，由总馆协调各分馆，联合开展阅读推广各项活动，拓宽影响范围，达到联动效果。台北市立图书馆联合各个分馆，开展了富有创新性的绘本阅读推广活动。总馆开展"We're going on a book hunt"儿童英语阅读活动和"美籍老师美语说故事"活动，针对儿童的身心发展、知识储备和生活经验，启发儿童对阅读的兴趣，了解绘本的创作背景及风格，儿童根据导读进行默读、共读和轮读，提高儿童英语阅读能力和口语能力，建立阅读兴趣和主动表达观念，培养阅读鉴赏能力，落实深度阅读之内涵，同时指导儿童利用图书馆开始阅读生涯；民生分馆、内湖分馆"周末来fun电"影片欣赏活动，葫芦堵分馆"糖葫芦电影院"，文山分馆"假日电影院"，借由绘本改编的影片，以视听的感官刺激释放阅读魅力；万兴分馆举办"非读BOOK"儿童读书会，精选萨奇尔的经典绘本系列为阅读素材，带领儿童以共读和人际互动的方式养成阅读习惯，丰富其阅读体验，提升其阅读知能。

2.3 名人媒体效应模式

奥地利联邦教育、艺术和文化部资助，奥地利图书馆协会曾联手发起了一项令人印象深刻的新闻插入运动。这项活动通过邀请一些具有高度知名度且没有负面影响的人气偶像来做宣传大使，如奥地利歌剧爱好者、歌手C.Sturmer，滑雪赛世界冠军M.Walchhofer，奥地利国家足球队团队教练J.Hickersberger，奥林匹克帆船竞赛冠军Hagam和Steinacher等一大批享有世界声誉的艺术家和顶级运动员参与儿童阅读宣传，并争取到奥地利国家广播电视台和广播公司的支持，以公益广告的形式在国家电台等媒体的黄金时段播出，利用名人效应提高活动的知名度，调动公众参与关注儿童阅读的积极性和主动性。

第二章　国外及港台图书馆阅读推广现状

第一节　美国阅读推广活动概况

1　国家性阅读推广活动

1.1　一城一书

1998年，时任西雅图公共图书馆华盛顿图书中心主任的Nancy Pearl发起了"如果全西雅图人阅读同一本书（If All Seattle Read the Same Book）"的活动。该活动的主要内容是倡导西雅图市民一起阅读《The Sweet Hereafter》，并且该活动得到了Lila Wallace Reader 基金会和西雅图赞助商的大力支持。活动的目的在于通过市民阅读同一本书来引起市民的共鸣，在大家具有共同探讨话题的基础上，促进市民、社区之间的交流，并提高市民的阅读积极性，培养市民的阅读兴趣。该活动最终取得了巨大的成功，西雅图各地洋溢着市民阅读的热情。此次活动成为了美国"一城一书"活动的开端。据美国国会图书馆网站显示，截至2016年底，美国50个州均在全州范围内举办过"一城一书"活动，活动总数为2360次，由公共图书馆协助或直接举办的活动为1852次，占活动总数的78%，参与的公共图书馆达到549所。

1.2　大阅读计划

"大阅读计划"（Big Read）活动是美国国家艺术基金会（The National Endowment for the Arts）联合中西部艺术基金会（Arts Midwest）在2006年为了振兴文学在美国文化中的作用和将文学的创造力注入市民的生活中而举办的。"大阅读计划"活动支持全国各地的图书馆、阅读机构开展社区阅读活动，并鼓励各年龄段的市民参与到阅读中来。每个社区的阅读活动持续一个月左右的时间，并且会有一个隆重的启动仪式，届时市长和当地的名人也会参加。其主要的活动内容是对一本书进行共同的探讨，分享各自的想法，并且在不同的地区及面对不同类型的读者时，所选择的书籍也不相同。"大阅读计划"活动不仅使市民加强了对生活、社区关系的理解，而且在分享的过程中使市民感受到了阅读的乐趣。由美国"大阅读计划"网站的相关资料可知，大阅读计划活动主要由公共图书馆、政府机构、社会服务机构及公益组织和高校及其图书馆申请并举办。其中，公共图书馆的活动数量每年均高于其他三类机构，是申请并举办"大阅读计划"活动最多的机构。

1.3　读遍美国

"读遍美国"活动开始于1997年，活动的最初目的是为了鼓励儿童、青少年多读书，充分享受阅读的乐趣。同时，为了纪念深受人们喜爱的儿童作家苏斯博士，美国教育协会（National Education Association）将每年的3月2日定为"美国读书日"（苏斯博士的生日为3月2日）。"读遍美国"活动秉承"贫困不应使孩子们丧失在一个科技发达的环境中学习先进知识和技术的机会"的理念。每年,活动的举办方会邀请许多作家及其他行业的优秀阅读者来给孩子们分享自己的读书感受;同时,美国教育协会也对教育资源、资金匮乏的学校进行捐款、捐书等慈善活动,以期为孩子们创造一个优良的阅读环境。随着数字化潮流的发展,"读遍美国"的阅读推广活动的数字化也在不断改进。现如今,学生可以使用一个免费的电子书软件来获取大量的电子书资源,以丰富他们的阅读量,培养阅读兴趣。

对2017年3月"读遍美国"活动的开展情况进行了统计分析。分析显示,在受访的127所公共图书馆中,有76所图书馆在2017年3月1日—3月7日期间配合"读遍美国"活动举行了纪念苏斯博士的有关活动,占调查样本总量的60%。统计数据表明,不论是"一城一书"活动、"大阅读计划"活动还是"读遍美国"活动,公共图书馆均具有较高的参与度,尤其是"一城一书"活动的参与度到达了活动总数的78%。由此可见,公共图书馆对参与举办国家性阅读活动具有较高积极性,且对国家性阅读推广活动的发展起到了重要作用。

2 区域性阅读推广活动

对127所公共图书馆进行网站访查发现,公共图书馆的区域性阅读推广活动主要有读书活动、阅读延伸活动、影音教育活动和图书馆—社区及馆员—读者互动活动等四种形式,且各种形式的活动均具有丰富的内容。

2.1 读书活动

2.1.1 暑期阅读项目(Summer Reading)

暑期阅读项目针对各个年龄段的读书爱好者,在暑假期间,参加者如果能坚持阅读书籍、杂志、报纸,并将自己的阅读情况定期报告给图书馆,就有可能获得一份奖励。调查结果显示,127所受访公共图书馆均具有暑期阅读项目。如卡尔斯巴德市公共图书馆(Carlsbad City Library)在2016年6月27日—8月12日举办了2016年度的暑期阅读项目,活动分为四组,分别面向婴幼儿(3岁及以下)、儿童(4~12岁)、青少年(13~17岁)和成人(18岁及以上)。其中,婴儿组旨在对婴幼儿进行正确引导,使其开始接触阅读,且参加者均会得到一份特别的礼物;儿童组和青少年组的活动方式相同,参加者可以阅读任何自己喜欢的书籍、杂志或报纸,然后向图书馆工作人员报告自己的收获或读书感悟,每报告一次,便可获得一张活动抽奖券,累计七次可获得一件T恤衫,累计十次可得到当地图书馆的免费通行证和商场的优惠券,但每周最多进行两次汇报。成人组的活动方式为阅读一本书并填写读书报告,参加者可获得一张活动抽奖券。值得一提的是,该活动的奖品均由当地的博物馆、动物协会和必胜客等商家提供。

2.1.2 阅读俱乐部

由于各公共图书馆的自身需求及特点不一,其开展阅读俱乐部(Read Club)的类型、名称也不尽相同,我们对此进行了不同的分析处理,如对于推理小说俱乐部(Mystery Book Club)、动漫俱乐部(Anime Club)等以某一类书籍为主题的俱乐部,将其统一归为专题类俱乐部;如对于青少年阅读俱乐部(Teen Book Club)、星期六阅读俱乐部(Saturday Book Club)等并无明确主题,而是定期制定一本书来共同阅读讨论的俱乐部,将其统一归为综合类俱乐部;如对于写作俱乐部(Write Club)、青少年写作俱乐部(Teen Writing Club)等俱乐部,将其统一归为写作类俱乐部;如对于国际象棋俱乐部(Chess Club)、乐高俱乐部(Lego Club)和电影俱乐部(Movie Club)等俱乐部,将其统一归为休闲益智类俱乐部;如对于编程俱乐部(Code Club)、数学俱乐部(Math Club)等以某一学科为主题的俱乐部,将其统一归为学科类俱乐部。

在对俱乐部进行分类后,对各类俱乐部的开展情况进行了统计分析。调查发现,127所受访图书馆均开展了不同类型的阅读俱乐部,其中,95%的受访图书馆具有综合类俱乐部,显然这类面向对象广泛的阅读俱乐部更受图书馆的重视和欢迎;63%的受访图书馆具有专题类俱乐部;51%的受访图书馆具有休闲益智类俱乐部;33%的受访图书馆具有写作类俱乐部;学科类俱乐部的开展比例最低,仅有18%的受访图书馆具有学科类俱乐部。

2.2 阅读延伸活动

2.2.1 作文、诗歌大赛(Poem Competition)

主要面向对象为青少年。调查结果显示,53%的受访图书馆在2016年举办了作文、诗歌大赛,且多数活动为年度性比赛,每年只举办一次,活动时间为2~3个月。如派克斯峰公共图书馆(Pikes Peak Library)在2016年举办了两次作文、诗歌大赛,"Riverof Words"比赛的主题为"流域",旨在鼓励青少年探索他们居住地的自然和文化历史,并通过诗歌或其他艺术形式描述自己的感悟;"Letterabout Literature"比赛面向4~12年级的学生,活动内容为给他们喜爱的或印象深刻的作者写一封信。

2.2.2 作者会谈(Author Talking)

主要是作者亲临图书馆与读者直接进行交流,分享自己的心路历程,并会进行签名等活动,读者也可以就自己关于本书的疑惑进行提问。除调查举办作者会谈活动的公共图书馆数量外,还对活动的举办频率进行统计分析。根据调查结果,75所受访图书馆会举办作者座谈活动,约占调查样本总量的59%。其中,34所图书馆每月举办一次作者座谈,约占调查样本总量的27%;17所图书馆每月举办两次作者座谈,约占调查样本总量的13%;5所图书馆每月举办三次作者座谈,约占调查样本总量的4%;19所图书馆每月举办四次及以上作者座谈,约占调查样本总量的15%。

2.3 影音教育活动

2.3.1 故事会(Storytime)

主要面向对象为婴幼儿,且还会根据年龄段对婴幼儿进行再分组。调查结果显示,127所受访公共图书馆每天均会进行故事会活动。其中,81%的图书馆有学前故事会(Preschool Storytime,针对3~5岁的幼儿),73%的图书馆有幼儿故事会(Toddler Storytime,针对1~2岁的幼儿),65%的图书馆有婴儿故事会(BabyStorytime,针对0~12个月的婴儿),69%的图书馆有家庭故事会;此外,有24%的图书馆有双语故事会(Bilingual Storytime)。由此可见美国公共图书馆在进行活动制定时的严谨和细致,对婴幼儿群体进行科学的划分,不仅能使阅读推广活动起到良好的效果,而且有利于婴幼儿的健康成长。

2.3.2 观影活动(Movie Time)

观影活动也是一项重要的阅读推广活动,它不仅能为读者带来乐趣,也可以将知识更加生动形象地呈现给读者,激发读者的阅读积极性。调查结果显示,18%的受访图书馆每月举办一次观影活动,10%的受访图书馆每月举办两次观影活动,51%的受访图书馆每月举办四次及以上观影活动,即79%的受访图书馆举办观影活动。有趣的是,在举办观影活动的图书馆中,没有每月举办三次观影活动的图书馆。分析认为,这可能是由于每月三次观影活动在时间安排上较难使其具有一定的规律性。

2.4 图书馆—社区、馆员—读者互动活动

2.4.1 图书馆网站作为图书馆的门户,其界面设计合理与否、功能齐全与否,对读者能否有效利用电子资源有着重要的影响

如棕榈滩县公共图书馆(Palm Beach County Library)网站把即将举办的重大活动和特

色活动以列表方式展现在首页，并提供热门借阅、热门检索等动态推荐服务。如圣迭戈县公共图书馆（San Diego County Library）网站按照不同主题将热门数目展示在电子书首页的电子书专栏，并及时将新增的电子书和有声书目录呈现给读者。调查还发现，有58%的受访图书馆在其网站首页的导航栏中将青少年和儿童设置为一级目录。该举措一方面显示了公共图书馆对青少年和儿童阅读的重视，另一方面使青少年和儿童易于找到属于自己的活动专区，极大地提高了其使用图书馆网站的便利性，促进了阅读推广活动的发展。

2.4.2 图书馆工作人员在阅读推广活动中起着至关重要的作用，恰当的工作方式及良好的工作素养有利于解决读者在使用图书馆或阅读方面所存在的困难和疑惑

如格威内特县公共图书馆（Gwinnett County Public Library）向读者提供预约馆员服务，在预定的时间内（30分钟），馆员可以帮助读者搜寻其所需要的书籍或其他资源，读者也可以询问任何关于阅读方面的问题；另外，馆员每月会与各阅读俱乐部的负责人进行沟通，了解其是否需要图书馆提供帮助。调查还发现，127所受访公共图书馆均招募图书馆志愿者，这不仅节省图书馆的人力成本，也会提高志愿者的阅读素养，从而影响更多读者，起到了宣传推广的作用。

2.4.3 社交媒体的广泛应用为馆员与读者的沟通交流提供了极大的便利性

调查发现，127所受访图书馆均注册了Facebook、Twitter等社交媒体账号，提供在线互动服务。读者既可以通过社交媒体与馆员进行在线交流，询问相关问题；馆员也可通过社交媒体推荐新到书籍、热门书籍，发布图书馆最新活动消息。

2.4.4 紧密联系社区、开展移动图书馆服务是公共图书馆进行阅读宣传推广的另一项重要措施

如杰斐逊县公共图书馆（Jefferson County Public Library）将大巴车改造成移动图书馆到各个社区提供服务，图书馆还为残疾人和老年人等行动不便的个人提供移动图书馆服务。为社区居民提供便利的阅读服务，可提高其阅读积极性，增强阅读活动的影响力。

第二节 英国阅读推广活动概况

英国是一个年均阅读率较高的国家，1850年，世界第一部公共图书馆法在英国诞生，随后，馆员级别晋升制度、开架借阅制度等也相继在英国推行。在历经160余年的沉淀后，如今的大不列颠境内已建有3500座公共图书馆。据统计，截止到20世纪末，该国每1.2万人就平均拥有一座公共图书馆，远远高于国际图联20世纪70年代颁布的每5万人应拥有一座图书馆的标准，这也让英国获得了世界人均公共图书馆占有率最高国家的头衔，图书馆已成为英国人不可或缺和人缘最好的机构，尽管如此，英国目前的阅读状况却仍令人担忧。据Teletext公司调查显示，在英国表示从未读过书和过去一年内没有买过一本书的成年人分别占34%和33%，致使英格兰目前尚有读写能力仍低于儿童平均水平的成年人口约700万，超过英国总人口的十分之一。由于地方政府的议事日程中关于图书馆提案的优先权并不高，同时近年来人们生活节奏的加快，以及受网络和新兴媒体的冲击，世界各国图书馆的阅读状况也都呈现出到馆率和借阅率整体下滑的局面，当然英国也不例外，同样也出现了不可避免的下滑现象。即便如此，英国阅读推广的先进经验和做法仍然有许多值得国内同行去借鉴、分享和比较的地方。

1 针对早期儿童的"阅读起跑线"计划（Bookstart）

世界上第一个以国家名义为婴幼儿制订的阅读推广指导计划是英国"阅读起跑线"计划（Bookstart），该计划免费为英国0~4岁儿童发放阅读包，并开展相应的亲子活动，以便帮助家长培养孩子们良好的阅读习惯和阅读技巧，鼓励家长和孩子们一起分享图书、故事和儿歌，并在附近的图书馆利用相关资源。截止到目前为止，该计划已经执行了20年，无偿送出图书300万册（次）。其服务理念影响至世界五大洲的许多地方，如美国、意大利、墨西哥、波兰、南非、日本、韩国、印度、泰国、澳大利亚、中国台湾等国家和地区，已成为全球最有影响的学龄前儿童推广项目，其核心内容就是公共图书馆联手教育和健康等多家机构向每个学龄前儿童发放免费阅读包，以激发学前儿童与家长的阅读兴趣和参加儿歌、故事、蓝熊俱乐部和全国活动周等其他Bookstart的活动。

2 扶持贫困儿童的"阅读是根本"（Reading Is Fundamental）

借鉴美国的做法，1996年至2000年英国约有6万名儿童获得了19万册的免费新书，同时还有价值90万英镑的图书通过图书馆等渠道借到孩子们的手中，期间有40余家儿童出版社承诺以优惠价格加入这一行列，为"阅读是根本"提供新的读物，有社会各界人士共600多人共同声援该项活动，该项目目前已成为英国阅读推广中向贫困儿童荐书最具规模和最积极的项目。

3 针对小学阶段的"夏季阅读挑战"（Summer Reading Challenge）

该项目是目前英国最大的阅读推广活动，至今已经持续15年，牵头者为阅读社，是一项针对儿童的长期阅读推广活动，针对群体为4~11岁儿童，英国主流媒体BBC也常为其宣传造势，大多数英国公共图书馆基本上都参与此项活动，其核心内容是每年夏季鼓励儿童读六本书，至今参与儿童超过百万。

4 针对初中阶段的Bookbuzz项目

由专家选定，参加该活动的学生可在17册备选图书中选取1册书，由Bookbuzz项目向学校收取每个学生2.5英镑的费用，服务对象为每个学校七、八年级的学生。经活动后调查结果显示，参加该项目后的学生反映对阅读的喜爱度、阅读的自信度、阅读的频繁度、到馆次数及买书量等方面分别有52%、45%、9%、45%和42%的提升。据2013—2014年抽样调查显示，有超过1450所学校的220000名学生参与了此项活动。

5 提升男生阅读兴趣的"阅读带头人"活动（Reading Champions）

该活动是由英国国家素养基金会旨在提高英国未成年男生的阅读水平的一个阅读推广项目，由于男生的阅读兴趣弱于女生，因此，针对人群为5~18岁未成年男生，以学校为单位参与，学校必须在基金会的网站上购买资源包，包括金、银、铜证书和奖章以及活动指南，之后方可获得参加活动的资格，随后，学校还要招募本校影响力较大的男生作为阅读带头人，引领其他男生阅读，视完成任务的情况颁发奖章，以鼓励阅读的先进分子。该项活动已在英国阅读推广中取得了显著的成效，目前已有3000多个学校和机构参与，尤其在初中和小学中成果显著，该活动的开展大大提升了男孩子们的阅读水平。

6 针对成年人的"世界读书夜"活动

6.1 活动概况

英国和爱尔兰在2011年3月5日举办了第一届"世界读书夜"活动,从2012年开始在4月23日举行。在美国、德国、克罗地亚等国家也相继推出"世界读书夜"活动。"世界读书夜"这一读书活动的倡议者是英国爱丁堡卡侬盖特(Canongate)出版社创办人杰米·拜恩(Jamie Byng)。该活动在2010年5月图书行业会议的圆桌讨论中提出,其目的是鼓励更多的成年人去阅读。白天是英国和爱尔兰儿童世界读书日庆祝活动,而晚上就是成年人的庆祝活动。晚上成年人放下工作的压力有更多的时间和精力进行阅读、思考和分享。

"世界读书夜"现由英国阅读协会(The Reading Agency)举办。英国阅读协会是一个独立的慈善机构,肩负着激励更多人阅读更多书的使命,鼓励大家分享阅读;秉承"阅读使我们所有人的生活更加美好,因为阅读能改变我们的一切"的理念。该机构深信读书能改变一个人的人生,使更多的社会团体从中受益;作为一名读者,不论贫穷还是富贵,不论身在城市还是乡村,每个人都享有平等的权利和机会。"世界读书夜"汇集了英国大批有强大影响力的合作伙伴,包括出版商、印刷商、经销商、图书馆、书店和基金会,他们都有共同的目的就是激励更多人阅读。每年通过读者投票、专家挑选图书,所选图书进行再次印刷,志愿者进行派送。图书除了在活动现场、人流量密集场所派送外,还赠送给英国和爱尔兰的监狱、学校、图书馆、医院及流浪人员收留所等,把知识带给需要的人们。从2011年至今,已有56000多名志愿者参与其中,赠送图书超过225万册。

如今的英国"世界图书夜"活动已不限于赠书,各城市的图书馆、公园、学校等机构均可举办"世界图书夜"相关活动,其形式多种多样,涵盖读书会、与作家面对面、知识竞赛、朗读比赛、游园活动等。据官方网站介绍,2016年正逢莎士比亚逝世400周年纪念,4月23日当晚大英图书馆将举行"读书日之夜",请来Cathy Rentzenbrink、Matt Haig、Dreda Say Mitchell等一批知名畅销书作家,来讲述书籍在自己生命中的位置,以及朗读他们最新的畅销作品。而"莎士比亚诞辰派对"也将于当晚举行,现场不仅有神秘来宾、美食相伴,还有许多与莎士比亚有关的不同形式的演出可以欣赏。官网上该晚会的票价为20英镑,学生、老人和无业者还有不同程度的优惠。

6.2 "世界读书夜"活动评析

6.2.1 由慈善组织领导,参与人群广泛

英国阅读协会成立于2002年,是英国促进和推广阅读的一家慈善组织;它将"让更多的人阅读更多书"作为使命,认为阅读能力是人最基本的素质;该机构针对提高国民阅读能力开展了"世界读书夜"、图书推荐数据库、阅读六本书图书馆挑战赛、阅读小组网等形式的活动;这个组织是由一群热爱阅读并关注英国阅读现状的志愿者组成的,他们来自各行各业,有教育学家、图书馆员、作家、图书出版商、关注阅读的年轻人和家长们以及所有热爱阅读并乐意为推进阅读运动服务的人们。他们都秉承了英国阅读协会的使命:让更多的人阅读更多书。项目实施机构与地点也是多样性的,包括社区、图书馆、教育学院、监狱、工厂、公司、医院、避难所等等。他们只想把英国打造成阅读不分贫富、人人平等的阅读国家。

6.2.2 推荐图书类型多样,覆盖面广

"世界读书夜"活动的执行委员会在9月召开会议讨论活动推荐图书。讨论围绕图书出版商提交的图书推荐清单、志愿者调查中的阅读清单进行。该小组由图书行业专业人员、图

书管理员、"世界读书夜"志愿者和工作人员组成。本着在书中寻找简单的、好的、令人愉快的、可读性强的书为选书原则，书单中包括各种各样类型的图书。所推荐的图书有经典名著，比如简·奥斯汀的《傲慢与偏见》、狄更斯的《双城记》，也有当代畅销小说，比如斯蒂芬·金的《米赛丽》（Misery）和女作家索菲·金塞拉（Sophie Kinsella）的"购物狂"系列中的《购物狂的异想世界》（The Secret Dreamworld of a Shopaholic）、李·芭度葛的奇幻小说《格里莎三部曲》之一的《太阳召唤》（Shadow and Bone），还有获得布克奖提名的艾玛·多诺霍（Emma Donoghue）的《房间》（Room）以及曾多次获奖的安德烈娅·利维（Andrea Levy）的《小岛》（Small Island）等严肃文学。除了小说，还有诗歌、传记文学、旅行札记等。

6.2.3 活动形式多样，重视宣传互动

为了让更多的人认识到阅读对国家、个人的重要性，更积极地投身于阅读，实现"世界读书夜"活动的意义，宣传推广工作必不可少。如：建立了"世界读书夜"官网，在网上中发布"世界读书夜"的活动预告、图书推荐书目、图书推介、志愿者加入渠道、新闻报道、申请赠书栏目、问卷调查、评估报告等；在Facebook、Twitter上面做同步宣传、交流互动。主办方还制作了相应的新闻宣传模板提供给各个参与方使用。

除了赠书以外，还有读书会、与作家面对面、知识竞赛、朗读比赛、游园活动、诗歌之旅等。主办方请来Cathy Rentzenbrink、Matt Haig、Dreda Say Mitchell等一批知名畅销书作家，来讲述书籍在自己生命中的位置，以及朗读他们最新的畅销作品。名人效应不仅宣传了图书与作者，而且吸引了大量的年轻人参与到阅读中，达到双赢的效果。

6.2.4 收集反馈信息，注重调查评估

效果评估不仅是英国阅读协会的特点，也是国外众多阅读推广项目的共同特点，它包括事前评估和事后评估。在"世界读书夜"项目中，同样注重调查评估与信息反馈。人们可以随时在官网中申请志愿者身份。只要你对阅读感兴趣，想与别人共享阅读的快乐，留下你的联系方式就可以成为"世界读书夜"的志愿者，并参与图书挑选、赠送等相关活动。同时，鼓励接受了赠书的人参与问卷调查反馈意见。为了鼓励大家参与调查，专门设立了抽奖环节，比如赢取购物券。调查问卷的问题主要包括个人信息、接收图书的书名、是否进行了阅读、是否喜欢获得的赠书、阅读感想、阅读习惯、对活动的意见和建议、是否愿意成为志愿者等。据2016年"世界读书夜"影响报告，80%的受访者表示以前从不读书或每个月读书不到1次，自从参与"世界读书夜"活动后，他们已经比以前阅读更多的书；有85%不经常阅读的人表示在参与活动后开始与别人讨论图书的话题；有47%的人表示比以前买更多的书；32%的人表示在图书馆借阅更多的图书。许多受访者表示，"世界读书夜"促使他们重新拾起图书，并帮助他们发现新的更有趣的图书。通过阅读他们不仅增加了自信心，还提高了他自身素养。

7 培养成年人读写能力的"六本书挑战赛"（Six Book Challenge）

该活动可在全年的任何时段开展，但大多都选在全年的1—6月举办，是为了提高成年读者的阅读水平，建立成年读者的阅读信心，凡年满16周岁的成年读者均可报名，参赛人可自行选择六本书进行阅读，在规定期限内完成阅读并形成阅读心得的均可参加年内的评奖，并获得相应的证书，值得一提的是，这些读物还包括诗集、杂志，甚至是数字游戏等，阅读物界定的范围十分宽泛。该项目的资源支持均来自于阅读推荐数据库和网络商店，获奖机构可获得访问作家的机会，获奖的个人可获得阅读社奖励的伦敦冬日双人游和150英镑的现金，同时参赛人在赛前或赛后均可填写调查表，以备阅读社今后调研分析使用。该项目于2008年一经推

出就吸引了7000余人参与,每年有三分之二的公共图书馆参与活动。该项赛事的社会效益显而易见,90%的参赛者表明他们比参赛前更享受阅读,阅读量也有不同程度的增加,有38%的受访者认为自己的信息素养有所提高,涉及的领域在不断扩大,有47%的受访者认为提升了生活和就业方面的信心。

第三节 香港阅读推广活动概况

香港公共图书馆的数量在过去10多年稳步发展,由2001年的69所增至目前的77所,其中包括1所中央图书馆、6所大型图书馆、29所中型图书馆、31所小型图书馆及10所流动图书馆,登记读者大约400万,相当于每两人中就有一个是图书馆的登记读者。香港较高的读者覆盖率,关键在于丰富多彩、包罗万象的阅读推广活动。众多的活动中,持续举办且影响较大的大型阅读推广活动,主要包括每年定期举办的阅读缤纷月、两年一度举行的香港文学节、香港中文文学双年奖、读书会、儿童及青少年阅读计划等。

1 阅读缤纷月

从2002年开始举办的"阅读缤纷月",是香港公共图书馆于暑假期间举办的大型儿童阅读活动,每年通过丰富有趣的专题展览及多样化的综艺阅读活动,鼓励儿童、青少年、家长在暑期畅游书海,推动亲子共读。多姿多彩的综艺活动包括:亲子阅读讲座、综艺表演、互动故事工作坊、亲子工作坊及亲子演绎比赛等,让家长与小朋友欢度一个个充满欢乐阅读气氛的夏日。

2 香港文学节

为了推广文学艺术,提高香港市民对文学艺术的认识和激发其兴趣,香港公共图书馆自1997年开始,举办一年一度的香港文学节。以香港文学节为契机,以提高市民文学素养为目标。香港公共图书馆围绕文学节,举办了多个文学奖项及大型文学活动。自首届香港文学节创办以来,一直秉持推动本地的文学创作及营造阅读氛围的宗旨,为市民提供多元化、多形式的文学活动。

3 香港中文文学双年奖

自1991年由香港公共图书馆举办以来,每两年举办一次,目的是表扬香港文学作家的杰出成就,鼓励他们继续创作优秀的文学作品,同时亦让市民能接触更多本地的佳作。双年奖为香港首设,也是香港目前唯一颁发给由香港作家撰写及在港初次出版的优秀中文文学作品的奖项。

4 读书会

由香港公共图书馆与香港教育城联合主办的读书会活动,从20世纪90年代开始,根据用户群体的不同设立了"家庭读书会"和"青少年读书会"两种服务方式。其中,青少年读书会参加对象为小学四年级至高中三年级的青少年,通过阅读、导读、思考、讨论和分享,鼓励青少年持续阅读,关怀社区;家庭读书会参加对象为幼儿园至小学三年级儿童,并由一位家长陪同参加,通过鼓励家长与儿童一同阅读,培养阅读兴趣和习惯并享受阅读的乐趣,等等。

4.1 读书会举办的策略

4.1.1 对用户进行分组,成立不同读书会

读书会以阅读和分享为主要活动方式,不同年龄、不同知识结构及不同文化背景的用户阅读的兴趣和关注的主题存在着一定的差异。为了避免参加读书会的用户年龄跨度过大,香港公共图书馆按照用户的年龄段对用户进行分组,成立了专门针对青少年和儿童的"青少年读书会"以及专门针对幼儿及其家长的"家庭读书会"。其中,"青少年读书会"根据阅读文献的语种不同又分为"青少年英文读书会"和"青少年中文读书会"。考虑到参加"家庭读书会"的家长有老年人用户,在中文的使用上可能存在一定的障碍,所以"家庭读书会"以粤语为主,整个活动主要使用粤语进行交流。

4.1.2 控制活动人数,制定严格的会员准入制度

为了保证读书会的质量,为参加读书会的用户营造一个舒适、宽松、自由的氛围,香港公共图书馆制定了严格的会员准入制度,控制每场读书会的人数,让读书会在一个可控的环境下进行。香港公共图书馆规定,参加"青少年读书会"的用户80%通过学校或者老师提名而来,20%在图书馆内公开招募。报名的用户向图书馆提交报名表,工作人员审核通过后会通知用户办理入会手续。如果申请入会的用户过多,图书馆将以公开抽签的方式决定20%的用户人选。参加"家庭读书会"的用户全部通过公开招募获得,如果申请的人数超过限额,图书馆也将以抽签的方式确定。用户入会之后必须参加4~6次的读书会活动,如果参加活动的次数太少,会员资格将会被取消。

4.1.3 项目推动,招募专业阅读推广人员

香港特别行政区政府非常重视阅读推广工作,推出了一系列的阅读推广项目,努力将香港建设成为"阅读之城"。这些阅读推广项目有专门针对儿童及青少年的"儿童及青少年阅读计划""一生一卡计划""阅读大使计划";有专门针对妇女用户的"自在人生自学计划";还有与社区共建的"共建学习型社区阅读计划"和"社区图书馆伙伴计划"等。香港公共图书馆依托这些阅读推广项目开展了丰富多彩的阅读推广活动,并在活动中招募了一批专业的阅读推广人员,为读书会的举办提供了专业的指导。例如在"阅读大使计划"中,公共图书馆与香港教育城合作,招募和培训阅读大使,让阅读大使加入到读书会的组织中,缓解了图书馆人力不足的困境。香港公共图书馆还利用"社区图书馆伙伴计划"将图书馆读书会活动推送到社区,让社区居民更加方便地得到图书馆服务。

4.1.4 采取激励措施,制定优惠政策

为了鼓励读书会的发展,香港公共图书馆制定了一系列的优惠政策,激励学校和用户参与到读书会中。香港公共图书馆规定,参与读书会的用户可以优先获得与作家见面的机会,在"与作家见面"系列活动中可以比普通用户提前一周优先预约。此外,对于参加读书会活动次数较多的用户,香港公共图书馆会根据其阅读量颁发记录年度阅读量的证书,并对阅读不同题材书籍数量最多的用户颁发"杰出表现奖"。"青少年读书会"的80%的会员由学校和教师推荐而来,因此,学校和教师对活动的积极程度直接影响了会员的数量及质量。香港公共图书馆为了提高学校及教师的积极性,定期到中小学宣传读书会活动,鼓励教师推荐读书会成员。

4.1.5 提供网上交流平台,促进阅读伙伴关系成长

香港公共图书馆为"青少年读书会"和"家庭读书会"设置了专门的网上讨论区,鼓励读书会成员及导师通过网上讨论区分享观点,促进阅读伙伴关系的成长。讨论区仅限会员使用,根据会员的身份设置了教师、中学生、小学生、家长及企业等五个版块,每个版块根据身份的不同设置不同的内容模块。例如教师版块包括了"学与教资源""专业发展""互动社群""特殊教育需要"及"户口管理及工具"等五个模块的内容,而家长版块则更多地关注孩子教育和升学的问题,包括"教养及成长""子女学习支援""子女升学选校"及"活动资讯"等内容。此外,讨论区还提供香港阅读城的链接,用户可以在讨论区中边读边讨论,及时将自己的阅读想法与其他用户进行分享。

4.1.6 以图书馆为核心,建立广泛的合作网络

虽然香港公共图书馆系统是推动读书会的中坚力量,但是连续、长久地运营读书会活动完全依靠图书馆的力量是远远不够的,还需要以图书馆为核心,建立广泛的合作网络。香港公共图书馆注重与学校、网上讨论区支持机构及香港教育城合作,利用多方的力量组织和举办读书会活动。香港教育城是香港官方在线教育平台,由"优质教育基金"赞助,前教育署及香港中文大学共同建立。本着建立"无界限学习环境"的服务宗旨,香港教育城为教师、学生和家长提供了多元化的阅读材料及阅读服务,推动了读书会的发展。香港公共图书馆与学校的合作不仅体现在通过学校推荐获得读书会成员,而且还体现在定期到学校举办读书会。图书馆联合学校和香港教育城,定期到学校举办读书会活动,招募并且培养阅读推广大使,开设赠书奖励,吸引更多的用户加入到读书会中。

4.2 香港公共图书馆读书会带来的启示

读书会是阅读活动的重要载体,在全民阅读推广中扮演着重要的角色。在内地,受惠于全民阅读活动的普及和推动,各种类型的读书会也呈现出蓬勃发展的状态。内地公共图书馆可以借鉴香港公共图书馆的做法,制定科学的会员准入制度,采用激励措施,广泛建立服务合作,根据不同的用户提供不同的读书会活动,进一步提高读书会的质量和水平。

4.2.1 制定严格的读书会运营制度

读书会能否长久、有效并且稳定地运营,与其是否具有一个合理可行的运营制度息息相关。香港公共图书馆注重读书会运营制度的建设,对读书会会员的选择、人数的控制、活动的主题以及活动的时间和频次等都做了严格的规定。纵观内地读书会服务,虽然有定期举办读书会,但是却缺少对读书会的质量控制和制度建设,有些基层馆甚至混淆了"读书会"和"茶话会",将读书会简单地理解为用户聊天聚会的场所。因此,在今后的读书会活动中,公共图书馆要明确读书会的服务目的和服务宗旨,加强读书会运营制度的建设,对读书会涉及的各个环节和机制进行合理地设计,确定读书会的运营模式,发挥读书会在提高馆藏利用率、搭建交流平台及促进阅读推广中的作用。

4.2.2 注重读书会服务人员队伍建设

香港公共图书馆注重阅读推广服务队伍的建设,不仅为读书会配备了专门的服务馆员,而且还与香港教育城合作,培养了一批专业的读书会志愿者,邀请作家参与到读书会中,为读书会提供更加专业的指导。内地公共图书馆可以借鉴香港公共图书馆的做法,与一些公益组织或者教育组织合作,建立阅读大使培养项目,提高阅读大使的服务能力。此外,公共图书馆还要注重馆员专业技能的培养,有计划地培养馆员策划、组织和评估读书会的能力,并且锻炼馆员的沟通能力和表达能力,为图书馆读书会服务建立一支专业的服务队伍。

4.2.3 制定激励措施,鼓励用户参与读书会

公共图书馆开展读书会服务是图书馆阅读推广的一个重要环节,也是丰富用户精神文化生活的举措。但是,由于读书会对很多用户而言还是一个比较陌生的事物,这在一定程度上影响了用户参与读书会的积极性。因此,公共图书馆除了利用多种渠道宣传读书会外,还要制定一些激励措施,鼓励用户参与到读书会的活动中。以香港公共图书馆为例,图书馆为读书会成员优先预约与作家见面的机会,授予参加活动次数较多的用户"杰出表现奖",并颁发证书。借鉴于此,内地公共图书馆可以为每一位参加读书会的成员建立个人档案,详细记录读书会会员参加活动的次数和阅读图书的数量,并对积极参加活动的用户给予奖励。此外,公共图书馆还可以给予参加读书会的用户一定的特殊借阅权,如适当延长他们的借阅期限和增加他们借阅图书的数量,优先满足读书会成员的文献需求,以此吸引更多的用户参与到读书会中。

4.2.4 整合各项资源,建立服务合作机制

为了更好地开展读书会服务,图书馆要注重整合各项资源,广泛建立服务合作机制。首先,内地公共图书馆可以参考香港公共图书馆的做法,与学校合作,从学校中招募读书会成员,并且定期到学校举办校园读书会,吸引更多的用户参加读书会活动。其次,公共图书馆还可以与书店建立伙伴关系,利用书店的资源开展知名作家见面会、读书会推荐书展、读书会论坛及新书发布会等活动。再者,公共图书馆还可以与社区服务团体合作,招募社区图书馆之友,延伸读书会服务范围,扩大读书会用户群体。例如,内地公共图书馆可以借鉴香港公共图书馆的做法,制订"社区图书馆伙伴计划",在社区开展丰富的阅读推广活动,从社区中招募并且培养一支专业的读书会志愿者队伍,为读书会的开展提供人员保障。

5 儿童及青少年阅读计划

阅读计划的目的主要是引发儿童及青少年对阅读的兴趣,培养他们养成良好的阅读习惯,拓宽他们的阅读范围和知识面,提高他们运用语文的能力,并鼓励家长积极参与子女的阅读活动。此计划分为四个组别,分别为家庭组(幼稚园至小学三年级,由家长陪同)、高小组(小学四年级至小学六年级)、初中组(初中一年级至初中三年级)、高中组(高中一年级至高中三年级)。参与计划的会员可以获得儿童及青少年阅读计划"阅读足印"记录册一本,以记录会员的阅读进程。每年年终会根据阅读量和撰写的阅读分享,评选出"我的悦读分享""每月之星"及"阅读超新星"等小读者,以鼓励优秀的会员及家庭。香港青少年阅读能力在全球阅读潮流带动及地区文化政策调整影响下得到了显著改善,根据两项权威的国际性教育评价项目"全球学生阅读能力进展研究"(Progress in International Reading Literacy Study,简称PIRLS)和"国际学生评估项目"(Program for International Students Assessment,简称PISA)测试结果,香港青少年的阅读研究与推广工作取得了重大成果。PIRLS 2011年对全球40多个国家和地区进行的调查结果显示,香港小四学生的阅读能力在过去10年里发生了质的改变,从2001年的第14位飙升到了2011年的第1位;而PISA 2012年的调查结果也显示,香港青少年的阅读能力在过去几年时间里得到了显著提升,从2003年的第10位上升到了2011年的第2位。

1997年香港回归祖国之后,香港教育体制调整,逐渐从过去的"重英轻中"向"中英并重"过渡,香港社会各界对阅读研究日益重视起来,而青少年阅读研究尤其是中文阅读研究也出现了新的发展趋势。

5.1 与国际阅读趋势保持密切联系,转变阅读教育理念

根据PIRLS 2011和PISA 2012的调查结果，过去10年时间里，香港青少年阅读水平得到了显著改善。通过引入国际阅读素养评估方法，不仅开阔了香港青少年阅读研究的视野，也将香港阅读研究提升到了一个新的发展阶段和层面，这为香港创新阅读教育理念、促进阅读教育转型创造了坚实的基础。"在PIRLS中，阅读能力不仅强调阅读技巧和语文素养，而且将内涵延伸到了阅读的目的和情境当中，要求阅读与现实情感联系起来，在生活中感受阅读"。2001年，香港参加了青少年阅读能力评估项目，在30多个国家和地区中排名第14位，这个排名结果引起了香港社会各界的深刻反思。学术界从社会、家庭、学校等方面寻找问题根源，并尝试找到有效解决措施，以促进全港青少年阅读能力水平提升。正是在这种认真负责的态度下，香港教育界认识到自身存在的缺点，并开始进行阅读教育改革，引入国际阅读评价标准作为改革指引。首先，香港教育主管部门制定了"以学生为本"的主体改革和发展方针，从"全面综合发展"的角度提出了阅读教育目标，要求在生活中阅读，将阅读延伸到生活的各个领域，不断拓宽阅读存在的空间。其次，打造多样化阅读教育课程体系。在新的阅读教纲里，放弃了"制定篇章"的传统做法，转而提倡"课外阅读课内化"，不断丰富阅读教学资源，使其更加贴近生活。阅读教材形式也提倡多样化，可以是文字性的，也可以是音像材料，甚至还可以是文物信息。另外，香港还十分重视阅读策略教育，青少年逐渐树立了阅读需要系统学习的观念。经过多年的发展，香港青少年阅读能力取得了长足进步，在PIRLS 2011中得到了优异成绩，引起了全世界的关注。

5.2 立足课程改革，寻找本土化阅读教育模式

围绕国际阅读评估标准，香港加快了阅读教学改革步伐。在提升母语教学占比的同时，大力普及和推广母语阅读。在这方面，香港教育部门没有采用国际通行的做法，而是结合本地具体情况，摸索一套本土化青少年阅读发展和教育模式。通过梳理以学生为中心的教育观念，鼓励学生在阅读学习中勇于创新和进取，实现个人全面发展目标。

5.2.1 尊重学生阅读过程中的主体地位，打造生本教育阅读课程体系

在香港，中文教学采用范文教学方法，这种方法目标不清晰，缺乏系统性，忽视了学生的个体差异性，加剧了学生学习不均衡问题。面对上述问题，香港教育主管部门提出要以学生为中心，尊重学生的个性化发展需求，因人施教，提升学生语文综合素质。2000—2004年，香港教育研究发展中心为了解决阅读和学习中的个体差异性问题，在多所学校启动了"尊重学生差异，从差异起步"的研究项目。该项目主要针对学习困难的青少年，以"变易学习理论"为基础，研究团队成员由科研人员、中小学教师及图书馆员组成。该研究项目指出，不同的学生存在学习认知差异，学习效果也因人而异，教师要充分重视这方面的问题，要创新教学方法来正确处理差异性，有效化解学生个体学习差异。最后，研究团队提出了改进教学水平的三项建议：教师要全面了解教学内容和目标；要明确区分学生的认知能力差异性；教师之间要加强经验交流和沟通，不断优化教学效果。该计划旨在引起教育界高度重视青少年阅读存在的个性化差异问题，并要求广大教师采用教学改革来解决这个问题，以突出以人为本的教育理念，维护每位学生的学习权益。在以学生为中心的阅读教育方面，2006年香港大学教育学教授罗燕琴支持开展了一项名为"生本教育阅读成效"的研究课题。该研究课题的中心思想是"学生要主动配合教师的课堂教学计划，同时教师也要尊重学生的学习需求。一方面要加强学生的识字能力，同时也要提倡建构主义学习态度，切实提高学生的阅读能力"。在研究者看来，先进的阅读教学方法不仅要强化学生的阅读能力，而且还要培养学生强烈的阅读欲望。研究人员发现，香港小学二年级生本教育课程不仅可以有效提升学生的阅读技能，而且还能够启发

他们的阅读思维。

5.2.2 引导教师运用阅读策略，提高阅读教学水平

进入2000年以后，香港阅读研究步入高速发展阶段，在阅读中学习的教育理念得到了越来越多人的支持。这种教育理念推崇阅读是学生自由选择的行为，阅读教学要从学生学习需求出发制订合理的教学计划。因此，香港阅读教学模式也发生了深刻变化，从原来以技能培训为主向阅读策略方向过渡。"阅读策略教学"要求学习者与阅读材料积极互动，进行意义建构，通过这种学习策略，帮助学生培养良好的阅读思维和技能，使其能够通过自我调整和自我学习来完成阅读任务，强化阅读技能和观念。为了保证阅读教学收到实效，香港教育主管部门还聘请了专家团队对教学方法进行评估，并将评估结果反馈给教师。香港教育学院教授霍玉英等人主持建立的"儿童文学课程教学培训及工作室"，旨在帮助广大一线语文教师改进儿童文学教学技能。几年来，工作室为上千名教师提供了培训机会，并总结先进经验，形成报告文本在全港教师中传阅和分享。另外，工作室还撰写了5册《童心童趣：儿童文学教学方法研究》，全方位分析了教材中儿童文学作品价值导向、教学方法等，为广大小学语文教师提供了有价值的理论指导。香港中文大学教授祝新华就"如何采用阅读策略提升学生整体阅读水平"开展了大量研究工作，该项研究通过举办公开交流会的方法，采用阅读策略提升教师业务水平，指导他们做好各个教学环节计划。另外，自2004年以来，香港开始与大陆加强语文教学经验交流，两地通过共享教学经验，有效提升了语文阅读教学水平。

5.3 香港青少年阅读推广分析

最近几年来，香港涌现了大量阅读研究成果，为提升青少年阅读能力指明了方向，而阅读推广活动的广泛举办，则营造了全港浓厚的阅读氛围，在香港掀起了一股阅读潮流，在香港政府、高校、图书馆、中小学校等社会各界共同推动下，形成了一个良性的阅读生态圈。

5.3.1 以政府政策和制度为基础，打造崇尚阅读的社会环境

仔细分析阅读氛围浓厚的国家或地区，我们就会发现政府都充当了阅读活动推广的主导者，香港政府也是如此。2000年以后，香港教育主管部门将推广阅读作为重大教育改革项目来抓，通过政府文件规定的方式来给予全港中小学校开展阅读教育有力支持。在高校，香港教育局成立了青少年阅读研究中心，为了转变教师工作观念，强化阅读教学能力，香港政府启动了"教师阅读培训计划"，为全港教师提供了完善的业务培训工作，同时为他们提供了丰富的教学资源支撑。除此之外，香港教育局为评估阅读教育实施效果，于2002年启动了一项名为"中小学生阅读习惯"的调查活动，并根据调查结果举办了一系列阅读推广活动，例如编写阅读材料、出版优质的教学大纲、举办阅读比赛等。在政府的大力推广和社会各界广泛参与下，香港阅读推广活动获得了巨大成功，取得了丰硕的成果。

5.3.2 以图书馆为纽带，整合优势文化资源，打造"香港阅读城"

香港公共图书馆在阅读推广中扮演了十分重要的角色，一方面它为阅读推广提供了丰富的资源，另一方面它又直接参与各项推广活动，成为一支重要的推广力量。香港公共图书馆凭借自身丰富的图书资源优势，成为阅读推广活动的主要实施者。首先，坚持以读者为本、服务至上的管理理念。图书馆不管是在内部管理，还是资源借阅方面，都体现了明显的读者服务至上的理念，特别是其建立了无障碍服务体系，考虑到了社会残障人士的阅读需求。其次，建立了一套科学合理的管理制度。图书馆采用专业化管理模式，工作人员具有较高的专业水平，同时还要接受阅读服务方面的培训。图书馆遵循"五常法"（常组织、常整

顿、常清洁、常规范、常自律），各个馆之间十分重视阅读推广合作与交流。香港公共图书馆还有一个突出优势就是形成了一套完善高效的阅读推广机制。在香港，公共图书馆设置了专门部门负责阅读推广活动。推广活动部负责阅读推广活动的策划、实施和评估工作；阅读推广工作委员会负责推广方案的审议；议会负责推广活动的监督。这三个部门工作责任清晰，分工明确，保障推广方案顺利实施。凭借这套完善的保障制度，香港公共图书馆竭尽全力在全社会鼓励公众积极参与并同各界合力提倡阅读、终身学习，通过与其他公益组织开展合作，整合社会文化服务资源，全面促进香港阅读工程的推进。在20世纪80年代末期，香港多家新闻媒体、公益组织与公共图书馆开展合作。1986年，香港电台中文台与图书馆举办了一场名为"十本好书"的评选活动，直到今天这个活动还在举办，受到了广泛好评。1988年，香港教育协会、香港电台中文台和图书馆又合作推出了一项名为"普及阅读"的计划，这项计划吸引了众多高中小学校学生的参与，极具影响力。2002年，香港又推出了一项名为"阅读城建设工程"的计划，提倡全民一起阅读、快乐阅读和分享阅读，在全港范围内营造了浓厚的阅读氛围。

5.3.3 以学校为推广平台，大力提倡阅读需要学习，将课外阅读课内化

在香港推广阅读活动中，中小学校充当了推广主要平台。学校通过教育改革、开设阅读课程、举办各种校园阅读活动，将课外阅读内化为校园学习内容，在校园内营造了浓厚的阅读氛围。香港中小学与高校加强合作，有力促进了阅读教学改革，为广大学生创造了良好的阅读训练机会。随着社会各界对阅读日益重视，香港中小学教师都要求参加阅读教学培训，以保证课堂阅读教学质量。中小学图书馆作为校内阅读推广主要力量，承担着为学生提供阅读服务的重任，如改善阅读环境、举办校园阅读活动等。因此，香港教育局针对中小学校图书馆负责人制定了专门的培训计划。图书馆负责人每年都需定期参加专业培训，以保证对校园阅读活动开展支撑到位。香港中小学校会经常举办各种阅读比赛，并发动家长参与。香港中小学还会定期举行"家长日"，在家长日中，学校会举办一些阅读推广活动，发动家长参与到阅读活动当中来，将阅读活动影响力辐射到了全社会。

第四节 台湾地区阅读推广活动概况

台湾以公共图书馆为阅读推广的根据地，因此，在发展阅读推广的同时，公共图书馆数量也由135所发展到547所，增长了3.05倍，每个乡镇平均有1.5所公立公共图书馆。以台湾目前的人口计算，一所公共图书馆平均服务的人次为3.56万，远远超出国际图联颁布的每5万人应有一所公共图书馆的目标要求，可见台湾无论在图书馆数量和服务人次上都处于领先的地位，再加上全方位、多角度的阅读推广活动，使得每位读者都愿意阅读、参与阅读。其中，台北市的阅读推广更是走在台湾的前列，如台北国际书展、"阅读起步走"、个人化资讯服务和终身学习网，等等。

1 台北国际书展

台北国际书展是在国际上影响最大的阅读推广活动之一，由台湾新闻局主办，主要目的是增进国际出版品的交流，每年春季举办。第一届于1987年12月15日举行，截至2017年，已成

功举办了30届,现成为号称亚洲第一、世界第四大国际级图书专业展览,展览规模还在不断地扩大。

2 "阅读起步走"

台北市立图书馆举办的"阅读起步走"活动,只要是户籍为台北市,家里有6~18个月的婴幼儿,都会收到办理婴幼儿图书借阅证的邀请卡,这个活动从举办以来,已经有数千名婴幼儿有了自己专属的图书借阅证。凭借书卡,除了可以借阅童书外,家长也可以带着婴幼儿参加"阅读指导"活动,以及专为婴幼儿开展的"说故事活动"等。申请了婴幼儿专属的借阅证之后,图书馆还免费赠送"阅读礼袋",里面包括适龄童书及推荐婴幼儿阅读的书单。"阅读起步走"运动源自于1992年英国公益组织"图书信托基金会"(Book Trust)发起的一项针对婴幼儿的免费赠书计划Bookstart,中文翻译为"阅读起步走"。该计划结合"图书"(Book)和"开始"(Start)两个含义,希望通过对婴幼儿的免费赠书,鼓励婴幼儿尽早接触图书,享受阅读的乐趣,培养他们对阅读的终身喜好。该计划以伯明翰大学、伯明翰卫生机构和当地图书馆为协助单位,在7~9个月宝宝到当地卫生机构做健康检查时,免费向每个家庭赠送包含2本适龄图画书、《宝宝爱图书》(Babies Love Books)导读手册、阅读推荐书单、本地阅读资料说明宣传册及图书馆借书证申请表等在内的阅读礼袋。如果错过健康检查,则由健康访视员到婴幼儿家中赠送阅读礼袋,以鼓励亲子阅读,培养儿童早期阅读的能力。

2.1 "阅读起步走"在台湾的发展历史

台湾Bookstart活动始于2003年,时任台中县沙鹿镇深波图书馆馆长的陈锡冬在《天下杂志》阅读专刊中看到有关Bookstart的报道,便将Bookstart的推动列为深波图书馆的重要营运项目之一。当时台中县(现已与原台中市合并统称为台中市)文化局也有意率台湾风气之先推动Bookstart,将2003年定为"2003台中县阅读年",在教师节当天(9月28日,与大陆地区日期不同)深波图书馆举行了Bookstart活动,为50位新生儿的父母赠送了图书,并安排父母参加成长讲座,向民众传达婴幼儿阅读的理念。由此,台湾的婴幼儿阅读活动开展起来。之后两年,该活动扩大为"台中县图书起跑线Bookstart阅读植根计划",活动范围增加至神冈乡、太平市、后里乡、大甲镇。

2005年11月,信谊基金会获得英国图书信托基金会的授权,开始使用Bookstart的名称,并决定以"阅读起步走"作为活动的中文名称。2006年开始,信谊基金会与台中县政府、台北市政府合作,将此活动推展至台中县各乡镇及台北市,之后将活动推广到其他县市。自2009年起,台湾地区的"教育部"推动此活动进入国民小学,开始实施"阅读起步走——送给小学新鲜人一生最好的礼物:教育部国民小学一年级新生阅读推广计划",据此,国民小学新生会获得一份阅读礼袋及一册书。信谊基金会自2005年引进Bookstart后,通过发放免费阅读礼袋已经走进10万多个婴幼儿的家庭。

2.2 "阅读起步走"实施的核心活动

台湾地区的Bookstart系统分为两方面,一是信谊基金会,其实施的主要地区是台北市、台北县、台中市及台中县,对象是6~18个月的婴幼儿及其父母;二是台湾地区的"教育部",其实施的地区是全台湾的25个县市,对象则是0~3岁的婴幼儿及其父母。

2.2.1 赠书活动

每个实施Bookstart的城市,婴幼儿父母在参加两个小时的学习讲座之后就可以得到一个阅读礼袋(Bookbag),不同地区、不同年龄段礼袋的名称和内容不尽相同。例如,台中市阅读礼袋分为两种：适用于0~12个月宝宝的"Bookstart阅读起步走图书礼袋"，内容物为帆布提袋1个、绘本2册、《宝宝爱看书》亲子共读指导手册1册和宝宝的第一份书单；适用于12~24个月宝宝的"宝宝回娘家图书礼袋"，内容物为：帆布提袋1个、绘本1册、《阅读，从零岁开始》亲子共读指导手册1册。又如，台北市阅读礼袋则分为适用于0~12个月宝宝的"Bookstart小宝宝图书礼袋"和适用于12~24个月宝宝的"Bookstart大宝宝图书礼袋"，内容物均为帆布提袋1个、绘本2册、《宝宝爱看书》亲子共读指导手册1册和宝宝的第一份书单。

2.2.2 父母阅读指导讲座

信谊基金会邀集全台湾地区婴幼儿教育专家组织"阅读起步走"父母学习讲座的讲师团队，再依据各县市图书馆的父母学习讲座规划表，帮助各地父母更加深入地认识、了解阅读精神和阅读技巧。父母学习讲座每场次时间为两小时，大致的讲纲是：Bookstart的起源、执行方式、成效；Bookstart在台湾推动的模式；澄清阅读的迷思、探讨早期阅读的核心价值；以20册推荐好书为例，介绍亲子共读五大策略；解析亲子共读的常见问题。

2.2.3 亲子读书会

亲子读书会结合了听故事和实际操作的部分，鼓励父母带孩子一起参与读书会的互动，使其学习亲子互动、亲子共读的技巧，将理论化为实际行动，落实到孩子身上。亲子读书会的运作通常是一个持续性的历程，需要长时间的参与才能看到成效。

2.2.4 国民小学一年级新生阅读推广服务

为培养儿童的阅读习惯，营造阅读环境，台湾地区"教育部"从2009年开始实行"国民小学一年级新生阅读推广计划"。该计划的具体内容有：①全面性赠书活动。所有新入学的一年级学生均可获赠全新适龄图书1册。②设立班级阅读角。以班级为单位，设置班级专属阅读角落，初期以15册适龄全新图书为目标。③制作亲子共读指导手册，供家长学习和使用。④举办父母讲座。由县市政府配合该计划规划1~4场父母阅读讲座，每场次至少两小时，参与家长至少60人。⑤规划相关配套的推动策略。各县市政府及教育局（处）要积极鼓励学校、教师一起参与亲子共读活动，并适时办理考评。⑥建立可复制的成功运作模式。在赠书与班级阅读角运作一段时间后，鼓励教师交流阅读推广心得，移植复制可行的成功经验，并编印成册，扩大影响力。除了上述常态性活动外，各地文化局也举办了其他相关的活动，如新北市2010年7—8月举办了"阅读嘉年华"、10月举办了"Bookstart Day——宝宝回娘家活动：阅读起步走八年成果展"、2011年12月举办了"宝宝的阅读天堂——图书馆婴幼儿阅读专区票选活动"等，从这些活动都可以看出Bookstart活动在台湾已经逐渐形成了一种良好的风气，规模也在不断扩大。

2.3 Bookstart的运作特色

2.3.1 信谊基金会作为国际性Bookstart活动的台湾代表机构，起主导作用

信谊基金会从2005年开始成为国际性Bookstart活动的台湾代表机构，定期与国际相关团体合作、交流，持续引进各国最新婴幼儿阅读推广的理念和方法，邀请各界学者、专家设计并制作父母入门指导手册、推荐书目、故事围裙、布旗、海报、贴纸等周边物资，并设计有图书馆员与志工完整配套的培训课程，筹组专业讲师团队，在全台湾各地举办父母阅读指导讲座和协助组训专业志工团队，不遗余力地向各界人士积极宣传婴幼儿阅读的重要性，募集更多社会资源和能量投入到婴幼儿阅读推广的行列。其中，为了支持地方政府开展"阅读起步走"运动，信谊基金会提供的免费赠书已经累计超过50000册。

2.3.2 各县镇市公共图书馆作为活动的赠书与推广基地

为了建立公共图书馆与孩子的长期互动关系，Bookstart将赠送免费阅读礼袋的地点设置在图书馆，由图书馆设置婴幼儿阅读专区，借此吸引父母带孩子定期到图书馆借阅婴幼儿阅读资源。为了能协助各县市地方政府与图书馆顺利参与Bookstart活动，信谊基金会将相关工作流程予以简化和规格化，地方政府和图书馆可以依据实际需求和经费状况予以弹性安排，相关执行流程如下：①各县市预估Bookstart相关经费，包括每份阅读礼袋费用（约200元新台币）、培训费用及婴幼儿阅读专区设置费用。②由信谊基金会赠送阅读礼袋，包括精选图画书、《宝宝的第一份书单》及《宝宝爱看书》导读手册。③进行阅读礼袋内容物采购，礼袋中1册精选图画书及两份小册子由信谊基金会赠送，另1册图画书则由地方政府或图书馆自行购买。对于阅读礼袋，地方政府或图书馆可向信谊基金会采购，或由基金会提供阅读礼袋的标准规则、授权LOGO样式及制作厂商资料让地方政府与乡镇图书馆自行印制。④规划0~3岁婴幼儿阅读专区环境设置。信谊基金会将依据婴幼儿的发展特性，协助各县市图书馆规划特有的0~3岁婴幼儿阅读专区，并可协助采购适龄的婴幼儿图画书，提供各式婴幼儿阅读空间所需的书柜、书架、宣传吊旗等专业资源。⑤执行"志工专业引导课程"，以"阅读礼袋"中的图画书、导读手册、推荐书单为主要课程内容，让图书馆员与志工了解Bookstart的精神和价值意义，通过专业讲师的示范及参与者的实作演练、讨论，落实阅读礼袋的发送、亲子共读的活动。⑥安排专业讲师主讲"婴幼儿阅读父母讲座"，协助婴幼儿父母学习和了解0~3岁婴幼儿阅读的适龄图书选择与亲子共读引导技巧。

2.3.3 科学、规范的图书馆志工专业引导课程

以前台湾各县市图书馆大多以收藏适合3岁以上儿童阅读的图书资源为主，对于0~3岁婴幼儿的阅读行为特征、适龄阅读资源、阅读兴趣引导，大都缺乏实际经验，因此信谊基金会在婴幼儿阅读指导专家群帮助下结合婴幼儿发展特点编制了5个小时的志工专业引导课程。该课程的大致讲纲是：Bookstart的起源、执行方式、成效；Bookstart在台湾推动的模式；澄清阅读的迷思、探讨早期阅读的核心价值；以20册推荐好书为例，介绍亲子共读5大策略；亲子共读的常见问题；以实例说明图书馆举办婴幼儿亲子共读活动的注意事项；说故事的基本技巧示范与儿歌手指谣的带领示范。

2.3.4 儿童领域专家的参与是Bookstart活动顺利开展的保障

Bookstart活动的开展绝不仅仅只依靠图书馆领域和信谊基金会，还有赖于涵盖儿童领域的专家。以信谊Bookstart选书委员会为例，该委员会目前有7位选书委员，由儿童领域的医疗、教育、文学推广、书刊编辑及图书馆等行业的专家组成，每位委员从各自的专业领域考量婴幼儿的需要和发展，最终挑选出最适合婴幼儿的读物。该委员会确定了称之为适合0~3岁婴幼儿的好书必须具备儿童性、文学性、多元性和互动性等特点：儿童性是指创作的题材符合各年龄段幼儿的各种发展能力、学习需求和生活经验，且图书形式简单、易操作，耐于探索，兼具阅读的启发性与趣味性；文学性指故事的文字表述应简洁易懂，符合小朋友的理解力，阅读过程中能提升幼儿的语言能力；多元性指故事的题材、内容、图像的表现应具有多元面向，可以拓展幼儿的阅读经验，激发幼儿的阅读兴趣；互动性指书中的互动设计符合小朋友的发展特性，让阅读立体化、游戏化，能带动亲子间互动、创造亲子共读的乐趣。

2.3.5 因地制宜，与时俱进，不断拓展Bookstart活动的广度和深度

全台湾地区开展Bookstart活动并不是执行一个统一的标准，而是根据地区经济发展情况，其形式、深度和广度有所不同。例如，各县市图书馆开展活动前需预估本县区Bookstart相关经费，依据实际需求和经费状况进行弹性安排。这个可以在随后的阅读礼袋内容物得以体

现：不同地区的阅读礼袋内容物稍有不同，有的地区是一册书，有的则是两册书。信谊基金会每两年会特别邀请婴幼儿阅读专家、语言发展教育专家及小儿科医生共同评选出最适合各个年龄段小读者的优良图书，推荐书单的不断更新更能符合小朋友不同能力的发展和接触内容的多元化。随着Bookstart活动的深入人心，其服务也增添了新的对象。自2009年起，台湾地区"教育部"推动此活动进入国民小学，国民小学新生会获得一份阅读礼袋及一册书。任何一种活动计划的开展都不能一成不变，而是应该因地制宜、与时俱进，才能保证其持续健康的发展。

2.4 Bookstart的成效与不足

针对Bookstart计划的实施效果，台湾有专人做过地区性调查：2008年，刘宜佳以Bookstart计划为切入点，通过实地访谈的方式调查了龙井乡婴幼儿家长对早期阅读的看法、参与Bookstart计划的历程、对该计划的评价等情况；2010年，沈守真探讨了台中县执行Bookstart的历程，深入评估其执行成效，剖析执行单位的困境、影响因素以及持续推动计划和提高执行成效的方案；2012年，沈惠珠通过对Bookstart计划的执行者和参与者的调查研究，了解新北市实施该计划的具体成效、参与者的满意情况及活动执行者在活动开展过程中遭遇到的困境。

Bookstart迄今在台湾实施了12年，具体成效有：①利用图书馆的人数显著增加、图书借阅率大幅提高。②家长的观念和理念在改变。大多数家长能认同亲子共读的重要性，开始形成图书馆意识，懂得利用图书馆的资源，知道如何寻找适合孩子阅读的图书，学习与孩子共读的技巧，并愿意花时间陪伴孩子一起阅读。③孩子的行为在改变。家长的观念和行动影响到孩子的行为发展，家长在日常生活中逐步落实的Bookstart精神，让孩子可以从小接触图书，通过轻松愉快的方式与孩子共读，使孩子也会逐步展现出对图书的兴趣，提升阅读的意愿，进而慢慢养成阅读的习惯。

在取得一些成绩的同时，Bookstart也面临着一些困境和不足：①宣传不足。由于台湾不像其他区那样借婴幼儿健康检查之际发放阅读礼袋，赠送率一直无法达到百分之百，加上只靠网络及书信通知的宣传方式，无法确保所有适龄对象都能获知信息。②阅读礼袋数量不足。除台北市外，其他县市的阅读礼袋均有数量限制，仅有1000~1500份。③图书馆设备欠缺。台中县是最早开始实施Bookstart的，所以多半图书馆都有婴幼儿图书专区，但其他地区除少数经费充裕的图书馆外，多数图书馆的环境不甚理想，婴幼儿图书或较为陈旧或严重缺乏，影响家长的借书意愿和图书利用率。

2.5 Bookstart的改进措施

2.5.1 成立实施Bookstart活动的专门组织

其他国家和地区的Bookstart推行机构皆为财团法人组织，强调排除任何营利、宣传、政治等目的。而作为中国台湾的主要推行机构之一的信谊基金会，因信谊出版社为其相关企业，推荐书单也多为信谊出版社的出版品，难免有商业宣传之嫌。Bookstart活动若只有图书馆单方面进行，势必会面临许多困境，再加上目前台湾Bookstart的实施可谓"多头马车"，有些地区同时实施两种模式的Bookstart，造成资源浪费；相关信息也因过于分散而难以达到宣传效果。因此，成立一个专门推行Bookstart活动的组织，负责统筹规划、施行、相关业务咨询及成果调查，才能确保活动实施的质量及成效。

2.5.2 完善目前的宣传方式

除信函通知外，可通过妇产科、小儿科、月子中心等配合宣传，以及在妈妈手册上增加相关讯息,确保所有新生儿家长都能得知Bookstart的消息;还可邀请名人担任宣传大使,或拍摄宣传广告等,将讯息发送给整个社会而不只限于新生儿家长。

2.5.3 经费集中使用

2009年,台湾地区"教育部"推行的Bookstart对象不只限于婴幼儿,还把台湾小学一年级新生也列为活动的对象,赠送每人3册绘本,但只是单纯地发放绘本,无任何配套措施;而小学已有学校图书馆,对这个年龄层的图书馆藏也相对丰富,并无另行赠送图书的必要。笔者认为将此经费集中使用于台湾各地常态Bookstart推行上更为恰当。

2.5.4 充实馆藏、规划婴幼儿阅读专区

增加婴幼儿图书的馆藏,调整现行的图书排列方式,并着手规划婴幼儿专区的阅读空间,以满足公众的需求,也是改善现有不足的有效方法。

2.5.5 持续推动,使活动常态性

婴幼儿阅读成效并非在短时间内就能显现出来,所以Bookstart活动不应仅着重于赠送阅读礼袋、举办讲座等一次性活动,而需要持续推行,使民众能够善用图书馆的资源,进而成为一种常态性的阅读活动,达到全民共读的目标。

3 个人化资讯服务

随着资讯蓬勃发展与网络科技进步,台北市立图书馆为读者提供整合、加值的资讯服务来满足个人化的资讯需求。以图书馆现有馆藏及可利用的资源为基础,规划为读者"量身订制"的资讯服务,于2006年1月起隆重推出"My Librarian个人化资讯服务"。"My Librarian个人化资讯服务"提供"新书通报服务""专题资讯选粹""报纸剪辑""图书馆使用研究资讯"及"专题研究资讯"等服务。读者申请加入个人化资讯服务会员,即可获得个人专属的资讯服务。新书通报服务将依会员的阅读兴趣或需要,提供新到馆图书及台湾新书出版的资讯。专题资讯选粹服务将依据会员的兴趣档,长期提供符合会员需求的图书、期刊、论文等新出版资讯。报纸剪辑服务则是依据会员的兴趣档,长期提供符合会员需求的报纸内容。

4 终身学习网

终身学习网是由台北市立图书馆各分馆及多个协会、基金会、社区大学共同开发制作,该网站提供多类免费课程及讲座活动,仅部分内容需付费,民众可自由报名参加课程和活动。终身学习网定期整理国内外成教网站以供读者使用,具体包括定期出版"台北市终身学习网通讯",办理"市民生活讲座"、"终身学习营"及"2002年社教机构终身学习节——与世界接轨"图书馆系列活动、"城乡接轨——人人同步发展学习计划",等等。网站会针对不同读者群体举办各类读书会,鼓励申请"台北市终身学习护照"等多种特色服务。

第三章 高校图书馆阅读推广现状

第一节 高校图书馆多维度阅读推广实践

1 长沙理工大学图书馆阅读推广活动

1.1 长沙理工大学图书馆阅读推广活动的整体思路

长沙理工大学阅读推广活动长年坚持不懈，主要采取日常阅读推广、定期阅读推广、集中阅读推广三种形式。总体宗旨是：激发读者阅读兴趣，搭建读书交流平台，营造浓郁书香氛围，打造经典品牌项目，提升阅读推广服务质量，构建积极向上、健康文明的校园文化。

为了使图书馆读者阅读推广活动富有成效，在每年的"读者活动月"集中推广活动前，图书馆领导班子都会进行专题研究，并向主管校长及负责学生工作的校领导进行专题汇报，成立以主管校领导为组长的领导小组和图书馆馆长为组长的工作小组，对整个阅读推广活动进行全面布置和工作安排，领导小组与工作小组成员包括校学工部、团委、宣传部、工会的主要负责人，从机制上保证了活动的有效性。首届"读者活动月"启动之前，工作小组成员专题调查走访了中南大学图书馆、国防科技大学图书馆、湖南师范大学图书馆，吸取先进馆的阅读推广活动经验，并向有关专家虚心请教，听取读者建议，邀请专家设计"读者活动月"阅读推广活动标志。活动结束后，将主题征文和相关活动资料进行系统编辑，装订成册，供广大读者分享和学习。

1.2 长沙理工大学图书馆阅读推广活动情况介绍

1.2.1 "读者活动月"阅读推广活动

"读者活动月"是长沙理工大学图书馆的重磅品牌读者阅读推广活动，从2008年开始，每年侧重一个主题，每年举办1次，每次为期1个月，10个左右的项目联袂推出，广大读者与图书馆积极互动，吸引数千学生参加，将读者读书活动推向一个高潮，营造出浓厚的书香校园文化氛围。"读者活动月"最初的活动旨在激发大学生的阅读兴趣、引导大学生的阅读方法、提高大学生的阅读品味、优化大学生的阅读环境，营造浓厚的阅读氛围，提高广大师生的文化素养，加强图书馆与读者之间的沟通与联系，共建和谐校园，共同推进长沙理工大学建设发展。

自2009年起，为响应湖南省"倡导全民阅读，共建文明湖南"的"三湘读书月"号召，"读者活动月"时间上与湖南省"三湘读书月"同步，在为期1个月的时间里，图书馆联合学校学工部（处）、校团委、宣传部、校工会，举办一系列特色主题活动，引导学生以书为友，以书为伴，指导读者快乐阅读，努力打造图书馆品牌服务项目，不断提升图书馆阅读推广服务质量。

1.2.2 "4·23世界读书日"阅读推广活动

为庆祝世界读书日的到来，鼓励读者多读书、读好书，每年4月23日，图书馆都会举办阅读推广宣传活动。如在第17届世界读书日来临之际，图书馆结合学校"学风建设年"主题，组织了"世界读书日免超期滞纳金"、"分享·诚信·交流——图书漂流"、"英雄侠义"武侠小说鉴赏、图书借阅推荐、图书捐赠、读者调查等活动，一批又一批的学生驻足在"2011年度图书馆借阅量前100名图书排行榜""大学生常见心理困扰对症书目"前，读者协会的学生们则忙碌着向来馆的学生发放调查问卷，介绍图书捐赠和世界读书日图书馆相关活动，图书馆工作人员热情地为学生提供各种服务，为1339册图书办理免交超期滞纳金手续，加深了学生们对世界读书日的理解和认识，激发了他们的阅读兴趣。

1.2.3 图书馆常规阅读推广活动

为了加强学校学风建设形成浓厚的图书馆"学风建设"氛围，引导学生树立"读好书、强素质、成人才"的远大志向，图书馆坚持开展常规阅读推广活动，具体做法：一是设立图书馆学风指数专栏，根据图书馆清大新洋管理系统数据，将读者入馆情况、馆藏图书借阅情况、读者借阅排名情况定期在图书馆主页和图书馆大厅向读者公布。二是定期走访有关学院，组织读者座谈会，介绍其学院学生在图书馆读书情况，跟踪了解读者的学习成绩，争取学院对阅读推广活动的极大支持。如物电学院、化环学院、文法学院等，就配合图书馆的阅读推广活动，开展了大学生读书活动，从2010年起，要求每位入学的新生，大学四年必须读书100册，给每位学生建立读书档案，要求每读一本书必须手写一份读后感想，毕业时再作为读书礼物回送给学生。三是针对不同学院开展大学生信息素养教育，按年级、分专业对学生开展阅读指导工作，深受学院师生欢迎，如物电学院已将其正式列入学院的教学计划，主动邀请图书馆参与其相关教学大纲的制定。四是针对重点读者群，开展网上QQ阅读推广。如图书馆安排专人负责，建立了读者协会QQ群、卓越工程师班QQ群、卓越会计师班QQ群、馆领导班导服务QQ群，一方面及时将图书馆有关读书活动告诉读者，邀请读者参与读书活动，另一方面听取读者读书建议，让读者部分参与图书采购，再一方面为读者读书困惑提供帮助。五是成立阅读辅导部，研究读者阅读规律，指导开展读者活动，系统策划一年一度的"读者活动月""世界读书日"等阅读推广活动，并将集中阅读推广活动中的品牌经典活动发扬光大，指导形成常规的阅读推广活动，建设成稳定的读书组织，常年举办相关读书活动。六是建立读者阅读活动中心，将编辑出版的《云湖导读》报纸、编辑成册的阅读推广活动主题征文和读者捐赠图书等集中展示，鼓励读者积极参与图书馆各项读书活动等。七是将全校15个学院图书借阅量前10名读者，按其借书总量进行学院排名，为各学院掌握学生读书动态提供参考，引起广大师生积极关注。通过2011年度图书借还情况表可以看出，图书馆阅读推广活动得到了学生读者的积极响应，读者阅读兴趣有了稳步提升，读者来馆读书学习次数、读者借阅图书量均呈逐年增加态势。

1.3 长沙理工大学图书馆阅读推广品牌项目及其社会影响

1.3.1 "梦入诗魂"诗歌朗诵比赛

已经连续举办了四届，不仅是读者协会会员参加踊跃，还吸引了10多个学生社团前来观摩助阵，已成为"读者活动月"的重要品牌。该项目2010年度参加湖南省第二届动感地带校园创业大赛，荣获二等奖，长沙理工校园网、湖南省教育网等对此进行了报道。

1.3.2 "潭州夜话"

每周举办一次，以研究中国传统经典名著为宗旨，以读书心得交流为纽带，不仅吸引了长沙理工大学的诸多学生，而且还吸引了湖南大学、湖南师范大学等周边高校的许多学生参加，其影响已成辐射之势。

1.3.3 "读者周末"活动

每周五晚上举办，内容包括"读经典、品好书、赏音乐、看名片"等，为读者周末提供了一个读书交流的平台，得到广大学生的积极响应。

1.3.4 "中外文化交流会"

不同皮肤、不同国别的读者欢聚一堂，促膝谈心，为学生们了解外国文化，进行中西方文化交流搭建了平台，为长沙理工走向世界作出了贡献。

1.3.5 读者志愿活动

该活动得到学生积极响应，城南学院党支部还在图书馆设立了党员义务劳动基地，每周二下午在图书馆开展志愿活动，目前志愿活动已常规化、制度化，成功开展了四届化"零"为"整"图书整理活动。通过志愿活动，读者更加尊重馆员的劳动，构建了和谐的馆读关系。

1.3.6 每年一次的主题征文

激发了广大学生的读书兴趣和创作热情，让他们有了一个放飞心情的机会，有了一个展示才华的舞台，同时也让阅读推广服务更贴近读者，让浓厚书香弥漫整个理工校园。精彩的主题报告、集中的读者培训、争做文明读者签名、文明提示语征集、图书借阅排行榜、读者借阅排行榜、各种导读书目、我与图书馆故事摄影展、书签设计比赛等等，让广大学生津津乐道，读有所得，整个校园亲近书本，崇尚阅读蔚然成风。

1.4 长沙理工大学图书馆阅读推广活动的发展思路

1.4.1 从广度考虑

如何让阅读更有实效，让阅读成为评价学生学习的重要环节，图书馆一直在思考这个问题。以图书馆为主体，多部门合作，是一个有效途径。图书馆一直坚持与学工部、校团委、宣传部、工会及各学院密切合作，让阅读推广成为学校学风建设的有机组成部分。今后，在这方面要进一步拓展。一是进一步在校内加强图书馆与学校相关部门的联系，设立"读者活动月"专栏，加大宣传的力度；在图书馆设立专门的读者活动室，开辟专栏展示读者作品（将主题征文、书签设计、摄影比赛等作品编辑成册，集中展览，供广大学生学习参观），鼓励学生读好书、写好文，让读书走进学生的日常生活，让校园真正充满文化气息；图书馆安排专门的指导老师，对读者活动提供指导和跟踪服务。二是以图书馆"学风建设指数"为载体，定期向学工部、团委和各学院推送，使阅读真正成为评价学生学习的重要尺度。三是积极与兄弟高校图书馆联手，学习借鉴他人经验，不断提高活动质量和活动水平。四是努力创造条件，与社会的相关文化机构合作，让阅读推广走出校园，丰富活动内容，扩大活动效果。五是继续办好《云湖导读》，让更多的优秀作品刊登在《云湖导读》，扩大报纸的发行量，扩大其影响，让活动彰显长期效应等。

1.4.2 从深度考虑

高等教育之不同于基础教育，就在于其"高"，而"高"的本质就在于培养学生的独立思想和批判性思维能力。阅读，尤其是经典阅读、深度阅读是这种能力培养的关键点之一，亦是高校阅读推广的独特性。从我们的实践来看，是可以做到的。例如，"潭州夜话"，本是图书馆员工和个别对经典阅读有兴趣的教师的自发活动，一开始学生参与人数并不多，但随着图书馆将其纳入阅读推广的整体规划，资助出版《潭州夜话》读书杂志，加强对经典阅读的指导，参与活动的人数越来越多，甚至吸引了来自中南大学、湖南大学、湖南师范大学等学校的学生，已成为一个在省内有影响力的经典阅读品牌。正因为如此，图书馆在最近的机构调整中，虽然整体编制减少，但却增加了阅读辅导部这一新的机构，期待在指导读者阅读中有更好的作为。同时，图书馆要主动开展"嵌入"人才培养工作，深入各个学院，征求学院教师和学生意见,研究不同年级、不同专业的大学生阅读需要,与学院联手,开展大学生信息素养教育,让阅读推广活动走进学院,贴近读者,开展具有学院特色的读书活动。也要密切关注读者阅读效果,进一步完善图书馆学风指数专栏,增加阅读评价在其中的分量。定期向广大读者和学校有关部门通报读者入馆借阅信息,鼓励师生积极关注图书馆,激发读者读书热情。

1.4.3 从美誉度考虑

文化传承是大学的重要使命,也是大学为经济社会发展服务的重要内容,因此,阅读推广必定要走出校园,为更多的读者服务。因而,图书馆有必要进一步跟踪开展读者阅读调查,研究读者阅读效果,彰显阅读推广活动价值,在重点关注读者学习期阅读的同时,注意培养读者终身学习能力;继续打造好图书馆经典品牌服务项目,营造浓厚的书香文化校园,并在适当的时候,让阅读推广走出校园,为提高长沙理工大学的美誉度,为提升中华民族整体素质作出应有的贡献。

2 河北经贸大学图书馆阅读推广活动

随着网络的飞速发展而带来的阅读方式的改变及应试化教育的压力,大学生阅读呈现出工具性、碎片化特点,河北经贸大学图书馆(以下简称"经贸馆")每年都会对读者的阅读状况进行调查,结果显示在校大学生对校园文学、休闲、娱乐类报刊更感兴趣,更多的人对考研、英语类的工具书情有独钟,鲜少有人经常性地阅读本专业的经典学术著作和学术期刊,在网络阅读方面,绝大多数学生往往更关注街谈巷议、八卦新闻。因此,如何引导大学生有效地开展阅读,培养其良好的阅读习惯,将图书馆打造成全民阅读的重要阵地,高校图书馆还有很多工作要做。

经贸馆将阅读推广作为常规性工作内容,以"阅读无处不在"为总主题,每年开展系列阅读推广活动,以每年4月份的读书月活动为重点,以点带面,活动成线,平均全年举办各种阅读活动70多场,累计参与读者人数超万人,成为经贸师生的一道文化大餐。

2.1 经贸馆近4年阅读推广实践

2.1.1 "不打无准备之仗"

2.1.1.1 做好前期调查、准备工作

阅读推广活动的工作大量产生在活动前期的调研、策划中,如调研读者的兴趣点、阅读爱好、设定具体的活动形式和可操作性,调查问卷的内容设置、发放形式和回收渠道、表演类节目的彩排、比赛类性质的活动中评委的邀请、评分标准的拟定等等,诸多繁琐、细致的工作都是在活动前期完成,只有细节做得好,活动才会达到预期目的,取得事倍功半的效果。

2.1.1.2 重视推广作用,拓展宣传渠道

高校图书馆目前做阅读推广,大多数注重对所推广内容的设计和斟酌,往往忽视了推广的重要性,从而造成活动内容很丰富、很精彩,但读者参与度相对较低的局面。经贸馆每年4月份的读书月活动方案确定后,都会通过多种渠道进行宣传,如举办读书日纪念活动、散发传单、张贴海报、悬挂条幅、各种网络平台如官方微信的信息发布、QQ群转发等形式在校园内进行"狂轰滥炸"似的宣传,让读者无论在校园的任何角落,都能了解图书馆正在进行的阅读推广活动。

2.1.2 丰富活动内容、创新活动形式

如何能吸引读者参与到我们的活动中来,是整个阅读推广活动的中心内容,也是检验阅读推广活动是否有成效的关键。

2.1.2.1 长期专注几项品牌活动

不同的高校馆做阅读推广的侧重点可能不同,但都会有一个到几个的常规或者说是固定品牌项目,以保证活动的连续性和稳定性。经贸馆连续四年的阅读推广活动当中都出现的活动形式有寻找"经贸最美读书人"、征文比赛、经贸师生阅读状况调查和书目推荐。

"经贸最美读书人"评选,有的叫读书明星或读书达人等,如北大图书馆评选"未名读书之星",尽管叫法各不相同,但大多是根据年度借阅数据对借书量排名靠前的读者进行表彰和奖励,经贸馆每年评选出10位"经贸最美读书人"并将他们的阅读书目、读书心得、推荐图书、学习经历等做成视频宣传片在图书馆大LED屏、微信上进行播放,并邀请他们参加图书馆协会举办的读书会,和读者朋友分享他们的读书方法和读书经验,这项活动每年都会收到读者的积极关注,尤其是在视频宣传片播放的时间,许多读者驻足欣赏,都希望自己会成为下一年的"最美读书人",对于推动阅读、提升阅读积极性起到良好的促进作用。

征文比赛应该是各个高校进行阅读推广活动中的保留项目,经贸馆2013年的征文主题为"经贸与我的大学读书生涯",2014年则是根据林语堂的《吾国与吾民》、朱光潜的《谈美书简》畅意抒怀,2015年的读书感言更是不限题目、不限书目、不限题材,2016年的征文题目为纸上的青春,每一次的征文活动读者都积极参与,特别是2015年的征文数量近150篇,经贸馆将优秀征文作品在图书馆微信和读书协会微信上陆续发表,为读者提供一个原创作品发布、分享、交流的平台,同时征文活动之后,我馆将这些优秀的书目进行了整理,通过微信等各种形式推荐给广大读者,也使我们的书目推荐活动更具有针对性,更接地气。

书目推荐是阅读推广的重头戏,一直以来,经贸馆致力于将优秀、经典的作品不断地推荐给广大青年朋友,书目推荐是持续性、长期性活动,在每年的读书月我们会集中推荐一批优秀书目,如2013年读书月推荐的是莫言的作品,2014年读书月推荐的是知名高校校长推荐书目,2016年读书月推荐的是习主席阅读的书目,同时通过举办主题读书分享会、影片播放等活动形式,使书目推荐的形式多元化、细致化。

以上三项活动是经贸馆每年读书月活动的固定项目,活动形式是固定的,但在活动内容上我们可以进行创新,比如表彰形式可以是提升他们的借阅权限,或为他们定制专门的卡片,留下他们在图书馆的全部阅读轨迹,等等。

2.1.2.2 尝试创新性活动内容和形式

搞阅读推广活动最忌平平淡淡、毫无特色,要想活动具有吸引力,就要深刻、充分研究读者的兴趣点并进行进一步挖掘,为读者"定身打造"活动主题,力求与其阅读兴趣、阅读习惯相匹配。

90后的大学生,阅读对象已经不局限于文字,更涵盖了影像、画面等等一切传统阅读并未包含的东西,2015年读书月期间,经贸馆首次尝试了"定格快闪阅读"这种新奇的活动方式,是读书月期间现场活动效果最好,也是单场参与人数最多的活动,现场有近500人观看了表演。2016年的青春励志电影展播活动中,经贸馆也改变了以往让读者简单参与的单一方式,诚邀读者们一起观赏、品评和再创作,包括"我的眼观我的心——观后感征集""创造不完美中的完美or创造完美中的不完美——电影结局改(续)写大PK",使活动的整体效果得到提升。

当代大学生对时事热点、身边的事也特别关注,这也可以成为我们进行阅读推广活动的切入点,汤一介和汪国真、杨绛先生逝世后,经贸馆马上对相关的作品进行了专题推荐;在经贸大学建校60周年之际,开展"经贸最美读书地"摄影比赛;在2015年9月中国人民抗日战争暨世界反法西斯战争胜利70周年之际,当大阅兵的壮观场景仍在我们眼前浮现的时候,经贸推出了系列专题纪念活动，包括红色经典影片播放、"聚焦读协，爱国发声"的爱国主义演讲活动等，极大地激发了广大青年学生的爱国热情。

2.1.3 保持活动的系统性、连续性

阅读推广体现的是图书馆的人文性格，提高的是其软实力，因此，我们决不能把它当成应时、应景的工作来完成，在图书馆层面，阅读推广应作为图书馆的常规性工作，形成"一年365天，天天都是读书日"的意识和氛围，让阅读无处不在。

2.1.3.1 主题固定，逐渐形成品牌

从经贸馆四年的实践来看，简洁、固定的主题对阅读推广十分重要，以经贸馆为例，2013年和2014年的读书月活动分别有不同的主题，从2015年开始，阅读推广活动已贯穿到全年的工作当中，阅读推广活动呈现常态化，因此，经贸馆将阅读推广活动的总主题定为"阅读无处不在"，虽然每年4月份的读书月活动会有不同的分主题，但全年的活动均是在总主题下进行，将不同节点的推广活动串联起来，实现了活动的连续性和稳定性，也利于读者的熟知和记忆，更利于阅读推广品牌的形成和培养。

2.1.3.2 不断挖掘新的活动形式

在每年的读书月经贸馆都会探索2~3项新的活动内容，通过活动的开展及该活动的可操作性、学生的参与度等来论证是否可以将其纳入到阅读推广活动的常规性活动中来，以影片播放为例，经贸馆2015年上半年开展了青春励志电影播放，下半年开展的是红色经典影片播放，每一场观影人数均近300人次，甚至出现无座位观众席地而坐的现象，全年观影人数超过4000人。考虑到这项活动的实际效果，2016年的读书月，经贸馆将影片播放作为一项固定的活动内容保留下来并将长期坚持下来。

2.1.3.3 阅读推广活动要有重点

做阅读推广活动切勿内容做得多而杂，主次不分，经贸馆每年的读书月都会有1~2个重点活动，2013年读书月我们的重点活动是对莫言作品的推介，通过馆藏图书的展览、电影赏析、读书分享会、撰写书评等一系列活动进行展开，2014年主推的活动是"走进诺贝尔奖"，根据学校的专业设置、读者的阅读兴趣等，将获得诺贝尔奖经济学奖和文学奖的作家和作品进行推介，2015年主推的活动是"心随指动"系列活动，包括读书感言、微小说的征集、图书馆LOGO的评选、"经贸最美读书地"摄影作品的征集。2016年的重点活动为第一届经典诗文朗诵会，这样开展工作就会具有方向性和指导性，也利于把活动做精、做细，只有单项活动做得有深度、有质量，才会支撑起整个阅读推广活动。

2.2 实践总结

2.2.1 阅读推广的长效机制有待建立

阅读推广难在坚持、贵在坚持，它不同于那些短、平、快的推广项目，能立时产生影响，但其一旦形成习惯就会逐步释放效果。在学校层面上，高校应成立自己的阅读推广委员会，建议由校长担任名誉主任，主管图书馆工作的副校长担任委员会主任，图书馆馆长担任常务委员，团委、宣传部、各院系等有关部门作为成员单位，阅读推广委员会办公室设在图书馆，具体承担推广委员会的日常工作。这样既利于建立长效机制，形成长远战略统筹，保证活动的连续性和影响性，又利于加强领导，协调各部门、处、室资源，形成合力，解决阅读推广工作中的重点、难点问题。

2.2.2 经费与人员的双重保障

"巧妇难为无米之炊"，稳定的经费支持是持续开展阅读推广活动的重要保障，同时，经

过几年的阅读推广实践,深刻体会到阅读推广是一项繁琐、细致,而又需要不断创新的工作,从活动的前期调研、活动方案的斟酌与确定、过程的实施、细节的考虑、预算的制定、后期活动的总结和评估,等等,需要耗费大量的人力和时间,建议高校馆成立专门部门单独负责这项工作。

2.2.3 建立对阅读推广的有效评估机制

如何建立一套完整的、具有可操作性的阅读推广评估体系是目前阅读推广活动中面临的一个难题,阅读推广虽然在各图书馆进行得如火如荼,但往往重视活动内容和形式,对于阅读推广活动的效果评价过于表面,多停留在如举办了多少场活动、发放了多少问卷、有多少读者参加等,而对深层次的活动效果,如通过阅读推广活动是否激发了阅读兴趣、培养了阅读习惯、形成了长期阅读氛围等等,评价甚少。要想使阅读推广活动更有质量,更有生命力,建立有效的阅读推广评价体系已迫在眉睫。

3 河海大学图书馆阅读推广活动

河海大学图书馆一直致力于阅读推广活动,自2007年起,每年都会举办不同主题的读书月活动,并以此为契机,将该主题贯穿在整个学年的阅读推广活动中,不断探索阅读推广的创新手段与方式。

3.1 活动内容

河海大学读书月顶层设计分为七大篇章,分别是"风采篇""流光篇""书香篇""勤学篇""互动篇""集萃篇""梦想篇",每年选取其中的五大篇章囊括所有活动。2014年第七届读书月以"心为书动·梦为心飞"为主题,由图书馆和校团委联合主办,包括"风采篇""书香篇""勤学篇""互动篇""集萃篇"5个篇章的活动。

3.2 创新模式分析

第七届河海大学读书月在举办模式和活动组织上都与往届有所不同,首次采用与校团委联合主办的形式,同时五大篇章囊括的一系列活动中,除保留了"读书之星"评选、主题征文等往届经典项目以外,"经典名著"读书交流会、移动图书馆推广进行了改版,真人图书馆、教材资源循环使用、特色阅览室VIP会员招募、微信推广、非遗艺术进校园等活动则均是全新组织与策划。

3.2.1 联合社团的协同合作模式

河海大学图书馆自2007年起成立了读者协会,这是一个沟通、服务于图书馆及读者之间的学生组织,图书馆指定一名馆员负责读者协会的日常指导工作。该协会成立以来,图书馆建设得到有益补充和加强,同时,让学生社团参与到图书馆的管理和活动中既能密切图书馆馆员与读者的联系,又能让大学生读者在参与图书馆工作中锻炼自己的能力。自2014年起,图书馆与校团委达成共识,更加密切与学生社团的合作,要求各部门在学校社团中招募有想法、有能力的人员,并在招募过程中明确双方职责,广泛吸纳社团参与到阅读推广的各项活动中。第七届河海大学读书月期间,图书馆改变以往独家主办的做法,具体的组织和策划活动更多地交由学生社团来完成,图书馆只负责资源保障、活动指导、场地与资金支持等。在组织的21项活动中,图书馆主办的有12项,独办的仅有2项,参与的学生社团组织达12家。

3.2.2 数字化推广模式

3.2.2.1 移动图书馆推广模式

河海大学图书馆于2014年4月正式启动移动图书馆服务,读者可以通过各种手持移动设备登录图书馆网页,随时查询、阅读和获取图书馆的资源和服务,有效地利用平时的片段时间进行阅读。自开通移动图书馆服务后,图书馆联合读者协会、计算机协会在全校范围内开展了一系列的"让知识触手可得"——移动图书馆推广活动,如定期的移动图书馆使用培训、寒暑假和毕业季的"把图书馆带回家",基于该平台的最美图书馆评选、各类知识竞赛等,使更多读者能够了解、使用移动图书馆,体验到无所不在的数字阅读。

3.2.2.2 社会化媒体推广模式

社会化媒体是指社会性网络(SNS)的Web2.0应用,包括微博、微信、社交网络等。在全媒体时代,图书馆借助社会化媒体手段开展服务是必然选择,因此,河海大学图书馆在2014年开通了微信公众号和新浪官方微博,形成了以微信为主、微博为辅的阅读推广媒体平台。目前,河海大学图书馆的微信公共平台能够实现学术资源查询、信息推送、馆藏查询、移动图书馆推广、问题回答等功能,推送的信息包括各项日常通知和服务信息,特色资源和数字资源推荐,各类活动信息及"读天下"专栏的好书推荐信息,所有信息均在微博同步更新,为图书馆的各类资源推介提供了及时、有效的宣传平台。为了保证推广效果,图书馆抽调专人负责资料收集和信息撰写工作,信息发布和总体维护则由技术部完成,从而保证了该平台的运行效率。

3.2.3 经典文化推广

朱自清先生认为,在中等以上的教育里,经典训练应该是一个必要的项目。经典训练的价值不在实用而在文化。再说,做一个有受过相当教育的国民,至少对于本国的经典也有接触的义务。大学生作为接受高等教育的群体,对经典文化的认知有益于他们的精神成长和人格培养,同时还能增进他们对自己民族文化和历史的了解。河海大学图书馆历来重视经典文化的推广,自2007年读书月开始,每年都有一系列经典文化推广活动,如每年一届不同主题的经典阅读征文比赛;举办经典书籍展览,并且联合大学生素质教育基地,邀请专家学者向大学生传授阅读经典的方法和经验,调动他们探索经典、阅读经典的兴趣;由读者协会和晨读社定期举办读书交流会、经典桥段演绎,向读者推荐图书馆的经典图书等。2014年读书月期间,图书馆通过河海大学国学社,特别邀请到非物质文化遗产之古琴和南京白局传承人,向读者近距离地展示了古琴及南京活化石之白局的魅力,给学生带来了一次经典文化的洗礼。

3.2.4 温情模式推广

情感体悟是指通过语言、文字和情景的理性认知和感受,借助想象和联想,使人得到身临其境的情感体验,在此基础上,实施情感表达。河海大学图书馆针对当代大学生重视自身情感满足的特点,在阅读推广实践过程中积极挖掘情感因素,创设情境让学生对阅读与图书馆产生美好的情感体验。

3.2.4.1 河海大学图书馆变迁和发展特色收藏展

2015年是河海大学百年校庆,本次图书馆变迁、发展特色收藏展正契合校庆主题,作为校庆的前奏,旨在通过"老物件"的展示,让读者了解图书馆的历史变迁,引起他们情感上的共鸣,爱上图书馆,爱上阅读。展出的各类借阅证、藏书章、纪念品、老照片、打字机等都是能反映各时期馆舍变迁、读者活动的珍贵资料,承载着图书馆的记忆和文化,让读者在追溯图书馆历史中产生身临其境之感。

3.2.4.2 教材资源循环使用——旧教材募捐活动

旧教材的循环利用是一种倡导厉行节约、传递爱心的有效举措,许多发达国家早已在各类学校推广。鉴于相当一部分贫困学生有购买二手教材的需求,河海大学图书馆联合学校青年志愿者协会发起募捐正版教材、资助贫困生的活动,募捐已使用过的本校全日制本科生教材、考研参考书等书籍。

作为一项长期的工作,每年10月份读书月和6月份毕业季期间开展两次集中募捐,另外,在清凉山校区和江宁校区教材中心设立固定募集点,放置募捐箱,供学生日常募捐使用过的旧教材。这一公益活动,既倡导环保、厉行节约,又实现了爱心传递,学生在参与的过程中不仅能受到教育,更能体会到人与人之间的温情。

3.3 总结与思考

3.3.1 优化合作模式

近年来,河海大学图书馆不断加强与学校职能部门、学生社团、社会机构等团体的合作,开展多种形式的阅读推广活动,取得了良好成效。不同的社会团体有其自身的特点,高校图书馆在合作过程中要根据彼此的需求,努力寻求互利共赢的合作模式。例如,在与学生社团的合作过程中,要把握好监管尺度的问题,过多干涉社团活动会影响其活力,放任自由又会出现偏离主题的现象。因此,高校图书馆可采用"招投标"的形式,将各个阅读推广活动分解,明确双方职责,招募学生社团中有能力、有想法的对象来"投标",达成合作后各自履行应尽的义务。在与学校职能部门、社会机构合作过程中,要尊重彼此的需求,取长补短,发挥合作的最大效应。

3.3.2 建立常态化机制

从目前各高校图书馆的阅读推广实践来看,基本集中在读书月或读书节期间,开展形式多样的活动吸引读者、引导阅读,然而其他时段则无论是推广力度还是推广手段都存在不足。总体而言,各高校图书馆的阅读推广力量还较为薄弱,推广活动缺乏整体规划性和稳定性,应当建立常态化的阅读推广模式。

3.3.2.1 组织人员常态化

对于眼界日益开阔的当代大学生而言,形式新颖、内容活泼的活动更吸引他们的关注,这就对参与阅读推广工作的图书馆员提出了挑战。河海大学图书馆自2014年起从各部门抽派本科以上学历人员,尝试成立读者拓展服务小组,负责4个主题月及日常的阅读推广工作,取得了良好效果。在新形势下,图书馆要打破直线型、职能化的组织模式,尝试成立扁平化、学习型的组织机构,赋予馆员独立处理问题、自由选择合作团队的机会,保证图书馆的活力和竞争力。

3.3.2.2 阅读推广常态化

从实践可以看出,为读书月而短期开展活动的阅读推广工作虽然表面热闹,但实际对读者的阅读影响并不大。因此,不少高校图书馆都在积极探索常态化的阅读推广机制,主要形式包括:第一,成立驻馆社团,协助图书馆完成阅读推广任务,如东南大学图书馆的读书会、南京师范大学图书馆的敬文博览社等。2015年4月,河海大学图书馆读者协会成功举办第二届南京部分高校驻馆学生组织交流会,为各驻馆学生组织提供了交流、学习的平台。第二,定期开展品牌性的主题活动,如河海大学图书馆每年分别有"新生启航月""信息服务月""读书月""毕业生爱馆月"4个主题月的活动,另外还有定期的读书交流会、每周一书的定期推介等。第三,两者相结合的模式,如南京理工大学在成立驻馆社团读书会的同时,定期开展"月月新主题,天天读好书"的主题阅读活动,取得了良好效果。不同图书馆可根据自身的特点和本校学生的具体情况,选择不同的方式来组织阅读推广常态化工作,巩固与保证推广效果,从而促进文化知识传播的可持续发展。

4 河南大学图书馆阅读推广活动

河南大学图书馆自2004年开始读书月阅读推广活动,截止到2017年,已坚持十几个春秋了。在每年4月份世界读书日前后,图书馆都要举办读书月活动,并且每年在内容上不断地推陈出新,收到了良好效果。因此,连续多年被评为全国阅读示范单位。读书月活动主要包括了晨读经典、读书征文、国学知识竞赛、专家报告会、主题书展、阅读欣赏微拍、图书馆职工读书交流会等丰富多彩的一系列活动,主题鲜明,形式活泼,既调动了老师和学生参与活动的积极性,又激发了大家对阅读的热情,起到了引导大家共同阅读经典、阅读好书的作用。如晨读经典活动,每年读书月期间,在河南大学明伦校区标志性建筑大礼堂前,组织一场由图书馆领导参加的青年学子品读国学经典活动,旨在全校范围发起对经典阅读的热潮,树立对中国传统文化的正确认识;校园欣赏微拍视频活动展现大学生在校园各个角落阅读的风采,让读书成为一种时尚;图书馆还每年向全校师生发起读书征文活动,对于优秀论文和获奖征文张榜公布,颁发奖励证书,并在校图书馆微信平台予以选登,极大地激发了学生的读书热情;还邀请相关学院和职能部门领导及主管图书馆的副校长一起参加读书月活动,并在活动结束后进行总结表彰大会,对踊跃参加活动的老师和学生给予表彰,鼓励他们在活动中的出色表现,以及对周围人员的带动作用。图书馆依据每年的活动内容和效果,总结经验教训,以便在次年将活动做得更好。

4.1 鼓励本馆教职工读好书、好读书

在每年读书月活动期间,图书馆向本馆教职工推荐优秀图书,鼓励大家针对阅读内容写出读后感,先在各部室进行分享,之后选出比较优秀者在全馆大会上与大家共同分享。通过这样的形式,引起全体职工对阅读的重视和关注。通过此项活动,使全馆职工对当年的优秀书目有了进一步了解,在自身得到学习、汲取精神营养的同时,还可以积极向读者推荐,影响身边更多的人。

4.2 鼓励学生阅读经典,提高修养

以推广全民阅读为抓手,积极推动读者阅读。读书月活动中,通过在馆内醒目位置设置宣传展板,向读者宣传推荐精选书目主题书展及书影展,还通过在图书馆的微信平台发布当年优秀书目,利用纸媒和网络两种宣传方式,双管齐下,在全校掀起阅读经典名著的热情。

5 重庆大学图书馆阅读推广活动

重庆大学图书馆致力于实践"文献服务+文化育人"的办馆宗旨,以文化服务为基点,围绕"读者在哪里,图书馆就在哪里"的服务目标,通过虚实结合的"书友会"、引入激励机制、重视读者书评、活动品牌化等方式创新性地开展了一系列颇具特色的阅读推广实践活动。

5.1 阅读推广架构的具体实践

5.1.1 以用户为中心

该馆以用户为中心,提出"阅读让图书馆无处不在"的阅读推广理念。这一理念包含三层含义:首先,阅读推广是图书馆重要的职责之一;其次,图书馆利用现代信息网络技术使读者无论是碎片阅读、移动阅读还是深层次传统阅读需求都能便捷、无障碍地获得满足;最后,图书馆对读者阅读的引导影响无处不在。

5.1.2 设置专职部门

该馆2012年成立的文化育人中心是阅读推广的主体,负责阅读推广的组织管理、机构建

设、推广活动等。文化育人中心主要以"图书馆部门+学生社团"以及"图书馆馆员+学生志愿者"的模式开展阅读推广工作。馆员主要负责宏观指导工作，制定规划策略，管理学生社团；社团组织"书友会"负责阅读推广的具体工作。文化育人中心的两位馆员之所以能承担文化服务阅读推广的全部工作，就在于阅读推广的各个环节中充分发挥了读者志愿者的主体作用。这一工作模式是该馆阅读推广的特色之一，既节约了图书馆巨大的人力成本，又锻炼了志愿者的各项能力，而且读者志愿者的积极参与不仅拉近了图书馆与阅读推广对象的距离，而且增加了了解学生读者阅读需求的最便捷的渠道。

5.1.3 载体多样化

该馆既重视传统纸质图书馆藏的补充，也重视满足现代阅读需求的电子移动载体资源建设。图书采购广泛征求读者意见，根据读者反馈，分析借阅数据，及时补充馆藏。将亚马逊、当当畅销书榜上的图书压缩采编流程，第一时间在各分馆专门的借阅专区上架借阅。同时，及时发布相关书目信息，并根据实时借阅数据适当增加经典图书、畅销图书的复本量，以保证读者的借阅需求得到满足。提供移动终端电纸书、超星学习本等免费外借服务；利用信息展示设备与图书馆管理系统进行数据对接，全方位展示读者书评、热门图书等信息；推广阅读书架终端，增加移动图书馆EPUB格式电子图书藏书量以满足泛在阅读、碎片化阅读等现代阅读需求。

5.1.4 渠道自主多元化

公共图书馆及其他高校图书馆强调联合其他力量开展推广工作，而该馆拥有多种自办媒体渠道，因此阅读推广活动主要由该馆独自开展，并且实现了阅读推广与文化服务、与图书馆门户系统的无缝链接，这是该馆的又一特色：①各种自办媒体使该馆能真正掌握宣传渠道，拥有宣传栏、宣传资料、宣传册、报纸《书苑》、杂志《砚溪》、BBS、"我的书斋"激活系统及门户系统中的虚拟"书友会"等渠道。②阅读推广与文化服务无缝链接。该馆文化服务的"五个一工程"与阅读推广工作紧密结合：学生组织"图管会"负责《书苑》的编辑，民主湖论坛设置"好书赏评"版块，逸夫楼讲座开展名师经典讲座，新生羊皮书提供专题介绍。③阅读推广与门户系统无缝链接。该馆自行研发的LIB2.0系统虚拟社区"个人书斋"迷你博客、虚拟"书友会"提供读者评论交流平台，在借阅流程中增加书评环节等。④积极利用移动技术和第三方平台拓展宣传推广渠道。该馆于2012年上线移动图书馆提供服务；信息交互系统、电视终端实时滚动显示推荐书目的相关信息；同时，利用微博、微信等第三方媒体开展阅读推广，该馆是高校图书馆中第一个开通新浪微博进行宣传推广的图书馆。

5.1.5 活动品牌化

书友会的阅读推广品牌活动"悦读重大"不仅推介新书、好书，举办图书漂流、爱上阅读系列推介、读者沙龙面对面交流活动，还牵头开展读书节晒书会。尽管该馆阅读推广品牌化意识比较强，但在创意上有待加强，需要打造真正体现重庆大学特色、代表重庆大学读者精神文化内涵的品牌才能引起读者的共鸣，扩大影响力。

5.2 建设虚实结合的"书友会"，增强交互性

该馆不仅成立了以学生为主、组织机构健全的"书友会"实体组织，开展各类活动实现与用户面对面的交流互动，而且在图书馆门户系统建设了虚拟"书友会"。虚拟"书友会"通过书评、积分激励的方式引导、促进阅读。实体"书友会"与虚拟"书友会"互相促进提升阅读。通过参加实体"书友会"的各类读书、分享、交流活动可以有效增加虚拟"书友会"的积分，虚拟"书友会"的积分等级增加又能扩充参加实体"书友会"的机会和获取礼品等。通过虚实结合

的"书友会",极大地改善了阅读推广交互性差、读者体验感缺失的现状。

5.3 引入激励机制引导阅读

阅读推广的实践证明,用户不仅需要引导,更需要激励,否则便是剃头挑子一头热,效果不尽如人意。目前,引导阅读的方式主要是增加阅读的便捷性、趣味性及采用强制的方式,如浙江财经学院规定读百本书方能获取学分、获得毕业必备条件等。该馆通过引入激励机制激发用户的阅读兴趣而避免了强制措施流于表面形式的尴尬:①改造借阅流程,优化借阅制度。该馆实时采集借阅数据监测借阅情况,面对借阅量下滑及时调整借阅期限和借阅数量,并改造借阅流程,在传统的借书还书环节中增加书评环节,并且对读者的书评进行评分和奖励。②虚拟"书友会"主要通过书评的方式激励读者增加积分,提升修炼等级,确立书斋排名。童生、秀才、举人、贡士、进士、状元等修炼等级增加了趣味性,且定期评选"十佳书生""最佳书生",根据修炼的等级给予丰厚的奖品,增加借阅权限。

5.4 重视读者书评

书评是用户产生的内容,属于新产生的知识,具有重要的价值。公共图书馆如杭州市图书馆通过馆员书评推广阅读。馆员阅读层次、偏好等不同不可避免地导致馆员书评水平高低不同。该馆采用读者发表书评、馆员打分的方式。首先提供方便友好的书评发布平台;其次控制书评质量,由馆员手工打分,分数为1~5分;最后将书评与积分等级结合起来,被推荐书评自动增加至10分,被屏蔽书评自动扣1分。这一方式既激发了读者的兴趣,又保证了书评的质量。虚拟"书友会"已有27520条书评,借阅流程中产生了约7万条书评,其中有9100余条推荐书评自动发布至新浪微博。

6 北京师范大学阅读推广活动

2007年北师大以"世界读书日"为契机,开展了"尊重版权,崇尚知识"的读者服务宣传周活动,发起了"好书伴我行,学海任我游"的倡议书,利用海报、网页、展览和横幅等方式宣传"世界读书日"和"全民阅读"主题,正式拉开了全校阅读推广活动的序幕。此后,图书馆与学校均围绕"全民阅读"和"世界读书日",组织一系列活动,开展阅读推广服务,不断丰富内容,拓展形式。

6.1 阅读推广的内容与形式

自2007年以来,北师大在全校范围内开展了内容丰富、形式多样的阅读推广活动,活动的内容、主题从"尊重版权,崇尚知识"演变和提升为"品味经典·沐浴书香"。主要活动包括大学生喜闻乐见的图书推介、专题书展、读书征文及专家讲座等。

北师大的阅读推广活动具有以下特点:

6.1.1 可持续性

多项活动连续举办,如"对我影响最大的好书——京师学者书目推荐活动"自2007年持续至今,并通过推荐平台形成了具有本校特色的推荐书目库。此外,读书讲座、专题书展和读书征文也连续开展。

6.1.2 创新性

近三年,北师大将阅读推广的重点放在深化和拓展主题,在持续的基础上追求创新,保持阅读推广活动在校内的影响力,吸引不少读者连续数年参与。除连续开展的读书征文、专题书展、专家讲座外,又增设了读者之星评选、经典图书影展和移动阅读等项目,从形式和内容上进行创新,形成了北师大阅读推广品牌和校园文化品牌。

6.1.3 学校特色

作为教育特色鲜明的师范院校，校党委主办的"师生共读一本书"活动精选了《平凡的世界》《苦难辉煌》《邓小平时代》和《幸福的七种颜色》等经典、热点、时代特征鲜明的书籍向师生赠阅，并配套举办同一主题的讲座和征文，促进师生深阅读，通过阅读净化心灵、感悟历史和思考人生。

6.2 阅读推广的组织与宣传

面对网络环境下的当代大学生，阅读活动必须适应时代发展，以多形式、多媒介来指导和组织，否则难以在纷繁的校园文化氛围下吸引大学生参与。北师大在开展阅读活动时精心组织、多方宣传，力求向师生全方位、多层次地宣传馆藏、推广阅读和服务，传达全民阅读活动主题和世界读书日宗旨。在组织机构方面，图书馆成立了跨部门的活动小组。由主管领导担任组长，借阅部和办公室主任协助，成员来自借阅部、参考咨询部、数字化部、系统部等。小组分别承担活动策划、文件起草、图书布展、网页与海报设计制作、联络协调、评审总结等工作。在实施过程中成员通力合作，各司其职。在宣传途径上，充分利用馆内外、校内外渠道。除了宣传单、展柜展板、横幅和海报等传统手段，还利用专题网页、电子屏、Email、BBS、微博、微信等新载体，有针对性地开展宣传推广，将活动主题和内容直观且立体地展现给读者。在活动设计中，独具匠心地融合了联合国教科文组织"世界读书日"Logo及当年海报元素、全民阅读Logo和本校Logo，将纪念"世界读书日"、开展"全民阅读"统一到"品味经典·沐浴书香"的主题活动中。精简的启动仪式在校内外也产生了广泛影响，引起了一大批读者的关注。在活动过程中，图书馆不断探索合作方式，在校内先后与校团委、校党委宣传部、马克思主义学院、文学院和生科院联合；校外与国家图书馆、中国图书馆学会、阅读与心理健康委员会及大学生阅读委员会合作，扩大了参与群和受益面。活动通过校报、校电视台、十月出版社、中国教育报社、新浪网等媒体及学生社团报进行全方位宣传报道，使阅读活动和阅读理念深入读者群体，拓展了图书馆的服务内涵。

6.3 阅读推广的成果与效益

北师大的阅读推广活动围绕"书、读者、阅读"来策划，结合当年"世界读书日"及"全民阅读"主题来组织。在所有活动中，专题书展系列的读者面最广，包括每年两季大型书展和连续推出的专题展，如损毁书展、"京师学者推荐书展"、"年度最受欢迎书展"、"'心'书推荐"书展和文津图书奖获奖图书展。"图书漂流"活动也吸引了数千人参加。开展了三次有关阅读的问卷调查：2011年阅读委员会成员馆的阅读推广调查、2012年北师大本科生阅读现状调查及2013年阅读推广长效机制调查（985高校馆和获得中国图书馆学会全民阅读表彰奖励的高校馆参与）。图书馆主办的征文、讲座和图书推介为读者参与较多的活动，校党委主办的图书赠阅活动（"共读一本书"）也受到师生的欢迎。这些指标数据从一定程度上反映了读者的受益情况，颇具代表性。比如：征文是鼓励读者参与阅读的一种好形式；"京师学者"推荐书目可说是北师大人阅读倾向的一种体现；专家讲座反映了读者对读书问题的关注与思考；"共读一本书"活动的热烈则是北师大人读书爱书的缩影；文明阅读与"损毁书展"的数百条留言不仅达到使读者进行自我教育的目的，还增加了图书馆与读者交流的机会；问卷参与者的答案也体现了读者对图书馆阅读推广活动的期许。连续数年的阅读推广系列活动，从内容到形式不断创新，既结合全民阅读和世界读书日主题，又充分突出本校主题特色和读者特点，使北师大图书馆不仅成为学校阅读推广的核心，也在全国高校产生积极的影响。

从外部影响分析，活动产生了三方面的效果：①促进了"世界读书日"和"全民阅读"的推广,不少读者因此而了解这两个概念。②形成了校园文化品牌,扩大了图书馆在读者中的认知度。③获得了业界的认可,得到中国图书馆学会等的表彰。从内部效果及服务创新的角度而言,阅读推广活动发挥了积极作用:①加深了读者工作的内涵,更新了读者工作的体系与理念。②"活动小组"锻炼了人才,形成了团队。③拓展了研究视野。在实践的基础上,"阅读推广"陆续成为校级课题、图工委课题、硕士论文的研究领域,构成图书馆界阅读推广研究的一部分。④阅读推广理念逐步深入人心。举办阅读推广活动不仅获得图书馆界更多的共识和关注,使传统的"图书宣传与阅读辅导"工作散发出信息时代的魅力,也获得了学校、社会的赞同和支持,这也正是高校图书馆开展阅读推广服务的价值所在,是图书馆核心价值的一种体现。

6.4 高校图书馆阅读推广活动的转型与创新

6.4.1 高校图书馆阅读推广的问题分析

北师大的阅读推广暨世界读书日系列活动,虽然取得了多方面的成果,但也面临不少难题,这些问题并非仅仅是本馆的困惑,高校图书馆也普遍存在。从实践层面看,主要包括以下方面。

6.4.1.1 形式和内容难突破,范围和规模受限制

据调查,各高校图书馆开展的阅读推广活动以讲座、竞赛、书展活动为主,形式雷同,创新不足。主要原因是其准备前期极少对读者进行调查,缺少数据支持,很难准确了解读者的需求。其次高校图书馆普遍缺乏阅读推广专业人才,这从很大程度上影响了阅读推广工作的创新与推进。另外,高校图书馆的推广范围和规模相对有限,大多局限于本校读者,仅少数高校图书馆在阅读推广中考虑了社会读者。专题活动中,本馆也只有一项"开放阅读"面向社会读者,也仅仅持续一天。

6.4.1.2 活动持续时间短,很难与常规工作相结合,同时和读者互动不足

高校图书馆阅读推广活动呈现出明显的集中式特点。主要体现在一些高校图书馆往往把活动集中于某一时间段,阶段性很强;还有一些高校图书馆几年才开展一次活动,跨度大。这样使得阅读推广活动很难形成连续的工作体系,更难与常规工作相结合。高校阅读推广的主体是读者,只有受到读者的喜爱和关注才能称之为成功。但现在很多高校在策划阅读推广活动时,甚少让读者参与到活动的整体规划之中,不能让读者充分了解活动、参与活动。与读者沟通不足,导致读者深层次的体验偏少、互动不足。在本馆的问卷中,约40%的本科生不了解、60%的本科生从未参与阅读活动。

6.4.1.3 组织机构的临时性影响活动的持续开展

随着近年阅读推广的不断发展,图书馆已成为学校阅读推广中的主要力量,但阅读推广活动本身是高校校园文化建设的重要组成部分,涉及校内的所有师生。活动的策划、实施都需要一定的人力、财力支持,学校的各个组织机构都必须在阅读推广活动中发挥积极作用,尤其是作为核心的图书馆。然而大多数高校图书馆都没有把阅读推广组织作为一种长效的机构来发展,严重影响了活动的持续性。

6.4.1.4 媒体宣传受众面不足,与社会各界联合较少

高校图书馆举办阅读推广活动是为了让更多的读者参与到阅读中来,促进全校读者的阅读兴趣,提升全民阅读素养。然而,多数高校馆的阅读推广活动长期以来主要停留在图书馆服务或者校园文化建设层面,资金、规模和宣传的受众面严重受限。在这一点上,公共图书馆的阅读推广经验可资借鉴,比如国家图书馆、首都图书馆很好地利用社会各界的帮助,有效地

扩大阅读推广活动的影响力。欧美一些国家由政府设立专门的国家阅读基金,并有诸社会团体加入和支持。缺乏长远规划、缺乏制度性保障、针对性较差、互动性不足等普遍问题日益突出,已成为高校馆阅读推广工作持续发展的瓶颈,在很大程度上阻碍了阅读推广服务的持续发展,也影响了阅读推广的实际效果。本校的"图书漂流"时断时续,讲座与征文及观影人数起起伏伏,开放日的效果不尽如人意,专题书展周期短、维护难、不能满足读者需求等,均是这些问题的客观反映。面对新的信息环境,面对具有时代特征的大学生读者群,面对阅读推广工作在高校图书馆工作体系中遇到的人财物及制度缺陷,要使阅读推广持续发展,必须转型和创新,重新思考和构建阅读推广工作机制。

6.4.2 高校图书馆阅读推广工作的转型与创新

6.4.2.1 理念和认识的重建

高校图书馆的专业性、权威性、独特而丰富的馆藏资源使其成为推动全民阅读的主要阵地。要开展阅读推广工作,必先"名正"。无论在图书馆学理论体系还是图书馆业务体系,或是《普通高等学校图书馆规程》条款中,都明确阅读推广是高校图书馆读者工作的组成部分,是图书馆学研究的范畴,与文献借阅、参考咨询、情报检索等同属一个范畴。IFLA一贯将阅读与信息素养相提并论,1997年将其主管阅读的"阅读部"更名为"素养与阅读部",其《IFLA2006—2009年战略计划》和《图书馆可持续发展声明》都涉及促进阅读和信息素质能力的内容,这一阅读推广的价值取向与国内专家的观点不谋而合。因此,将阅读活动视为一种短期的、嘉年华式的活动,确是认识上的偏差、理念上的误区,有必要加以纠正。唯其如此,才能保证阅读推广工作的规范化、科学化和可持续性。迄今为止,尚未见高校馆明确将阅读推广作为常规读者工作的一部分,也极少设有专岗或专人,几乎都是当作一年一度的"活动",获得"全民阅读"先进单位奖和"全民阅读示范基地"的高校馆也不例外。只有走出认识误区,从理念上将阅读推广纳入高校图书馆服务体系,才能做好长期的、整体的经营规划,得到持续的资金支持,深入开展阅读推广工作。

6.4.2.2 内容和形式的规范

标准化、规范性是高校图书馆业务的突出特点。阅读推广既然属于常规读者服务工作,其内容和形式就必须重建和创新,比如工作规范和细则、活动的过程和结果评估等。阅读委员会的一项调查显示,高校图书馆阅读推广的主要内容包括17项,包括征文比赛、图书推介、名家讲座、图书捐赠、读书有奖知识竞赛、图书漂流、精品图书展览、经典视频展播、读书箴言征集、名著影视欣赏、馆徽设计征集、名著名篇朗诵、品茗书香辩论赛、评选优秀读者等。仅从内容而言,17项活动就有必要整合和规范。正如各馆信息素质教育体系包括信息资源、检索技能、信息技术技能和科研方法等模块,阅读推广的各项内容首先可模块化,每个模块需要制定基本的工作流程细则,不仅可指导各馆的工作,也为活动的改进、选优和评估奠定基础。又如阅读推广的形式和手段也需归纳整理,形成各馆可资选用的模板。同时,作为一项读者服务工作,还需建立相应的评估指标。具体的微观评估指标体系尚需专门研究,仅从宏观上而言,阅读推广理应明确纳入《普通高等学校图书馆评估指标》中"读者服务"的体系中。如原"信息素质教育"可否拓展为"阅读与信息素质教育","阅读推广"与三级指标"校园文化建设"可以整合,因为仅通过"讲座数"和"宣传栏数"来评估"校园文化建设"的丰富内容确有不足,完全忽视了阅读推广这一校园文化建设的核心内容。"图书馆是生长着的有机体",阅读推广工作的融入,将会丰富和完善高校图书馆的读者服务体系。无论是形式、内容还是效果评估,阅读推广工作的整个生命周期和每项活动都迫切需要规范化。

6.4.2.3 机构与岗位的设置

阅读推广实践已经在越来越多的高校图书馆开展，不仅被认为是图书馆服务工作的增长点和创新点，而且被一些学者视为图书馆未来的核心工作。不过，几乎所有高校图书馆的阅读推广机构都是"临时性"的，或者由1名馆员兼任指导老师、阅读辅导员的角色，很少见有明确的部门、室组或者岗位设置。诚然，阅读推广工作在各校参差不齐，但是，部分阅读推广活动卓有成效的高校馆，有必要从体制上给予保障，建立相应的阅读推广部门、室组或岗位。这一发展过程与信息素质教育异曲同工。以北京师范大学图书馆为例，信息素质教育从三十年前零散的讲座到"文检课"的起落，直至日渐完善的课程体系、专门室组、人员及经费，足见体制的保障是关键。由此，从业务发展的角度分析，阅读推广工作确需专门的机构和人员。另外，根据阅读委员会的联合调查及本校大学生阅读问卷的结果，当代大学生的阅读现状和需求也迫使高校图书馆要开拓思路，适时设立专门机构或岗位，对阅读推广工作进行研究、规划、规范实施和效果评估。至于机构/部门的设立，美国国会图书馆图书中心的模式可资借鉴，它由中心主任、项目馆员、通讯员和项目专家构成，各司其职；我国大型公共馆的社会部、推广部等类似机构也提供了参考；目前各高校馆的"营销小组""宣推小组"也可结合阅读推广进行重构与转型。

6.4.2.4 合作与共享机制的构建

共建、共享、共知已成为图书馆建设的重要理念，跨行业、区域性、专业性的共享联盟愈加成熟。从馆际互借到文献传递，从联合编目到联合采购，从资源到系统甚至人员，CALIS、CADAL、CASHL、NSTL及BALIS等提供了实践范例。这一切为构建阅读推广的合作与共享机制奠定了基础。高校图书馆阅读推广工作要持续发展，必须走共建、共享的道路，建立多方位、多层次、多形式的阅读推广体系。这一体系可概括为三个层次：①馆校合作。即高校图书馆与校内各部门联合开展阅读推广活动，如校党委、院系所、团委及学生会、科研部处以及工会，发挥图书馆在"书香校园"建设中的引领作用。②馆社合作。可充分利用社会力量，与企业、媒体和其他社会机构合作，共同举办阅读活动，营造"全民阅读"社会，让阅读成为全社会的焦点。③馆际合作。即各馆通过成立区域性或其他合作联盟共同实施阅读推广工作。可以借鉴CALIS、CASHL及BALIS模式，或者将阅读推广融入成熟的共享平台。阅读推广的多项内容均可以通过共建、共享平台进行，如联合推广推荐书目、专题书展、讲座及征文、比赛等，降低各馆阅读推广的同质性。这方面，阅读委员会、个别区域性图书馆联盟已经有了初步的尝试。另外，除中国图书馆学会阅读委员会在阅读推广共建、共享体系建设中的指导和统领作用之外，各级图书馆学会组织设立"阅读推广"分会，各校图书情报委员会明确"阅读推广"职责，或成立各级"阅读推广"中心等举措，对于促进全民阅读，发挥高校图书馆的知识服务功能也大有裨益。再者，发达国家由政府机构、出版商和书店、图书馆、协会和民间组织、传媒机构等机构联合开展阅读活动的模式也值得我们借鉴，各类机构分工协作、优势互补，扩大了阅读推广范围，增加了阅读推广效益。

综上所述，作为高校图书馆读者服务的增长点、创新点或者说未来的核心工作，阅读推广活动必须反思实践中存在的种种问题，重新构建阅读推广工作机制，在业务重组、岗位设置方面，将其纳入常规工作体系，科学规范地开展工作，通过馆校合作、馆社合作、馆际合作等，在阅读委员会的指导下，利用网络、移动阅读环境，促进高校图书馆阅读推广服务不断转型与创新。

7 浙江工业大学图书馆阅读推广活动

自2008年以来,每年举办的读书节会确定浙江工业大学图书馆整年度阅读推广的特点与主基调,同时读书节上尝试的新手段与新形式也能指导一整年度的工作。2014年浙江工业大学第六届读书节的主题是"爱上春天,爱上阅读",这就赋予了这一年活泼与温暖的阅读推广特色。

第六届读书节活动中,外文书展、星级读者书香学院评选这两项沿袭了原来的做法;百部经典名著系列活动进行了全新的改版;春风荡漾二维码、开往春天的阅读列车、我和春天有个约会板块中的"写给图书馆的一句话""旧刊义卖"等活动均为全新策划与组织。

7.1 活动的创新点分析

7.1.1 微信、微博,打造微平台——加入"微"元素

社会化媒体的出现为图书馆服务品牌建设提供了新的机会。悉尼大学图书馆的调查显示:70.6%的被调查者认为将社会化媒体纳入图书馆战略规划是重要的。因此全媒体时代借助社会化媒体手段开展服务是图书馆的必然选择。浙江工业大学图书馆申请了微信账号(ZJUTlib)、新浪微博官方账号(ZJUTlib)、腾讯微博官方账号(ZJUTlib),从而形成了以微信为主、微博为辅的阅读推广微平台。根据图书馆的服务需求,目前图书馆的微信公共平台能够实现信息推送、馆藏查询、借阅信息查询、存包柜记录查询、讲座预约等功能,信息推送的栏目具体包括:资讯采风(公布日常通知、服务信息)、书海拾贝(推荐好书、新书、畅销书)、资源撷珍(推荐特色资源)、数字资源(推荐数字资源)、培训讲座(公布各类信息素养讲座信息)。这些功能模块为全方位推介图书馆的文献资源提供了及时、有效的宣传平台。

图书馆三大微平台是同步更新的。为了保证宣传推广的效果,图书馆从各部门抽调人员成立了宣传推广小组,负责各大板块的资料收集和信息撰写工作,总体的维护由技术部完成。人员分工到位,职责明确,从而保证了微平台的运作效率。

7.1.2 经典重拾,名著演绎——加强"经典"元素

传统经典中的文学,灌溉和滋养着我们的心灵,使我们有涵养与情趣;而圣哲格言,在为人处世方面,给我们以指引,不致使我们陷入困惑的黑暗中。大学生肩负着国家未来建设与文化传承的重任,阅读经典有益于他们的精神成长和人格培养。浙江工业大学图书馆历来重视经典文献的推荐,2004年邀请百位专家教授推荐确定了"百部经典名著推荐阅读书目",并据此建立了"百部经典名著阅览室"和"经典名著专架",以方便读者阅览;在推出"百部经典名著推荐阅读书目"的基础上,自2005年起,图书馆每年主办各种形式的推广活动:从最初的征文比赛、专家讲座,到4个"一百"工程(百部经典名著读书活动、百首名曲赏析、百部经典电影展、百幅名画赏析)。

2014年的百部经典名著活动在原有活动内容的基础上,更是进一步精细化包装,推出了书香浓郁的系列活动,其中名著演绎大赛是最受师生关注的一项活动。以学院为单位推出由经典名著片段改编的节目,形式不限,学生自编自导自演,经过比赛,最后决出"工大奥斯卡"的各大奖项。自2005年活动推出以来,出现了话剧《雷雨》、越剧《梁山伯与祝英台》、音乐剧《红玫瑰与白玫瑰》、情景剧《地板下的小人》(改编自《七宗罪》)等等优秀的演绎作品,每年名著演绎大赛成为万人空巷的一场视觉盛宴。通过读者自身的表演,不仅使经典于杂书万卷中脱颖而出,更是增加了读者们对经典的阅读和理解。此外,其他的活动也有不断的创新:征文活动从原来单一的形式发展为包括长篇、短篇、短句征文,为读者们提供了一个激扬

文字、指点江山的舞台；"只为经典做嫁衣"活动通过"然而第一页及书签，却总得请书家一挥"的爱书方式，以及与书为友摄影留念的相片存在方式，进一步提高了大家爱书护书的意识；"携经典游天下"活动将经典名著的知识以知识问答、猜字谜等形式呈现，增加了经典阅读的趣味性。

7.1.3 排架作战，文学游戏——加入游戏元素

有益的教育游戏能提供一个让学生积极投入和参与的环境，能帮助教育者提升学习者的知识技能、实践能力、创新精神等等。因此为改变以往的阅读推广活动因为形式比较固化而受到冷落的状况，浙江工业大学图书馆尝试将阅读和游戏互相融合，提升活动的持久效能。为了帮助读者通过游戏掌握书架排列方法，在借鉴了美国宾州卡内基梅隆大学图书馆开发的"Within Range"的游戏及清华大学图书馆推出的排架游戏基础上，浙江工业大学图书馆推出了"排架游戏大作战"活动，将读者在找书时常常遇到的"疑难杂症"通过游戏的形式呈现出来，帮助读者掌握图书馆的馆藏分布和索书号的排列原则，有效提高了找书的效率。为了增强活动的趣味性，吸引读者参与，读书节期间的不少活动都以游戏的方式推出，如用名著配音、对对子等方式来引导读者熟悉古代文化知识，热爱中国历史文化；用英文小诗简笔画、绕口令等形式呈现英文经典名著；仿照扫雷游戏，将文学知识以问答形式设置关卡，使读者边游戏边学知识。通过这些有趣的游戏，寓教于乐，受到了广大读者的欢迎。

7.1.4 协同合作，共同推广——加入社团元素

让学生社团参与到图书馆的管理和活动中，发挥大学生的特长，激发他们的热情，这样既能密切图书馆馆员和读者的联系，又能积极有效地促进图书馆工作的开展，同时也让大学生读者在参与图书馆工作中锻炼自己的能力。2014年读书节期间浙江工业大学图书馆改变以往图书馆"独家"的做法，广泛吸纳学生社团组织参与各项活动。组织的16项活动中，图书馆主办的为7项，独办的仅为2项，参与的社团组织达到了8家。活动的策划与组织更多的交由学生社团来完成，图书馆只是进行活动指导、资源保障、场地与资金支持等。如"百部经典名著"系列活动由学校团委、学生会策划组织，图书馆进行全方位指导；"排架游戏大作战"由EC计算机协会组织学生参与；"带本书来聊天"的读书会由海韵文学社策划，并邀请了高教园区内兄弟院校的文学社参与活动；"戏迎读书节"活动由蓝青文学社策划执行。通过与图书馆的合作，外国语学院学生党员之家的"读书交流会"活动形式与内容得到了丰富与完善。通过学生社团这一平台，由学生之间互相推广文献、传播知识，从而更贴近需求。这种图书馆与社团的协作方式，既克服了阅读推广人力不足的困难，又起到了良好的阅读推广效果。

7.1.5 旧刊义卖，对话图书馆——加入温情元素

当代大学生特别注重自身情感的满足，因此要在阅读推广过程中重视情感体悟。情感体悟是通过语言、文字和情景的理性认知和感受，借助想象和联想，使大学生得到身临其境的情感体验，在此基础上，实施情感表达。浙江工业大学图书馆在阅读推广实践过程中努力挖掘情感因素，积极创设情境，促进情感体验和情感表达，从而让学生对阅读与图书馆产生美好的情感体验。

7.1.5.1 "旧刊义卖"活动

图书馆每年有一部分剔除的期刊，既无法发挥其作用，也占用了宝贵的馆藏空间。经过前期的调研发现，剔除的旧杂志是部分师生所需的，因此为了变废为宝，浙江工业大学图书馆委托学生会对此批过刊进行义卖。义卖所得的款项购买了一批儿童书籍，其中一部分捐赠给大爱慈善专项基金会，另一部分捐赠给浙江省教育厅下属机构，用于捐赠福利院儿童，这样既

实现了旧刊的价值,又实现了爱心传递。学生通过参与这样的公益活动,受到了爱的教育。

7.1.5.2 "写给图书馆的一句话"活动

4月23日读书节,浙江工业大学图书馆邀请在图书馆借阅或学习的读者,写一句与图书馆或阅读有关的话。最后图书馆收获了许多的感动:

"如果人的一生只能喜欢三次,那么我会选择三样事物:一本书,一个人,一个叫图书馆的地方。""I really like the library.It is a clean place, a quiet place.I feel more comfortable to study here than my place, it is a beautiful place."

"在书中寻找到另一个世界的自己。"

读者对图书馆、对阅读所书文字或感激、或享受,真实亲切,这项活动在读者中反响很好。

7.2 活动的总结与思考

浙江工业大学图书馆在读书节活动的组织形式、组织内容、宣传手段等各方面不断吸纳新元素,实现全面创新,为高校图书馆的阅读推广活动提供了一定的参考。但是为了促进文献知识传播的可持续发展,高校图书馆需要进一步思考巩固与保证阅读推广效果的手段与方法。

7.2.1 加强与完善协同合作模式

浙江工业大学图书馆积极与学生社团、学校职能部门、社会慈善机构、政府机构等多种社会团体合作,活动效果良好。但是不同的社会团体具有不同的特点,高校图书馆要根据彼此的需求,积极寻求双赢的合作方式。比如与学生社团组织的合作存在一对矛盾:过度干涉社团的活动,会影响社团本身活力的发挥;放任社团自由组织,则会出现主题的偏离。对此,高校图书馆可以尝试将图书馆年度阅读推广的任务分解成几大主题,再以"招标"的形式在学校社团组织中招募有能力、有想法的合作对象,并在招募过程中明确双方职责。这样既能保证主题鲜明,又能提供给学生社团充分发挥的平台。

7.2.2 建立阅读推广长效机制

每年读书节是高校图书馆阅读推广的集中期,期间会组织形式多样的活动吸引读者、引导阅读,然而从后续来看,不管是推广力度,还是推广手段都存在不足,没有长期的阅读推广机制,只是为了读书节而开展活动,这样的阅读推广工作表面热闹,对读者的阅读影响不大。不少图书馆都在积极探索建立阅读推广的长效机制,从实践效果来看,主要有两种方式:一是成立组织规范、隶属于图书馆的社团组织,协助图书馆完成各项阅读推广任务,如南京理工大学图书馆的大学生读者协会;二是根据不同的兴趣成立活动小组,定期开展不同主题的活动,如闵行区图书馆的"敏读会"。不同的图书馆可以根据自身的特点选择不同的方式来组织后续的阅读推广活动。

7.2.3 促进图书馆组织机构设置扁平化发展

从实践来看,形式自由、活泼,内容不拘一格的活动更能吸引大学生的关注,然而这样的活动组织方式对目前高校图书馆的人员组织机构提出了挑战。浙江工业大学图书馆尝试成立工作小组,从各部门抽派人员开展活动,取得了良好的效果。可见,为了适应新的服务需求,图书馆要努力打破传统直线型、职能化的组织模式,而设计扁平化、学习型的组织机构,从而使馆员从固有职责束缚中解脱出来,赋予其独立处理问题、自由选择合作团队的机会,从而保证图书馆的应变能力与服务水平。

7.2.4 要重视读者的情感因素

人的信息行为受他人的情绪影响，个体自身的情感也会对自己的信息行为产生影响，因此在引导读者阅读过程中，图书馆应当营造美好的氛围，从而使读者情感上能产生愉悦感、满足感。浙江工业大学图书馆在这一方面进行了努力：青年学生钟情于微信、微博等社会化媒体，因此图书馆打造阅读推广的微平台；大学生崇尚自我，因此图书馆将活动交由学生完成，引导学生之间互相推荐优秀文献；年轻人喜欢游戏，因此图书馆的阅读宣传引入游戏元素；善良温暖的行为能够引起人们情感上的共鸣，因此图书馆与慈善机构合作，给读者情感体验与表达的平台。这些尝试都收到了良好的反馈，因此高校图书馆在开展阅读推广活动时应当重视青年学生的情感需求，从感情上引导读者喜爱阅读、喜爱图书馆。

8 电子科技大学图书馆阅读推广活动

高校图书馆承担着服务学校人才培养、科学研究、管理创新与文化传承的重任，如何将浩如烟海的馆藏推广给读者，尤其是大学生读者，是高校图书馆阅读推广工作永恒的主题。电子科技大学图书馆近年来始终坚持以阅读推广服务于学校人才培养及文化传承，将"以文化人、育人兴文"作为动力和使命，以启德明智、润物无声为工作理念，乘国家、四川省和学校力推"全民阅读"工作之东风，在中国图书馆学会阅读推广委员会及其旗下大学生阅读委员会、阅读与心理健康委员会的指导下，以创建全民阅读示范基地为目标，从开展高校图书馆阅读推广工作的基础保障、专职馆员队伍建设、阅读空间打造、阅读推广活动开展模式、技术引领、活动宣传等多维角度探索开展阅读推广工作的可持续常态化建设，不断创新，逐步形成了自己的阅读推广工作常态化体系和特色。

8.1 阅读推广工作常态化开展的基础保障——学校及图书馆的政策及经费支持

高校图书馆可持续常态化开展阅读推广离不开学校的政策支持和财政保障。电子科技大学是教育部直属、国家"985工程""211工程"重点建设大学，以培养"基础知识厚、专业能力强、综合素质高、具有国际视野和社会责任感的拔尖创新人才"为根本任务，多年来秉承"求实求真、大气大为"的校训和拒绝平庸、追求卓越的学术传统，十分重视构建以学术和学习文化为核心的校园文化建设，并将图书馆的阅读推广工作纳入学校人才培养和校园文化建设体系，给予政策和经费上的支持。

8.1.1 学校政策支持，阅读推广工作纳入学校人才培养和文化建设工作

从学校层面上看，2012年电子科技大学正式成立学校文化建设领导小组和工作组。由校长担任领导小组组长，校党委书记及副校长担任副组长，图书馆、相关职能部门及学院领导担任小组成员。文化建设领导小组及工作组的成立，将学校文化建设提到新高度。2015年，图书馆成为电子科技大学通识教育委员会成员，大学生阅读与成长纳入学校通识教育体系。系列举措将阅读推广纳入学校人才培养和文化建设重要工作范畴，图书馆作为学校人才培养、校园学术及学习文化建设的重要成员，肩负阅读推广及文化传承重任，在政策及经费诸方面得到学校在制度层面上持续有力的保障。

8.1.2 学校经费保障，专项经费用于阅读推广工作

学校将图书馆阅读推广工作及文化建设纳入学校人才培养及校园文化建设范畴，在政策上给予高度重视与支持，极大地提升了阅读推广工作的重要地位。学校除了持续增加图书馆经费投入，保证图书馆资源、设施及空间环境不断更新与提升外，自2010年开始，每年都划拨专项经费，用于支持图书馆的阅读推广、学习文化环境及设施的建设等工作。专项经费主要用于阅读推广活动的开展（读书月、毕业季等）、阅读推广宣传品的制作（沙画、内刊、海报等）、

专题阅览区的建设（三品堂、博约书屋等）、专用阅读设备的采购（书香成电、悦读e站）等。

8.1.3 图书馆发展政策保障，阅读推广工作纳入图书馆战略规划和年度工作计划

电子科技大学图书馆在2014—2017年及十三五战略规划中提出的发展总目标是："建设开放性、国际化、学科特色鲜明、形式多元化的一流文献资源保障与服务体系，创造国内最具活力的学习与研究空间，全过程、全方位为学校人才培养、科学研究与管理决策提供科学准确、优质高效的服务，支撑学校建设与发展，建成学术性、研究型的一流智慧图书馆。"围绕创造国内最具活力的学习与研究空间，全过程、全方位地为学校人才培养提供优质服务这一发展目标，图书馆专题制定了相应的阅读推广与文化建设发展规划，每年再据此制定年度阅读推广工作计划，从图书馆发展政策层面把阅读推广工作纳入图书馆战略规划加以保障、落实及实施。

8.2 阅读推广工作常态化开展的组织保障——专业队伍建设

为开展可持续常态化的阅读推广工作，需要建立一支专职的阅读推广队伍。为此，电子科技大学图书馆成立了专职的馆员团队，并建立隶属于图书馆的阅读推广学生团队——图书馆学生管理委员会，从组织层面高效地推进工作。

8.2.1 专职专岗，设立阅读推广专业岗位，建立专职团队

2014年，电子科技大学图书馆结合学校岗位聘任工作，整合部门功能职责，在机构和岗位设置时注重专职团队的建设，在阅览部设立了"阅读推广与文化建设"团队的专职岗位，团队共7名专职馆员，其中6人为研究生学历，1人为本科学历。团队所有成员均具有良好的专业背景，年轻并充满活力，乐于思考和探索。岗位设置分工明确，成员相互协作，负责全馆的阅读推广、文化建设和本科生的信息素养与创新能力培养工作的策划、组织、宣传及实施。自成立以来，牵头协调学校及图书馆相关部门，承担了全年各项阅读推广活动的策划与实施，打造了系列的阅读推广及文化服务品牌，开展阅读推广研究，申报课题与项目，带领学生团队卓有成效地工作，为常态化可持续开展阅读推广工作提供了人员队伍保障。

8.2.2 重视读者参与，设立负责阅读推广和文化建设的学生团队——图书馆学生管理委员会

2012年开始，电子科技大学图书馆成立了一支专门负责阅读推广和文化建设的学生团队——图书馆学生管理委员会（下简称图委会），贴近读者需求、吸引读者参与图书馆的阅读推广与文化建设工作。每年图委会都会主办系列阅读推广活动，活动的互动性强、参与面广、深受读者喜爱。读书月期间，图委会组织"图书馆零距离""图书保卫战""读者沙龙"等互动活动；毕业季，图委会负责全校的毕业季图书漂流；迎新时节，图委会在馆内设立迎新点，协助新生了解图书馆服务；感恩季，图委会进行义卖活动，寻找资助对象，传递爱心；图委会还通过拍摄微电影宣传图书馆服务；协助图书馆完成内刊《花辰月汐》的编辑出版。图委会成员既是读者，又是阅读推广的参与者，在组织活动、传递书香中成长。为表彰图委会在阅读推广和文化建设中的付出，每年年终图书馆都为图委会举办"年终颁奖典礼"，表彰团队中表现突出的个人，总结一年工作得失。

8.3 阅读推广工作常态化开展的空间——富于活力、特色鲜明的八角书斋

电子科技大学清水河图书馆为正八边形中空建筑，典雅、厚重、大气，读者亲切地称之为"八角书斋"。自2009年清水河图书馆正式开馆以来，图书馆充分利用八角书斋的空间优势，通过调研读者需求，整合优质资源，应用新技术，努力为师生打造功能齐备、特色鲜明、富于活力的博约书屋、三品堂、主题展览空间、共建空间等系列阅读空间，并依托这些阅读空间，

开展了精彩纷呈的以"八角书斋"为品牌的系列阅读推广活动,将图书馆打造成读者最喜爱的阅读驿站和精神家园。

8.3.1 博约书屋——读者需求驱动,即阅+即选+即借

博约书屋,在阅读环境营造方面注重以书卷墨香+咖啡醇香+古朴家具烘托出阅读的博雅氛围,散发出幽幽书卷气,吸引读者抵达一个书世界,为读者提供一个闲适舒心、放松心境的沉浸式阅读场所;其服务模式的创新之处是采用由读者需求驱动的即阅、即选、即借方式:由该馆的本地中标书商将和市场同步的新书尤其是人文类图书直接送到博约书屋,读者在这里阅读、选书,选中的新书由资源部馆员现场编目加工后马上借给读者。读者在这里可以阅读和外借最新的图书,和资源采访馆员沟通交流需求,还可以利用这个空间开展读书分享沙龙等活动。师生在这里细细品读新书,参与图书馆资源建设,人民网四川频道为此做了专题报道。博约书屋于2015年4月开放以来,读者荐购图书3000余种、10000余册。

8.3.2 三品堂——图书馆+博物馆,传承学校学术及学习文化

图书馆打造了集"成电(电子科技大学原校名成都电讯工程学院,简称成电)文库"、"成电记忆"场景展区、自由阅读区为一体的开放式特色阅览区,命名为"三品堂",即"品读、品学、品味",谓之"三品"。"成电文库"集中展示学校教师和校友的学术专著,"成电记忆"收集建校初期师生生活、学习、工作中使用过的家具物品和馆藏图书,复原了学生宿舍、教工宿舍、办公室、实验室,再现当年师生学习、工作和生活的实体场景,营造了群书环绕的图书馆+博物馆的氛围,读者可以在这个充满历史气息的特殊区域,伴随书香怀旧,阅读学习,激发对学校的热爱。这个区域常年吸引大批校内外读者驻足参观、阅读,尤其深得校友们的好评。2010—2015年除接待校内读者外,还接待校外来访宾客共130000余人次。

8.3.3 主题展览空间——主题推送+新书展示+文化展览,引领阅读

电子科技大学图书馆将清水河馆二楼一站式服务大厅、中庭走廊及三品堂、一楼中庭等读者流动量大的区域设为主题阅读推送、新书及文化展示区,在这里常年举办不同类型的主题书展、文化展览和大型阅读活动,引领阅读。读者自由阅览主题推送图书、参观展览。另外,在不同学科门类的馆藏区也开展新书和主题图书的展示、推送。

8.3.4 共建空间——合纵力量+特色资源,联合阅读

电子科技大学图书馆合纵校内外力量,联合部分学院、单位,结合馆藏资源,在馆内共建了不同主题的特色阅读空间,如"成电国际""蔚蓝书苑""经管之角""01空间""党建空间"等。与空军住校选培办联合打造"蔚蓝书苑"——国防生阅览专区,该区域集中展示军事类书籍,并在墙体上对空军及装备等进行详细介绍,读者在此阅读学习的同时,也能领略空军风采。与校国际合作交流处合作,在馆内打造"成电国际"文化体验基地,展示各国留学生的本土物品、服饰、书籍、旗帜等,为留学生及在校师生参与国际交流、体验国际文化、获取国际教育信息搭建平台;并与美国领事馆、法国领事馆等合作举办文化周及各种主题展览;向来访国际友人展示学校国际教育和交流的成果,营造国际化氛围,受到留学生、来访外宾和学校师生的喜爱。

8.4 四季书香——阅读推广工作常态化开展的模式

图书馆阅读推广作为一种服务,与传统图书馆服务的形态具有较大差异。这种差异可归纳为服务活动化和服务碎片化。活动化、碎片化的服务给图书馆管理与服务提出新的课题。

秉承"以文化人、育人兴文"的理念,电子科技大学图书馆不断探索常态化开展阅读推广的新思路、新方法,尝试将活动化、碎片化的阅读推广服务结合馆藏特色、学校学科特色及大

学生读者的学习时间周期特点，形成了以"八角书斋"为品牌，以"阅读树志，百学修身"为宗旨，以开学季、读书月、毕业季、迎新季及校庆周、国庆周、感恩季等板块构成的"四季书香"阅读推广模式，将阅读推广活动与师生学习和生活的时间规律相关联，用时间线串起全年的阅读推广活动，阅读推广工作得以"四季长流，水不断线"，常态化地持续开展。"八角书斋"阅读推广系列活动荣获学校2014年精品文化活动荣誉称号，成为学校阅读活动的名片。

8.4.1 春风吹启"开学季"

"二月春风"还未剪出绿丝绦，书香却已伴着还未散去的年味飘然而至。"开学季"活动分为："悦读春天"——主题书架、开学季青春励志电影展播及读者课堂三部分内容。

8.4.2 博洽多闻"读书月"

"读书月"活动开始在春暖花开的4月，形式多样的互动活动、精彩纷呈的讲座、内容丰富的展览展播串起一个月的精彩阅读时光。一个月的"读书月"系列活动分为：互动活动、展览展播、精彩讲座三大类。活动有针对性，针对不同类型的读者设计不同的活动内容；互动性强，读者可以亲身参与，了解图书馆，提出自己的阅读需求；连接起校内外读者，文化交流穿插其中，活动形式多样，营造浓郁的阅读氛围。经过四年时间的沉淀，以"阅读树志，百学修身"为主题的阅读推广活动已经成为校园里最具影响力的阅读活动。

8.4.3 书香温暖"毕业季"

每年栀子花香，骊歌依依的告别时节里，图书馆都会举办包括"书香成电"、图书漂流、毕业留言板及毕业留影等在内的毕业季活动，让毕业生们带着书卷墨香和母校的浓情祝福踏上人生新旅途。

8.4.4 "迎新、校庆"聚书客

在迎新季，图书馆准备了迎新电影展播、新服务体验、读者沙龙、讲座等系列活动，帮助新同学快速了解图书馆的资源及服务，尽快适应大学学习，融入校园生活。9月底校庆周，图书馆都开展形式多样的阅读及文化活动，向学校献礼，指引学子回家路。活动包括校庆系列文化展览、校友阅读卡发放、"成电记忆"校庆沙画及视频展播、校园开放日等。

8.4.5 阅读助人"感恩季"

当银杏灿烂地装点着校园，图书馆"感恩季"活动也拉开帷幕，读者身体力行，感受阅读助人的乐趣。图委会同学在活动前期将进行资助对象调查和选择，确定每年的资助对象；感恩节当天，图书馆会举办面向全校的"感恩节义卖活动"，将同学捐赠的书籍义卖给读者，而后将善款送到资助对象手中。

8.5 技术引领，助力阅读推广常态化

根据读者阅读习惯与需求的变化，电子科技大学图书馆利用新技术，聚集海量数字资源，大胆尝试在图书馆应用各种新技术、新设备，为读者提供更多的阅读载体、内容和手段，方便读者用最快捷的方式获取丰富的资源。

8.5.1 自助服务，延长阅读服务半径

2010年，电子科技大学图书馆应用RFID技术，实现了自助借还，读者只需在查询系统中键入关键字，就能获得图书准确的层架信息；分布在各楼层的自助借还终端，实现读者就近自助借还，既方便又节省时间，提高了图书利用率与流通时效，大大改善读者体验；在学校行政主楼设立了"自助图书馆"，在学生宿舍区设立了"24小时自助还书机"，在学校学生运动中心和外国语学院建立了分馆，将阅读服务延伸到读者身边。

8.5.2 "自主学习系统"，课堂在身边

2015年，电子科技大学图书馆推出了自主学习系统，该系统与学校教务系统同步，教师可为课程推荐教学参考资源，同学们可一站式获取与课程相关的纸质教学参考书的馆藏信息和电子版全文、相关课程视频等各类资源，这里是课程的自主预习、自主学习和针对性复习的"第二课堂"。系统中有四六级、考研、就业、出国专区四个栏目，可满足学生的英语学习、计算机能力提升、考研准备、考公务员准备、出国准备、就业准备等多种学习需求。读者可通过笔记本电脑、智能手机、平板电脑等信息终端随时随地查看各类资源，分享彼此的读书笔记与心得。

8.5.3 移动图书馆，阅读在手边

2013年，电子科技大学图书馆"移动图书馆"正式上线，移动图书馆平台与图书馆联机目录系统对接，将图书馆的阅读与空间服务，如图书预约、续借、馆藏检索、有声读物下载、电子报刊阅览、独立及团队研修室预约等集成在移动图书馆平台，极大方便了读者阅读和使用阅读空间。迄今为止，移动图书馆共计登录153万余次，深受读者欢迎。

8.5.4 "书香成电"传递校园人文关怀

2014年图书馆上线了"书香成电"——成电人的私人订制书房。所有成电人（成电师生、校友、家属）均能免费享用这个电子阅读平台。读者成功注册后，能免费阅读平台所提供的涵盖经济、法律、人文、历史等22个类别的十余万种电子图书。此外，"书香成电"还提供3万多集包括网络畅销小说、评书、相声等500G以上的优质有声读物资源，并为在校师生量身打造40个精品阅读专题。平台一经推出，校内外的成电人都纷纷注册成为用户，当前平台注册用户数为3.9万余人。

8.5.5 新媒体构成"多微"宣传模式

阅读推广工作离不开宣传工具和平台，电子科技大学图书馆借助图书馆学生管理委员会微博平台传递阅读信息，长期面向校内外读者推荐优秀读本、与阅读相关的讲座信息等内容，吸引读者关注；借助学校微信平台，开展主题阅读推送、宣传阅读活动，内容丰富，形式新颖，深受读者喜爱，多次点击率上万。微视频是一种读者喜闻乐见的宣传方式，电子科技大学图书馆自2012年起，先后制作了"玩转图书馆之初来乍到""移动图书馆宣传微视频""成小电的大一幸福生活沙画""记忆中的成电沙画"等微视频。微视频中既有图书馆馆藏资源及服务介绍，又有阅读氛围渲染，还有成电故事讲述。所有视频一经推出，均受到读者喜爱，起到了很好的推广宣传效果。如图书馆在建校58周年推出的"记忆中的成电"宣传沙画，在官方微信平台发布后，阅读数在南方周末推出的"高校微信阅读量TOP20"中排名第一。

8.6 服务社会，勇于担当全民阅读推广工作的社会责任

电子科技大学图书馆于2014年5月中旬起，成为四川省首批11所面向社会公众开放的高校图书馆，接待社会读者入馆阅览，并组织校外读者参与阅读及文化活动，截至2015年底，共计接待社会读者14800余人次，包括各类社会团体，如全国重点中学学生团、全国青少年科技夏令营学生团、留守儿童团、老年大学团等的参观18批次，1200余人次，积极担当全民阅读推广的社会责任，深受广大社会读者好评。

8.7 对高校图书馆阅读推广工作常态化建设的建议

2010—2015年，电子科技大学图书馆接待读者人次逐年上升，共计1200万余人次，其中2010—2014年接待读者人数的年平均增长量为13%左右，2015年在2014年的基础上依然保持增长。在各图书馆纸本书借阅下滑的大背景下，纸本图书借阅量基本保持稳定，读者在馆内的阅读量显著增长。图书馆经过不懈努力，成为师生读者热爱的阅读和学习空间。2012年，图书

馆品牌展览"成电印记"在电子科技大学"首届精品文化评比活动"中，以最高分获得"精品文化活动"称号；2013年"网聚万卷书掌拥八角斋"获"全民阅读年会阅读案例一等奖"；2014年图书馆的品牌阅读推广活动——"读书月系列活动"在学校"第二届精品文化评比活动"中，再次以高分获得"精品文化活动"称号；图书馆连续荣获中国图书馆学会2012年、2013年"全民阅读先进单位奖"，2015年获得中国图书馆学会"全民阅读示范基地"称号；2015年9月14—17日，由中国图书馆学会阅读推广委员会主办，大学生阅读推广委员会、阅读与心理健康委员会及四川省图书馆学会指导，电子科技大学图书馆承办的"高校图书馆阅读推广理论与实践高级研修班"在电子科技大学清水河校区开班。这是中国图书馆学会阅读推广委员会首次举办专题性的研修班，来自全国各高校图书馆及各省市图书馆等单位的210多位专家、业内人士参加交流，共同学习研讨高校图书馆阅读推广理论、实践及未来发展。

高校图书馆阅读推广工作是学校人才培养和校园文化建设的需要，也是引领与推动全民阅读的需要。目前全国高校图书馆的阅读推广工作在中国图书馆学会阅读推广委员会及教育部高等学校图书情报工作委员会的领导下，各高校图书馆高度重视、积极推进并不断创新，已成为高校图书馆服务工作的新常态，推动阅读推广工作常态化建设，建议从如下方面着力：

（1）基础保障：统筹规划、落实经费是阅读推广工作常态化可持续开展的基础保障。在学校政策层面，争取学校的支持，把阅读推广工作纳入高校人才培养和校园文化建设工作并给予经费保障；图书馆发展政策层面，把阅读推广工作纳入图书馆战略发展规划，长远考虑、科学谋划、明确工作目标，并制订年度工作计划加以落实。

（2）组织保障：成立阅读推广部门或在读者服务部门建立专职的阅读推广队伍，并且整合校内外力量和资源，培育校内阅读推广人，联合业界国内知名的阅读推广人，形成合力，持续地推进工作。

（3）阅读环境：以"资源+空间+服务+技术"的融合创新为抓手，结合实体馆藏现场定期主题推送及网上移动图书馆、图书馆主页、数据库和网络资源等多样化的阅读载体、设施和手段，提供多元阅读资源；打造以学生为主体、激发学生求知欲和参与感、驱动阅读和学习兴趣、功能多样、特色鲜明和富于活力的阅读空间，吸引和方便读者到馆阅读，为图书馆常态化开展阅读推广活动提供演绎精彩的舞台；应用新技术改善师生阅读体验、延伸阅读服务到读者身边，借助新媒体，打造"多微"立体宣传平台，利用微信、微博、微视频等读者喜爱的形式，大力推广优秀读本，引导读者阅读，弘扬阅读文化；挖掘馆藏，传承学校学术与学习文化，营造阅读引领、以文化人、潜心育人的阅读氛围，为全校师生提供开放现代、方便获取、典雅舒适、促进交流分享、创新协作的阅读学习环境。

（4）阅读活动开展模式：围绕学校培养全面发展与个性发展相结合、"通识教育+专业教育+多元化教育"为核心内容的精英人才培养及校园文化建设工作，将阅读活动与学生学习和生活关联，制定阅读工作年度计划，保持阅读活动常态化开展，形成符合本校学生阅读需求和特点的阅读推广模式；根据学生学习生活的时间、课程及成长规律，满足大学生阅读需求中求知、求新、求精品、求趣的特点，结合线上线下，打破常规，策划富于创意的推广活动，打造阅读品牌，提升活动效益。

9 四川大学图书馆阅读推广活动

4I模型的提出基于对互联网的观察和理解之上，它为审视网络时代的营销提供了一个广义的视角。与传统营销理论不同的是，它既非单纯从营销主体的角度静态地审视营销行为，也非仅仅从消费者角度侧重于强调客户需求和市场变化，或者将两者结合，建立和维护两者的稳定关系；而是在既有理论基础上，把目光焦点转向营销的媒介，从当今时代最为重要和显赫的媒介——互联网入手，动态地观察这一媒介革命所带来的格局变化，研究网络环境下营销主客体之间形成的一种新型关系。4I正是基于对这种新型媒介所催生的新型关系之观察和研究，从而提出的一套营销策略。

4I模型提供了一个与时俱进的方法论，非常有益于检视传统思维方式下业务开展的短板，为图书馆行业开展创造性的推广宣传活动提供了耳目一新的思路。以下就以学者朱海松对4I的论述为指南，以四川大学图书馆近年来系列阅读推广活动为例证，考察该模型对于高校图书馆资源推广的实践意义。

9.1 明确分众的阅读推广

4I理论认为，互联网时代的用户由于兴趣、爱好的驱使，形成了各式各样的"客"，博客、播客、换客、闪客、淘客等，以及他们所聚集的各类门户、垂直网站及形成的"社区"，其本质就是"分众"。虚拟社区的存在就是"个体的聚集"，从而形成"有共同目的"的"分众"，或者也可称为"个众"。

分众的概念实质是对服务对象的精准分类，并利用互联网技术对其进行追踪、采集和挖掘，从而展开定向传播、精准营销。在传统的高校图书馆服务模式中，不同的院系专业、不同的年级学位、不同校区等，都是划分读者类型的根据，是既有的"分众"概念。然而经验告诉我们，由于划分标准过于粗放简单，这样的"分众"不一定能形成有效的聚集，不一定能产生良好的传播效应。相反，"拍客"（指用数码设备拍摄并上传网络分享、传播影像的人群）、"驴友"（指旅游爱好者）、"书虫"、影迷、名人的"粉丝团"等，具有强大而鲜明的聚合力，当今互联网百"客"云集的生态，是以兴趣和注意力为坐标而形成的部落，唯有充分理解和准确把握年轻一代的关注所在，与他们的脉动准确契合，才能展开有针对性的传播，从而达到推送资源、引导阅读的目标。

个体聚集是基于网络环境的分众营销原则，此原则对阅读推广带来的启示，可参考2014—2015年四川大学图书馆"光影阅动·微拍电子书"，该活动以总分第一名成绩获得首届全国高校图书馆阅读推广案例大赛一等奖。"微"与"拍"是该活动创意的两大关键词："微"指通过微博、微信、微视频等渠道推广，"拍"则是用手机、DV、美拍等工具录制。"微拍电子书"请读者以自助拍摄60秒视频的方式，推荐他们心目中优秀的电子书，分享阅读方式和体验。不难看出，此活动对读者参与提出了一定门槛要求，执行难度不可谓不高，但由于对互联网时代校园读者的充分了解和准确观察，提炼出明确的"分众"定位——电子书用户和视频达人的交集，是以兴趣和注意力为坐标形成的有效"个体聚集"，因此活动开展十分顺利。前期造势阶段在全校征集学生，参与样片《你值得拥有》和《十二星座如何看书》的编剧、创作、演出及观影，成功营造了氛围，初步形成注意力的聚合；随后活动组以校园采访的方式继续深入，如"最近在看什么书？""纸本阅读和数字阅读更青睐于哪一种？""请分享一种特别的阅读方式？""请畅想未来图书馆或未来阅读是什么样？"，形成兴趣与话题的聚合；接下来活动组趁热打铁，在部分读者流露参与意愿之际，为同学们开办关于视频拍摄与制作的专场技能讲座，至此阶段，"个体的聚集"顺利走向精准、有效，"有共同目的"的"分众"已然成形。因此，当读者拿起自己手中的设备拍摄投稿，他们已经乐在其中，对活动的关注和传播也达到高潮。"微拍"分别于2014年11月、2015年3月举办两季，共征集投稿104份，投稿参与人数达167人，活动期间，现场询问人次达1000余人，校内采访师生60余人，报名"微拍"讲座29人，观看"微拍"作品展近5万人。四川大学图书馆官方微博更新"微拍"相关消息32次，微博话题"微拍电子书"话题阅读量115.8万人次，微博互动讨论186条；四川大学官方微信发布活动信息1条，总阅读量为3309次；图书馆官方微信发布活动推送24条，总的阅读量为1633次。这一案例表明，个体聚集原则贯穿于优秀的阅读推广实践中，它对特定兴趣和特长的个体进行定位、聚合并产生扩散效应，从而产生良好的推广效果。由此带来启发，在策划之初有意识提炼出明确的目标分众，针对读者中的特定对象定向传播，有利于展开精准有效的推广和服务。

9.2 激活互动的阅读推广

4I理论指出，相对于传统媒体，作为第四媒体的互联网使互动成为可能，媒体不再具有强制性，由普通的大众传播转变为区隔化、顾客导向与个体化，个体具有了选择的自由，在Web2.0时代，我们既是"主"，也是"客"。互动，是Web2.0时代最为突出的特征，对于高校图书馆来说，资源推广不再意味着单向度的推送、宣传，读者既是内容的接收者，又是内容的生成者。如果说在单向度、静态化的Web1.0时代，资源推广实行还存在资金门槛高、执行难度大、收效甚微的障碍；Web2.0技术的兴起，正好提供了克服上述困难的有利条件，使推广变得相对灵活和容易。智能手机的普及，微博、微信的流行，使得互动成为一件低成本和即刻实现的事情，低成本和即时性的互动带来的好处就是读者参与度的提升，而高参与度正是维持读者高忠诚度的重要前提。既然技术门槛在Web2.0时代已不再是难题，那么与读者互动的质量和深度就是馆方需要考虑的重点。一个有效的互动模式应该是"线上—线下—线上"的良性循环。在上文案例"微拍电子书"中，已可见"互动"元素在阅读推广中的重要性，下面再举一例，以推广难度更大的古籍资源为例，来说明4I模型的第二个I，互动原则的作用。2015年11月，四川大学图书馆在读者服务周期间，推出了一项名为"跟我学做线装书"的活动，该活动同时面向校内外读者，以《四川省城尊经书院记》作为蓝本（源于该书院为四川大学前身之一），由古籍修复人员手把手教读者制作线装书，旨在让读者感受中国优秀传统文化，认识、体验古籍修复基本流程，培育公众的古籍保护意识，推进古籍保护事业的发展。此活动一经推出，读者参与热情出乎意料地高涨，达到争相询问、名额供不应求的效果。考察其成功经验，源于对互动原则的灵活运用。活动前一周，图书馆微博、微信平台密集推出系列高质量文案——《养在深闺人未识|古籍阅览室美图大放送》《影像纪|一本古籍在川大图书馆会经历什么？》等，以年轻人喜闻乐见的网络语体、以精心装饰的阅读环境，拉近本馆古籍特藏与读者的距离，使读者心向往之。而活动邀请《古籍修复的艺术|感受在网络时代做手艺人的情怀》作为重点文案，特别注重图文编排传达出的时尚气息，一扫古籍在年轻读者心目中"故纸堆"的印象，同时树立起专业、活力、富有审美情趣的馆员形象，读者转发评论直呼"高大上"，微博、微信的传播力量使影响扩大到校外，读者纷纷询问，两天之内，每天限5人为期一周的参与名额被一抢而空，第一阶段的"线上"互动取得良好收效。第二阶段，读者来到馆内参与活动，此处互动设计的核心是把握好"输入"与"输出"这两个关键词。

观察表明，面对互联网时代日常式的海量信息"输入"，人们唯独对那些自己作出了回应、评论，也就是自己参与了"输出"的信息和事件保有深刻印象和长久关注。因此，在工作人员简单培训后，活动重点立即放在帮助读者"输出"自己的理解、产出自己的线装书环节上，在其间穿插古籍知识介绍与解答，整个过程在互动气氛中非常具有人性化，当读者亲手做出并带走自己的线装书，他们的成就感与喜悦溢于言表，这是第二阶段"线下"的深层互动。第三阶段，读者将自己的参与过程、成品及对图书馆的印象晒在微博和微信上，形成二次传播效应，不少读者询问何时再次举办，更有华德福学校希望图书馆教师能够亲临该校指导小学高年级学生制作线装书，线上传播的力量可见一斑。而馆员的再次评论、转发，跟进与读者的联络，是新一轮的"线上"互动，为下一次的参与互动奠定基础，形成"线上—线下—线上"的良性循环。参与、体验是第二个I互动原则的核心，而要使互动取得好的效果，在于把握"输出＞输入"的原则，引导和帮助读者"输出"属于自己的创造成果。

9.3 具有黏性的阅读推广

4I的第三个I意为"进去了"并长时间"在里面"，这是4I理论所强调的"黏性"原则。黏性是指信息具有吸引用户的能力、被用户记住的特点及使用户持续保持兴趣乃至产生依赖的潜力。根据第三个I的原则，阅读推广策划应该使得读者不但乐意"进去"，而且长时间"在里面"，生成巨大的"黏"性，这是尤其值得付出人力、物力来达成的目标。在这个号称浅阅读、泛娱乐的时代，投入地阅读、精读越来越成为一项奢侈的事情，在大学生群体中，容易产生"黏"性的往往是网络游戏、社交软件、购物网站等，它们正各自以魔性十足的虚拟空间圈走读者，像一把双刃剑，提供了便利与享受的同时，也耗散着年轻人宝贵的时间精力，由阅读带来的那种思考力、创造力严重萎缩，如果高校图书馆不正视和回应这一时代的挑战，向读者提供可与之竞争的服务，就有负于自身作为"大学的眼睛和心脏"所承担的人文使命。从阅读推广开展多年的经验来看，不乏短期活动形式的优秀案例，这些推广实践可以提升读者对阅读的兴趣，但仍不足以帮助读者建立长期、终生的阅读习惯。尤其是当大学生毕业进入职场，缺少了校园文化氛围的激励，阅读就容易走向功利化和不可持续。Inandinside这一原则为阅读推广的长期目标、可持续发展提供了思路。以"黏性"标准来评价，四川大学图书馆推出的精品服务"书香川大"，同时具有吸引用户的能力、被用户记住的特点及使用户持续保持兴趣乃至产生依赖的潜力，不失为一项符合inandinside原则的服务品牌。"书香川大"旨在打造属于川大人的终生书房，为毕业生提供一个即使离校也能继续使用的精品阅读平台。在校师生只需简单扫码注册，就能在任何时间、任何地点、不同的终端上访问"书香川大"数字图书馆，免费使用10万册电子图书和3万册听书。而它又不仅仅是一个数据库，同时也是一个阅读社区：亮点在于每个读者都拥有自己的终生书房和个人书架，在校期间乃至终生的阅读记录得以保留，而且能够实现书友暨校友之间的互荐图书、分享书评、推荐图书、建立读书小组等交互活动。读者的阅读趣味、思想表达、母校情结、校友互动等，都可以在这一平台上通过阅读变得可视化。实践证明，"书香川大"受到读者真诚欢迎，一经推出便吸引众多师生成为用户，仅2015年4月读书节期间，短短几天就引导读者关注或体验该数据库达11188人次，至2016年4月，访问达88127人次，建立个人书房2204个，书评4360条。用户增长和读者使用数据表明，基于建立长效阅读机制的推广，在设计操作层面充分注重"黏性"的生成，有助于提高用户忠诚度，帮助读者建立长期的阅读习惯。

9.4 彰显个性的阅读推广

4I的第四个I，就是"我"的意思，代表对个性化的强调。4I理论认为，网络上的个性化是通过互动体现出来的，它不仅指个性表达，还指个性需求、个性交流等各种各样的个性化特征。如果把Web1.0时代的网站比喻成一个提供和发布信息的"黑板"，那么Web2.0时代的网站则更像一个开会的"圆桌"，为用户提供了真正具有信息自主权的平台。当代大学师生当中，微博、微信、人人网、QQ空间、豆瓣等，都是极具人气的资讯工具，随着智能手机的普及，APP的安装使用越来越便捷，年轻人使用上述工具就变得越来越频繁。手机应用在每位用户手中，都可以成为大放异彩的自媒体，分享和交换专具个人视角和创意的信息。在人人有权上传、有权选择、有权发布的条件下，一旦某个原创信息引发共鸣，广大用户就会形成自发的传播效应，产生"刷屏"现象。

因此对第四个I，即个性化原则的运用，要建立在对读者兴趣、视角的充分了解上，因为自媒体的内容筛选标准掌握在受众自己手中，凸显的是受众自身的个性，这个信息传播与接受体系是完全个性化的。喜则追捧、不喜则踩，鲜明的爱憎是大学生群体的突出特点，要赢得读者手中尽可能多的传播渠道，就必须明确这是一个"内容为王"的时代，唯有提供个性化、原创性且能激发读者表达欲和传播兴趣的内容，图书馆才能在青年师生当中具有存在感，甚至成为影响和指导阅读的"意见领袖"。

以时下热门的微信公众平台为例，近年来多数高校图书馆都建立了自己的微信公众账号，如何避免流于雷同和平庸，形成个性与特色，使图书馆在读者心中不再是被动提供服务的工具性存在，而是一个主动发声、有着独特人格和人文风采的位格化主体，与读者产生人性化互动，就是4I模型第四个I要解决的问题。

四川大学图书馆微信公众账号堪称一个成功的APP轻应用案例，它将"有用、有趣、有爱"作为自己的个性定位，除了绑定图书馆的常规服务为读者提供便利外，采取收集馆员原创的方式，定期向读者发布文章，以推送图书馆资源和服务为主，没有转载，均为原创。而馆员的创作也充分与年轻读者的口吻与视角贴近，默契地使用"微信体"，没有专业艰深的图情术语，而是风趣幽默、平易近人，用最易消化的短文、图片、音频、视频，全方位推介图书馆，取得意想不到的传播效果，粉丝数量从2015年初的1000多人，用一年时间成功破万。其中一个里程碑式的事件是2016年1月20日，该平台推出"您的2015年度阅读对账单"，因其带给读者的私人订制感和一键分享的便捷，在微信朋友圈中迅速传播，当天粉丝量暴增5045人，充分体现了自媒体时代尊重用户个性需求、鼓励个性表达和交流的威力。

另一篇在读者中极富口碑的帖子题为《芈月传|如何优雅而专业地八卦》，在2015年12月推出，趁着电视剧热播之际借势推广，有意将历史考据称为"八卦"，娱乐轻松的口吻之下，逻辑严密、天衣无缝地向读者依次介绍了从读秀图书搜索到明远搜索，从馆藏文献到中国基本古籍库，从纸本图书到电子图书等资源，阅读量高达6865次，许多读者评论"这个推送给满分"，戏说自己成为图书馆教师的"脑残粉"，与读者的互动效果非常理想。其他诸如《屋中自有黄金书——奥斯卡获奖影片原著欣赏》，以青年学子关注的热门影片为引子，推送经典文学；《我们的科幻情结：总有一个触动你心》，以70、80、90三代人共同的集体回忆，唤醒读者心中的科幻情结，推送本馆纸质和电子资源，并切合当月在成都举办的第六届全球华语科幻星云奖借势宣传；《大家来找座，技多不压身，文理馆最全找座攻略!》，以馆员对图书馆内部空间构造了如指掌的优势，贴心为考试期间的读者介绍自习场所，并附有错峰、隐藏福利等温馨提示；《小布布的奇幻之旅——在到达你手里之前，小布布都经历了什么》，以动画视频的形式，将图书与光盘经历预订、采访、编目、加工、典藏、上架的过程向读者拟人化显现，以解答读者找书过程中遇到的困惑。以上列举仅为馆员们原创微信的一小部分，代表着此微信公众号的风格与取向，集趣味性、实用性与爱心关怀于一身，不但体现着图书馆这个大写的"I"，其个性、特色与优势，又体现着图书馆员这个"I"，其专业修养、服务理念、个性风采，更重要的是对于读者这个"I"，是"我"所需、"我"所想、"我"所爱。个性表达、个性需求、个性交流及个性服务，将图书馆与读者连接为一个有机的、成长的共生体，使图书馆在读者心中不再是被动提供服务的工具性存在，而是一个主动发声、有着独特人格和人文风采，与读者脉搏一起跳动的同伴、师长、好友。

10　华侨大学图书馆阅读推广活动

10.1　制定阅读推广体系规划

为了实现交互式阅读推广体系的可持续性，华侨大学图书馆制定了一套完整的阅读推广体系建设规划。提出以读者为中心，以人文素养教育为目标，利用图书馆的资源优势，开展丰富多彩的阅读推广活动，致力于提升大学生的人文素养。此外，华侨大学图书馆阅读推广活动纳入到学校素质教育教学工作与校园文化建设的整体规划中，不断完善工作机制，实现图书馆阅读推广工作的可持续发展。规划以学年为周期设计阅读推广方案，方案包含活动的目的、意义、预期目标、前期准备、活动内容、合作单位、时间、经费预算、活动流程和效果总结及评估。

10.2　设置专门的阅读推广机构

阅读推广是以馆员的知识结构和综合能力为依托的，因此要完成此项工作需要建立推广阅读的专门机构。华侨大学图书馆于2013年初成立了文化传播部，专门负责大学生人文素养培育与阅读推广工作，致力于提升高校图书馆的教育培养职能，学校每年配套专项经费10万元，根据实际经费使用情况可追加。部门负责人为该校作家，作品曾多次在省、市获奖，在文化传播方面有一技之长。文化传播部由馆长直接领导，负责组织图书馆阅读推广工作，研究大学生阅读心理特点，并对其阅读状况、阅读需求及阅读特点进行深入剖析，制定适合其阅读兴趣的推广方案，努力提高大学生人文素养。其中包括：利用新技术建立多样化的宣传平台，进行多元化的阅读推广活动，建立与相关单位阅读推广交互联络机制，有针对性地与大学生、专家进行各种阅读交流，阅读推广效果总结与评价等。

10.3　与其他部门交互合作，开展多样化的阅读活动

高校图书馆阅读推广工作要持续发展必须走共建共享的道路，单靠图书馆显然无法深入开展全校性的阅读推广活动，必须建立互动合作的阅读推广模式。为此，华侨大学图书馆积极与校内各部门沟通、协调，如与华文学院、华文教育研究院、学校团委、学生处、宣传部及学院系所属团委、学生会等联合合作开展阅读推广活动，采取图书馆负责场地，部门负责组织学生参与，或图书馆邀请名家，学院组织学生、安排场地等，通过多样的交互合作，实现大学生人文素质教育的双赢。图书馆联合其他部门组织系列影视沙龙、书画摄影展、英语角和名家讲坛等阅读推广活动，每学期20次左右，在学校学生中引起较大反响。此外，图书馆还联合建筑学院、美术学院等学院，组办了大学生写生作品展、国画作品展、摄影作品展、工业设计展和书法作品展等系列展览活动，每学期大致组织4场展览，在图书馆营造了浓厚的艺术氛围，使学生们在参与及观赏中，受到美的熏陶与教育。协办学院也通过活动的反馈，增强了对大学生人文素养培育的信心。在校外，华侨大学图书馆与厦门大学图书馆、厦门市图书馆、厦门市文联等部门建立合作关系，借助校外的资源与力量，合作组织阅读推广工作，丰富了在校大学生的教育资源，扩展了阅读的领域与深度。

10.4　与新技术交互创新，利用多元阅读平台

以纸质资源为主体的实体馆藏在当前图书馆资源中仍占有重要的地位，因便于阅读，符合传统阅读习惯，在学生的教育学习成长中仍具有不可动摇的主导地位，是大学生最重要的阅读对象。但随着网络技术、移动技术等新兴技术的发展，越来越多的图书馆借用新兴技术来开展阅读推广活动，新型多媒介推广崭露头角。华侨大学图书馆充分利用各种新技术进行阅读推广，互动创新多种阅读平台。为了满足学校特色教学科研个性化，建立了华侨华人特色

文献数据库，采用了移动图书馆，配置了电子读屏机6台。利用智能手机或其他阅读器通过网络阅读图书馆的数字文献资源。读者可以通过移动通信设备登录图书馆网页，随时查询、阅读和获取图书馆的资源和服务，如阅读电子图书、查找电子文献资料等。图书馆还引进了官方微博、官方微信等新技术吸引习惯网络阅读的读者。利用博客、QQ群、校园BBS论坛等与读者互动，向读者推荐好书、好资源，将阅读心得发布到群中与大家共享。新技术的应用大大促进了图书馆阅读推广工作的效率，提升了图书馆的阅读指导水平，并在虚拟空间开辟了阅读新天地，图书馆与新技术的交互作用成为阅读推广的助力器。

10.5 与学生交互互动，激发阅读兴趣

在阅读推广中，学生的积极参与是关键，图书馆加强与大学生的交互互动，积极倾听他们的意见，让学生自主组织活动、参与活动，让学生成为阅读的主角。华侨大学图书馆尝试直接管理特色学生社团，如以图书馆为主管部门成立了学生社团组织"初醒文学社"，文学社设立读书部、编辑部、讲堂部、外联部和宣传部等，在图书馆设有专门办公地点。编辑《初醒》大学生原创文学杂志，该杂志由华侨大学图书馆主办，主要依靠初醒文学社的同学们进行编辑、排版工作，每学期刊发一期，每期主要刊登在校大学生的原创文学作品及读书征文赛的文稿30余篇，目前已编辑出版8期，每期面向全校大学生免费发放约2500本。尔雅汉服社也是在图书馆指导下成立的学生社团，主要负责组织一些中华传统文化传播类的文化活动。此外，华侨大学图书馆与其他几个学生社团如读书俱乐部、校学生会宣传部（华通社）等学生社团建立了长期的合作关系，支持社团同学组织相关读书、文化活动。充分利用学生的积极主动性及社团对学生的凝聚力，有效开展阅读推广工作。华侨大学图书馆阅读推广活动的负责人主编的《人生旅途》校园诗集于2014年由海峡文艺出版社出版发行。诗集主要收编了华侨大学在校师生部分诗歌爱好者的诗歌300余首，获得著名文学评论家孙绍振、教师谢有顺教授和著名作家杨少衡的封面推荐，诗集的出版大大激发了大学生阅读写作的兴趣。华侨大学作为一所隶属国务院侨办招收侨生的特色学校，图书馆在组织相关读书活动的时候，特别邀请侨生参加，引导侨生阅读中华优秀传统文化经典书籍，发挥图书馆对侨生的文化培育及熏陶功能。每学年组织一期读书征文赛活动，面向全校师生征集读后感文稿300~500篇，匿名专家评选出优秀文稿20篇，给予获奖证书及奖金，鼓励在校学生们积极投稿。在"初醒讲堂"系列讲座中，鼓励学生就某一个专题做深入研究，走上讲台发表演讲。在活动过程中，都会收集同学们的反馈意见，评价总结活动效果。正是这种与大学生的交流互动，对意见的反馈处理，促进了以培养学生人文素养为目标的阅读推广工作的开展。

10.6 与专家交互协同，推动经典导读

为让大学生接受经典文化的熏陶和教育，提高人文素养，华侨大学图书馆联系到一些专家学者，包括文学、哲学、经济学等各专业教授、知名作家等来该馆指导阅读，举办讲座等。开展的主题读书沙龙活动，首先确立主题、指定阅读经典书籍，然后组织读书交流会。读书交流会邀请专家给同学们现场解读。两年多来，在听取学生反馈意见的基础上开展了系列主题读书沙龙，例如《道德经》读书沙龙、《论语》读书沙龙、"读大学读什么"读书沙龙、"唐诗之美"读书沙龙等。在读书沙龙中，同学们积极发言，与专家互动分享交流读书见解与感悟。对于文化讲座，文化传播部老师首先与学生进行交流沟通、深度访谈，了解学生们需要哪方面的文化知识讲座，有针对性、目的性地邀请相关专家或老师开设讲座。在书目推荐与导读方面，对文化及经典书籍全面了解、查阅相关文献资料、倾听专家教授的指导意见，确定经典书目，依托读书俱乐部及初醒读书会的同学，通过网络媒体及纸质海报进行宣传，营造了浓厚的校园读书文化氛围。

10.7 利用多渠道宣传推广，走可持续发展之路

好的活动无疑离不开推广宣传。图书馆文化传播部运用多种传媒技术进行阅读推广宣传，如图书馆网站主页、馆内校内公告栏、宣传单、横幅、电子屏幕等。新生入学时期，特别推出新生阅读书单，使大一新生一入学就确立阅读的目标与方向。为更好地帮助新生读者了解图书馆的各种资源、掌握利用现代化图书馆的各种资源，编写印刷《华侨大学图书馆读者手册》，下发到各学院班级，人手一册；做好新生入馆参观、咨询、引导服务工作；开设新生入馆教育培训讲座，安排相关馆员做讲座，讲座通知到各学院，使所有的学生都能参加新生入馆教育培训讲座。除了对新生进行图书馆使用规则教育，还特别对新生进行数据资源使用及信息文献检索教育，让大一新生刚入学就懂得如何利用图书馆图书文献资源，懂得信息素养的重要性。寒暑假前图书馆都会推出假期阅读书单，指导大学生课外阅读。此外组织在校学生参加校外的大型阅读推广活动，比如参加了2014年福建省文化厅、教育厅等部门联合主办的"阅读改变心灵，学习成就梦想"八闽书香阅读活动，有6名同学分获二、三等奖，作为组织参与活动单位，图书馆获得了"阅读推广突出贡献奖"。通过评奖，图书馆的阅读推广活动得到广泛的认识，引起学校的重视，为阅读推广的可持续发展打下良好基础，创造了良好的外部环境。

11 浙江农林大学图书馆阅读推广活动

浙江农林大学图书馆阅读推广活动自2005年开展以来，截至2013年已连续主办8届，在每年4—5月面向全校大学生开展主题鲜明、形式多样的阅读推广活动，如图书漂流、知识竞赛、十佳书香寝室评选、十佳书香班级评选、读书笔记评选、主题征文、主题书展、主题读书沙龙、经典名著朗诵等。各项阅读推广活动在学校党委宣传部、教务处、校团委等部门的大力支持及师生们的积极参与下，在全校范围内开展得有声有色，深得师生们的赞誉，达到了丰富校园文化，营造良好阅读氛围，推广图书馆资源和服务的目的，并得到了社会各界的肯定。

11.1 图书漂流传递阅读快乐与信任

图书漂流是一种传递阅读快乐和诚信的阅读活动，近年来在各高校图书馆火热开展。浙江农林大学图书馆作为较早开展图书漂流活动的高校图书馆之一，2005年本着"诚信交流、知识分享"的宗旨，联合读者协会、邓小平理论研究会成立了图书漂流活动管理团队、技术支撑团队、宣传团队、图书征集团队，制定了图书漂流规则，创建了图书漂流网站、微博，并通过海报、宣传单、校广播电台、报纸、横幅、网站等途径向全校师生介绍图书漂流活动的背景、规则、意义，发出倡议号召大家好好爱护漂流图书、积极分享图书，同时前往各个学生寝室、教师办公室收集图书，共征集到各类图书8000余册，在图书馆休息区、学生宿舍区、食堂、教学楼建立了5个图书漂流站。同时，图书馆还在服务大厅和总服务台分别设立了图书漂流捐书箱和捐书登记处，接受广大师生的捐书，并根据捐书的质量和数量给予捐书者不同方式的精神奖励。广大师生积极参加图书漂流，以书会友，分享藏书，并纷纷撰写读书感言、心得。

11.2 知识竞赛激发大学生阅读需求

知识竞赛是提高大学生阅读能力、丰富大学生知识的有效方式。多年来，浙江农林大学图书馆举办了形式多样的知识竞赛，如百科知识竞赛、经典名著阅读知识竞赛、数字图书馆知识竞赛、图书馆资源利用知识竞赛等，激发了大学生的阅读需求，点燃了学习激情。如2007年百科知识竞赛，图书馆联合校学生会学习部、读者协会成立了百科知识竞赛组委会，下设

宣传组、竞赛组、会务组和联络组。竞赛采取团队报名的形式，三个人为一组，通过前期广泛宣传，共吸引了176个团队参赛。整个竞赛过程包括初试、复赛、决赛三个阶段，笔试采用三个人共同完成一套试卷的方式进行；复赛和决赛采用现场知识竞赛的方式，包括个人必答题、团队必答题、抢答题、风险题、幸运之星题、夺分题、机会题7个环节。百科知识竞赛试题主要来自图书馆推荐的经典著作《百科知识竞赛大全》《趣味百科知识题库》《百科知识竞赛—万题》《知识竞赛试题大全》《开心辞典》等，包括政治、经济、生活、体育、文学、影视、历史、地理、科学技术等贴近大学生的知识。

11.3 编印导读专刊指导大学生阅读行为

导读可以共享阅读体会，激发大学生阅读兴趣，培养大学生阅读习惯。为此，浙江农林大学图书馆从2006年开始编印了导读专刊《读者驿站》，并以此为载体多方位开展阅读推广活动。《读者驿站》设有好书推荐、书目导读、新书推荐、图林名言、阅读方法、阅读疗法、阅读故事、读者园地、读书笔记、书评等栏目，定期派送到每个学生宿舍。抽样调查显示，大学生普遍反映《读者驿站》内容实用、有针对性，对营造校园阅读氛围，提高大学生阅读兴趣和阅读品位，提升图书馆美誉度具有重要作用。

11.4 编制推荐书目引导大学生阅读取向

推荐书目是针对某一特定的目的或人群，围绕某一主题对文献进行选择性的推荐。它是图书馆阅读推广的重要方式之一。特别是在当前大学生图书借阅率持续下降，面对信息爆炸呈现阅读迷茫，阅读倾向功利化、休闲娱乐化、网络化、浅阅读化的背景下，编制推荐书目以引导大学生阅读取向，提高大学生阅读品位和图书馆文献利用率就变得十分必要。为此，浙江农林大学图书馆2006年成立了由学科馆员、采访馆员等骨干组成的推荐书目编制团队，通过对学院教授、学科带头人的走访和师生的广泛调研，编制了系列专题推荐书目，如教授推荐书目、经典图书推荐书目、人文素质推荐书目、专业必读书目、学生最喜欢图书排行榜、图书借阅排行榜等，同时也从每月新上架的图书中精选部分图书编制了不同主题的推荐书目，到目前为止已推出各类主题书目64期，形成了多方面、多层次的推荐书目体系。推荐书目在引导大学生阅读中发挥了最大的作用。

11.5 高校图书馆推进阅读推广活动的策略

11.5.1 以图书馆为主导，协同各界力量

开展阅读推广活动是图书馆的基本职责和义务。图书馆一方面要从战略高度重视阅读推广活动，逐步完善活动运行机制，充分利用自身馆藏资源，发挥主导作用；可成立专门组织机构，调动馆内各部门及馆员的积极性，鼓励馆员积极参加阅读指导服务教育训练，提高自身素养和阅读指导服务技能，建立活动长效机制。另一方面要努力协同学校和社会各界力量，首先，要争取学校领导的重视和参与，包括校长、分管学生工作的党委副书记及主管图书馆工作的副校长；其次，要联合相关高校和公共图书馆，整合图书馆界自身的资源，扩大阅读推广活动的影响力；再次，要争取学校相关职能部门乃至社会各界的支持，如校党员宣传部、学工部、教务处、团委、数据库商、书商、广播电视机构、新闻出版机构、相关企业、社会团体等，整合资源，优势互补，寻求活动经费支持，进行阅读氛围的营造和阅读活动的宣传；第四，要加强与学校相关学生组织的合作，如学生会学习部、相关社团、青年志愿者等，充分发挥他们的聪明才智。

11.5.2 以活动策划为核心，树立品牌意识

活动策划是阅读推广活动成功开展的基础。阅读活动一定要适应大学生的特点，主题突

出,形式多样,有连续性。为此,各图书馆应重视长期阅读推广活动的规划和具体阅读活动的策划,力求常规化、体系化,树立品牌意识。在阅读活动策划过程中,一定要以人为本,加强与师生的交流、沟通,准确了解和掌握大学生的阅读现状和需求,注重阅读活动内容和形式的创新,精心设计阅读活动方案,做到长期性与短期性、创新性与实效性、广泛性与针对性、轰动性与持续性相结合。在具体策划方案实施过程中,要制订严密翔实的活动计划,精心实施每一个细节,各项工作层层落实,任务具体到人,使阅读活动扎实推进,让更多的学生参与到活动中来,享受阅读的乐趣,努力把阅读推广活动办成学校品牌活动。

11.5.3 以活动宣传为重点,扩大活动影响

加强阅读推广活动的宣传报道是吸引大学生参与,促进阅读活动顺利开展,提高阅读活动影响力的有效手段。一方面,图书馆应制定科学的阅读活动宣传方案,利用校园网、校报、校广播电台、微博、论坛等宣传工具,多途径、深层次宣传阅读活动,营造阅读文化氛围,吸引更多的学生参与到阅读推广活动中来,扩大活动影响;另一方面,也要加强阅读价值的宣传,提高学生的思想认识,为深入落实阅读推广活动方案奠定坚实的基础。

11.5.4 以活动评价为关键,建立激励机制

活动评价是阅读推广活动的关键环节,是提升活动效果的有效手段。首先,在阅读活动期间,图书馆要加强和广大学生的互动,及时获取学生对阅读活动的反馈信息,及时对阅读活动的不足进行改进。其次,在阅读活动结束后,一方面要对活动效果进行抽样调查,看活动是否达到了预定目标,找出活动过程中存在的问题,为阅读推广活动的改进提供重要依据;另一方面也要及时对阅读活动的经验与做法进行宣传总结,对阅读活动表现突出的部室和先进个人予以表彰,如对馆员,年终综合考评中可以予以加分或推荐参加学校的优秀表彰;对学生,可以增加其图书借阅册数,给予荣誉表彰、"五四"评优推荐,对在知识竞赛等活动中取得优异成绩的学生,与教务处协商予以学分认可等,从而最大限度提高广大馆员和大学生参与阅读推广活动的积极性。

第二节 高校图书馆经典阅读推广实践

1 河北科技大学图书馆阅读推广活动

河北科技大学图书馆扎根于有着厚重的红色文化底蕴的燕赵大地,同时作为高校图书馆有着得天独厚的人才、文献信息及空间资源优势。于2011年世界读书日暨河北科技大学第三届校园读书月活动时,开展了红色经典阅读推广活动。连续5年,科大图书馆坚持推广红色经典阅读,宣传了红色文化和红色经典文献,不断提升阅读理念及阅读方法的指导和实践,积累了大量的阅读推广的理论和实践。

为了指导学生更好地阅读、研究红色经典书籍,感受红色精神,提升思想觉悟,树立正确的世界观、人生观、价值观,坚定理想信念,弘扬社会主义核心价值观,营造乐于读书的书香校园氛围,河北科技大学图书馆开展了一系列的红色经典阅读推广活动,希望以此来将"阅读"这种人类的高级认知活动向更广范围传播,使阅读成为大学生们进行知识分享,提升精神境界,获得有价值的信息,愉悦身心的一种渠道和方式,并以此为契机建设"人人爱读书、

乐读书、多读书"的书香校园。

1.1 成立校读者委员会临时党支部，积极引导大学生开展各项活动

2010年11月，通过向校组织部请示与沟通，在图书馆党总支的领导下，校学生读者委员会成立了临时党支部，并积极组织读委会成员研读红色经典书籍，观看红色经典电影，欣赏红色经典歌曲，感受红色经典的力量。读委会临时党支部的同学还举行了深入革命圣地、感受红色文化魅力的党日活动；帮扶贫困山区学生，赠送红色经典图书。校读委会临时党支部成为科大历史上第一个拥有党组织的学生团体。

1.2 利用世界读书日暨校园读书月系列活动这个平台，开展了一系列丰富多彩的红色经典阅读推广活动

2011年建党九十周年之际，北科大世界读书日暨第三届校园读书月系列活动以"党旗飘扬90年，感受红色经典"为主题，开展了"红色经典伴我行——河北科技大学第三届大学生读书征文"活动；举办了"90年艰苦奋斗，成就中华之崛起""喜迎建党90年，再创科大辉煌""改革开放，与世界同脉搏""回眸科大，携手未来"等系列图片展；制作了"十大红色经典书籍推荐""红色经典歌曲推荐""红色经典电影精选"等宣传展牌。校读委会临时党支部还举办展览，宣传红色文化；与兄弟学校的学生党支部进行交流学习，弘扬红色信仰。

1.3 建立"红色经典阅览室"，形成了红色经典学习、研究和交流的活动基地

为了指导学生更好地研读红色经典书籍，助力马克思主义基本原理、思想道德修养与法律基础、毛泽东思想和中国特色社会主义研究、中国近代史纲要、形势与政策等课程的教学和学术研究，2014年下半年图书馆开始筹建"红色经典阅览室"。首先选定书目和阅览室的位置。通过咨询专家选定阅览室藏书目录，内容涉及马列主义经典著作、哲学、政治法律、教育文化、历史人物传记等类图书，共计2000余种。选定北组团图书馆分馆308室来建立"红色经典阅览室"，并进行了阅览室环境布置，在阅览室外醒目处悬挂"红色经典阅览室"标识牌，室内书架摆成了环形，墙角放置了党旗，阅览桌放置在中间位置，便于大家阅读和交流，并且有专业馆员管理。图书流通部的老师们还精心地在每本红色经典书籍的书标上标出"经典"二字。2015年下半年，红色经典阅览室正式面向读者开放。其次，积极利用红色经典阅览室这一平台，营造红色经典阅读氛围，举办了"红色经典图书阅读会""红色经典文化沙龙""名家讲座"等活动；读委会党支部积极组织入党积极分子在红色经典阅览室进行党课学习；马克思主义研究院的"研究生论坛"每周三上午都在红色经典阅览室如期进行，现在这一阅览室已经成为北科大红色经典学习、研究和交流的活动基地。

1.4 编制"红色经典阅读推荐书目"，加大阅读推广力度

图书馆阅读推广部的老师以红色经典阅览室的馆藏资源为基础并结合马克思主义研究院向师生推荐的红色经典必读书目，精心编写了"红色经典阅读推荐书目"，图文并茂，作者、出版社、索书号、馆藏地、内容简介、图书样本一应俱全，简洁明了，实用性强。装订印刷500本，免费发放给全校师生读者。

1.5 建设"红色经典阅读推荐书目数据库"，搭建信息资源平台

为了方便读者查询，提高红色经典阅读书目的推荐力度，图书馆在主页的书目检索系统中建立了"红色经典阅读推荐书目"专题书目数据库，推荐红色经典文献347种，标识醒目，易于操作使用。红色经典阅读推广活动，有利于学生阅读、研究红色经典书籍，感受红色精神，提升思想觉悟，树立正确的世界观、人生观、价值观，坚定理想信念，弘扬社会主义核心价值观，有助于学校马克思主义基本原理、思想道德修养与法律基础、毛泽东思想和中国特色社

会主义研究、中国近代史纲要、形势与政策等课程的教学和学术研究。以红色经典阅读推广活动为切入点，从而带动全校师生都参与到阅读活动中来，逐步培养大学生健康积极的阅读兴趣，不断提升大学生的阅读方法和阅读技巧，最终建成人人爱读书、乐读书、多读书的书香校园。

2 西安外事学院图书馆阅读推广活动

想要大学生阅读经典成为一种潮流，大学图书馆就要为读者营造一个经典阅读的空间及提供便利的借阅服务，而大学教师要为大学生在经典读物推荐方面加以指导。2010年4月19日，西安外事学院首次以"4·23世界读书日"为契机，开展图书馆读书活动。通过系列活动的开展，目前校园内已经形成阅读经典作品的良好氛围，打造书香校园的目标已经迈出了坚实的一步。

2.1 打造经典"书屋"

2015年4月，与鱼化龙书院共建"乐读书吧"，图书馆为鱼化龙书院"乐读书吧"提供了《平凡的世界》《牧羊少年奇幻之旅》等百余本图书和多种杂志。

2017年3月，西安外事学院图书馆南、北、西区相继开放"乐读书屋""品读书屋""精品书屋"。在原有期刊基础上新增经典专架、考试专架、新书专架、艺术专架，涵盖文学类、经济类、旅游类、外语类、考研类、医学类等图书，并根据读者需求随时调整专架书目。读者不仅可以在"书屋"阅览、自修，还可以在"书屋"借还图书。

2.2 开办经典导读讲座

2015年，推出了以推广阅读为目的，以教学质量过硬，学生评价高的老师为主讲嘉宾，以学生为主要听众的"乐读一小时"讲座。在取得较好评价和效果的基础上，不断总结经验，邀请了更多教师作为主讲嘉宾举办讲座。

2.3 组织专题阅读分享活动

2016年9月，成立阅读推广小组，与鱼化龙书院共同组织以"快乐读书，精彩人生"为主题"我的读书生活"征文活动获奖学生阅读分享活动。随后又组织了以"智慧尊严团队"为主题（《狼图腾》），"交流宽容坦诚理解"为主题（《亲爱的安德烈》）的阅读分享活动。

2.4 组织征文评选活动

2015年11月举办了首届"我的读书生活"征文活动，共有12位老师向学生推荐阅读书目，收到各书院学生的征文696份。2016年11月发起了第二届征文活动，共征集学生稿件3314篇，师生荐书30余册。

2.5 利用新媒体开展经典阅读周边推广工作

搭建多媒体设备视听室，2016年放映经典电影15部，参与学生达2190人，深受学生欢迎。

3 南京财经大学图书馆阅读推广活动

雕版印刷技艺是我国传统的印刷技艺，迄今已有1300多年的历史，它开创了人类复制技术的先河，承载了难以计量的历史文化信息，是我国文化遗产的优秀代表作。2006年5月20日，该印刷技艺经国务院批准列入第一批国家级非物质文化遗产名录。2009年9月30日，国内三家雕版技艺保存单位——扬州广陵古籍刻印社、南京金陵刻经处、四川德格印经院代表中国申报的雕版印刷技艺正式入选"世界人类非物质文化遗产代表作名录"。扬州广陵古籍刻印社是国内唯一保存全套古老雕版印刷工艺的保护单位,拥有陈义时等国家级雕版印刷技艺非遗传承人。新中国成立后广陵古籍刻印社不仅整理和保存了大量的古籍版片,同时又雕刻了大量的新版片。《楚辞集注》《西厢记》《杜诗言志》《里堂道听录》等的刊印,都引起了国内外学者的高度重视。在此介绍的雕版印刷技艺展演,就是南京财经大学图书馆与扬州广陵古籍刻印社合作开展的活动。近几年来,南京财经大学图书馆自主策划,通过上半年的"读书节"和下半年的"兰台新韵"文化节以每年两期的活动力度,将各种即将流失、面临传承危机的文化习俗融入到阅读推广活动中来,先后举办了邮票展、火花展、剪纸艺术、年画、灯谜等一系列文化艺术展览,获得了学校各个方面的好评,取得了初步成果。2014年4—5月"读书节",以"非物质文化遗产进校园,雕版印刷技艺展演活动"为主题开展的读书活动,是在阅读推广活动策划上的大胆尝试,更是在多年文化遗产传承与保护取得的实践经验基础上的理性总结与提高。这项活动获得了校内外读者与同行的高度赞赏,在提升图书馆自身形象和地位的同时,也为图书馆将非物质文化遗产保护管理的职能与阅读推广结合提供了有益的经验。

4 沈阳师范大学图书馆阅读推广活动

4.1 经典阅读理念的回归

沈师大图书馆从2010年以来致力于阅读推广,为了找准定位,更好地开展阅读推广活动,举办了东北地区高校图书馆阅读推广培训班,聘请专业学者做了多场报告。特别是北京大学王余光教授所做的主题为"阅读与经典同行"的报告,让图书馆阅读推广方向更明确,推广理念更坚定——经典阅读是阅读推广的核心。2014年成立阅读推广部,增设经典阅览室;2015年正式组建"阅读推广人"团队,补充完善各种经典资源;2016年健全经典阅读体系,引导学生热爱阅读经典名著,从经典中汲取精神营养。图书馆阅读推广理念回归经典,并围绕经典阅读的核心目标策划开展各种活动,多渠道、全方位、立体式地向学生推荐经典名著,提供经典阅读服务,将经典阅读活动形成常态并时而推向高潮。

4.2 经典诵读空间再造

空间再造是数字化时代图书馆转型升级的有效途径之一。沈师大图书馆与时俱进,经过考察论证,对图书馆空间布局进行了大刀阔斧的改造。图书馆打造了主题鲜明、设施完善的七大功能区域,其中有"经典诵读"空间,面积40平方米左右,Wi-Fi全覆盖,各种设备齐全,家具舒适,装点古香古色,以经典和创意为引领,以资源为保障,兼具经典学习、研讨、讲座、沙龙、创意和文化休闲功能,为大学生开展各种经典诵读、文化交流提供专业设备、交流空间和展示平台。经典诵读空间的打造,营造了经典阅读的氛围,让"经典"概念深入读者之心。为校园中的"兰亭书院""子衿国学会"等读书会搭建平台。经典诵读空间的打造,实现了经典阅读的意识引领和空间保障。其精彩纷呈的经典阅读活动不断在策划,可点燃学生对于经典作品的阅读热情,进而推动经典阅读活动走向深入。

4.3 以经典阅读为推广核心

阅读理念确立以后,图书馆阅读推广工作核心定位于经典阅读,主要侧重在国学经典、文学经典和专业经典阅读方面。以经典文献为主配置馆藏,补充完善经典世界文学名著和汉译世界学术名著丛书;定期发布"经典阅读推荐书目",包括历史经典、文学经典和专业经典,线上线下同时宣传;设立经典诵读室并展示经典文献,开展国学展、古诗文展、善本古籍书展,引导经典阅读;举办讲座和经典读书会,依托信息共享空间开展经典文化阅读推广活动,如"心中有爱说《论语》""一分为二《道德经》"等读书沙龙活动;开展热点主题的经典阅读,如2016年为纪念莎士比亚逝世400周年,针对莎士比亚经典作品的推荐采用书展、影视展、短剧展演、读书嘉年华等多种宣传手段相结合的方式开展多种形式的宣传活动并指导阅读;开展经典品读大赛,如"音沁墨香"大学生古文诵读大赛、"品一抹古韵,绘一路人生"读书计划大赛、图书馆馆员经典名篇朗诵会等。图书馆以书展、图片展、影展、讲座、报告、交流心得及竞赛等立体阅读推广形式,不断融入游戏、微旅行等充满乐趣的流行元素,调动学生的参与热情,达到引领经典阅读的效果。

4.4 打造本馆经典阅读品牌

图书馆为了更好地开展经典阅读,打造了"向忱讲坛"和"经典十日谈"两个阅读服务平台。向忱讲坛是以沈师大老校长车向忱的名字命名开设,让专家学者在这个平台上开展经典讲座和报告,为大学生阅读指点迷津。向忱讲坛作为阅读推广的重要讲坛,至今已开展包括各种真人图书馆、读书指导、经典阅读、专业阅读和传统教育等各种讲座。讲坛报告人有校外的也有校内的。主题也丰富多彩。如解放军出版社副社长董保存的"苏联红军出兵东北始末"、知名作家何顿的"《来生再见》之民族精神"、著名企业家刘奇的"新工业革命的机遇与挑战"等,并分别围绕报告主题与学生进行面对面的交流互动,在30余场报告中,经典阅读占有10余场。经典十日谈是沈师大图书馆在校外聘请的第二批阅读推广人——辽宁省作协副主席鲍尔吉·原野老师开展的讲坛。原野老师以阅读推广人的身份为沈师大的学生推荐10部古今中外广为流传的文学名著,并围绕这10部名著,开展10场读书沙龙,为学生对作品进行一一解读,带领他们品读10本好书、10位作家、10个故事。经典十日谈共10次读书沙龙活动,时间分布在2016年的两个学期。相同的场地和报告人,不同的内容和读者,预期相聚,圆满完成了活动的全程。每场讲座学生对原野老师的演讲都赞誉不绝。这两个讲坛均受到全校师生的欢迎,成为图书馆阅读推广活动最成功的品牌。

4.5 经典阅读多元化创新

图书馆在开展经典阅读工作中,尤其重视推动国学经典阅读。国学经典是民族智慧的结晶,它的价值历久弥新,可以塑造人格,不断提高文化能力,终身受益。主要活动有:①经典读书会:在阅读推广人王力春老师引领下的"兰亭书院""子衿国学会""读者协会"等校园读书会,定期开展经典阅读沙龙、讲座等活动。②经典讲座:2015年开展的"阅古读今:中华传统文化品鉴之旅"等读书沙龙,收到很好的经典阅读的效果。③典籍翻译比赛:由图书馆"古籍保护协会"发起和开展的"书同文"古籍翻译大赛。推出6种古籍经典,根据6种古籍出6套试题,选择其中1套参赛,达到聚焦阅读经典,提高国学认知的学习目的。④传统文化影片展播:馆内影视共享中心通过"爱·视界"空间,播放传统文化影片、视听资料、随书光盘等,如《孔子》《赤壁》等,辅助经典阅读。⑤馆员经典阅读:图书馆开展馆员阅读经典活动,馆员根据经典书目自由选择篇目,写读后感。图书馆还举办了首届馆员经典名篇朗诵会,以引领和推动经典阅读。

5 郑州大学图书馆阅读推广活动

高校图书馆具有鲜明的教育职能和信息职能,在文化传承与创新方面有着不可忽视的职责,在"为人找书、为书找人"理念的践行过程中,把古今中外的经典读物作为阅读推广的重中之重是一种意义深远的文化自觉。郑州大学图书馆为激发大学生的阅读兴趣、培育大学生的阅读习惯不断探索新路。近年来,郑州大学图书馆开展的经典阅读推广活动在业界具有一定的知名度，尤其是"阅读文化经典　建设书香校园"活动获教育部第七届全国高校校园文化建设优秀成果特等奖，实现了河南省该项成果"零"的突破。"重命经典"是郑州大学图书馆于2012年开始为在校大学生举办的"读书达人秀"活动的一个重要决赛项目，已持续四年。"重命经典"要求参赛选手根据自己对经典名著的理解和感受，对名著重新命名，既能体现原著的精髓，还能回答现场观众和评委就原著及重命书名相关内容的提问。这是一种创造性解读经典的方式，使经典阅读充满趣味性和挑战性。"重命经典"被评委们称为"有意思的阅读活动"，很多选手认为"重命经典"具有一定的挑战性，是与原作者进行跨时空的"心灵沟通"。连续四年的"重命经典"活动参加人数已达427人，选取四年中进入决赛并最终获奖的64名选手资料作为样本进行分析，以期通过数据分析为高校图书馆的经典阅读推广活动提出合理化建议。

5.1 大学生选择经典的偏好

在郑州大学图书馆2012—2015年举办的四届"重命经典"活动中，共有64名在校大学生参加决赛，选手选择的作品有48部，其中部分同学选择的作品有重复。48部作品分别为《红楼梦》《西游记》《三国演义》《论语》《老子》《国史大纲》《人间词话》《围城》《平凡的世界》《边城》《丰乳肥臀》《人生》《蛙》《活着》《雷雨》《骆驼祥子》《阿Q正传》《穆斯林的葬礼》《目送》《绿化树》《牛棚杂忆》《大淖记事》《孽子》《额尔古纳河右岸》《让梦穿越你的心》《此生未完成》《金粉世家》《透析童年》《飘》《钢铁是怎样炼成的》《基督山伯爵》《追风筝的人》《追忆逝水年华》《了不起的盖茨比》《舞姬》《简·爱》《巴黎圣母院》《肖申克的救赎》《悲惨世界》《小王子》《九三年》《苔丝》《菊与刀》《汤姆叔叔的小屋》《洛丽塔》《呼啸山庄》《太阳照常升起》《卡拉马佐夫兄弟》。对以上48部作品进行比较分析，可看出大学生对经典读物的选择呈现出三个特征。

5.1.1 对文学经典情有独钟

文学经典体现了人类对客观世界的认识，显示了人类成长的精神轨迹，具有强烈的感染力和吸引力，是大学生阅读经典的首选。从"重命经典"活动中选手选择48部作品的学科类别看，主要集中在文学类，共44部。虽也有哲学类、社会学类、历史学类书籍，但这三类数量极少。哲学类书目为《论语》《老子》这两部中国传统文化经典，社会学类和历史学类书目各1部，分别为美国文化人类学家鲁思·本尼迪克特所著《菊与刀》、中国近代历史学家钱穆所著的《国史大纲》。在文学经典中，具有优美语言、鲜活形象、扣人心弦情节的小说类作品对大学生的吸引力最大。44部文学类书目按表达体裁进行细分，主要有小说、散文随笔、话剧、文学评论等。其中小说38部，占文学作品的86%；散文随笔4部，分别是著名作家季羡林的《牛棚杂忆》、台湾作家龙应台的《目送》、复旦大学青年教师于娟的《此生未完成》、儿童教育专家王树的《透析童年》；话剧1部，为中国现代剧作家曹禺的《雷雨》；文学评论1部，为中国近现代文学家、著名国学大师王国维的《人间词话》。

5.1.2 偏爱中国近现代和欧美文学作品

从48部作品的国别来看，其中中国28部、外国20部。中国作品主要集中在近现代作家的著作，共有23部，如《围城》《边城》《平凡的世界》《蛙》《骆驼祥子》等。另外5部中国作品为《论语》《老子》《红楼梦》《三国演义》《西游记》，《论语》《老子》是中国传统文化最主要的代表作，《红楼梦》《三国演义》《西游记》位列中国古典四大名著。就国别来看，大学生更关注中国经典书目，对中国作品具有天然的亲近感。虽然大学生对中国的传统经典很推崇，但传统经典由于年代久远、所处时代差异较大、内容艰涩难懂，致使很多大学生对传统经典

"望而却步",转而投向中国近现代文学的怀抱。中国近现代作品是对近现代社会认知的提炼和升华,具有很好的社会生活基础,易于被大学生接受和理解。相对于中国近现代文学作品来说,欧美文学作品在大学生的经典阅读选择中也占有一席之地。仔细分析外国的20部作品,可以发现这些作品主要来自美国、法国、英国、俄国(前苏联)、日本五个国家,仅欧美国家就占据了17部。其中美国8部,分别为《了不起的盖茨比》《洛丽塔》《追风筝的人》《菊与刀》《飘》《太阳照常升起》《肖申克的救赎》《汤姆叔叔的小屋》;法国6部,分别有《小王子》《基督山伯爵》《追忆逝水年华》《巴黎圣母院》《悲惨世界》《九三年》;英国3部作品是《苔丝》《简·爱》《呼啸山庄》。外国文学中的另外3部作品分别来自俄国(前苏联)和日本,在大学生阅读外国文学作品的选择中占比较小。欧美发达国家由于其强大的经济实力支撑,使其在对外文化交流中占据主导地位,特别是对渴望了解异域文化的大学生影响较大。

5.1.3　有关爱情的内容是阅读的主题

从上列书目看,爱情既是文学作品永恒的主题,也是在校大学生阅读选择的主题。正值青春妙龄的大学生对爱情充满了浪漫的幻想与憧憬,阅读经典作品时不可避免地优先选择对爱情有充分描述的文学作品。在"重命经典"参赛选手选择的48部著作中,有一些作品很受青睐且被反复选择。据对64名决赛选手的有限统计,按照选择次数从高到低排序,最受在校大学生欢迎的经典书目主要有以下9部:《飘》《红楼梦》《西游记》3部作品各被选择4次,《基督山伯爵》《了不起的盖茨比》《围城》《活着》《简·爱》《追风筝的人》6部作品各被选择2次。排行较为靠前的《飘》和《红楼梦》都是以描写婚姻爱情为主线,且这9部被反复选择的作品均对婚姻爱情有一定程度的描述,这足以说明以爱情描写为内容的作品对情窦初开的大学生有一定的吸引力,是大学生阅读的主要选择。

5.2　大学生参加"重命经典"活动的分析

5.2.1　性别差异对选择经典作品的影响

从一定程度上说,性别差异必然会影响到读者阅读的兴趣。在前面分析的最受大学生欢迎的书目中,9部作品共被选择了24次,只有5名男生选择了其中的3部作品,分别是《西游记》《红楼梦》《基督山伯爵》,其余19人次全部由女生选择。这说明女生在作品的选择上重合度较高,阅读书目的性别取向和范围很接近。而48部作品中仅有的4部哲学类、社会学类、历史学类书籍即《论语》《老子》《菊与刀》《国史大纲》均由男生选择。由此可以看出,男生的阅读范围广泛,涉及面更宽,阅读选择体现出关注历史发展、理性思辨、政论性著作的阅读旨趣。选手选择的48部作品中有11部为女性作者所著,分别为《简·爱》《菊与刀》《飘》《呼啸山庄》《汤姆叔叔的小屋》《目送》《穆斯林的葬礼》《额尔古纳河右岸》《让梦穿越你的心》《此生未完成》《透析童年》。这11部作品只有2部被男生选手所选择,即《菊与刀》《呼啸山庄》,另外9部的选择者均是女生选手。选手选择次数最多的《飘》,其4位选择者全部是女生。这说明女性作者偏重于爱情描写的作品更易于被女生接受和理解,其读者群主要是女生。全部64名选手中,共有男生29名、女生35名。29名男生几乎清一色的选择男性作者的作品,只有2名男生选择了女性作者的作品,即《菊与刀》《呼啸山庄》。而在35名女生中,有14名女生选择了9位女性作者的作品,分别为《飘》《简·爱》《穆斯林的葬礼》《汤姆叔叔的小屋》《额尔古纳河右岸》《目送》《让梦穿越你的心》《此生未完成》《透析童年》,21名女生选择了15位男性作者的作品,分别为《红楼梦》《了不起的盖茨比》《围城》《追风筝的人》《基督山伯爵》《西游记》《人生》《卡拉马佐夫兄弟》《骆驼祥子》《追忆逝水年华》《苔丝》《太阳照常升起》《孽子》《金粉世家》《舞姬》。由此可知,男生更偏爱男性作者的作品,女生对作者性别的偏向不明显。但仔细分析可以发现,女生不管是选择男性作者还是女性作者的作品,更偏重于描述爱情、婚姻、生活等方面的小说、散文随笔,特别是像《目送》《此生未完成》《透析童年》这样的散文集、随笔均由女生选择,说明女生感情细腻、感性化特征明显,喜欢具有感性化描述和感情抒发的作品。

5.2.2 学科、年级对大学生参加阅读活动的影响

从参与"重命经典"决赛活动的有限统计看,在校大学生所属的学科、年级不同,参与阅读活动的积极性也存在明显差异。一般来说,人文类学科专业的大学生人文素养较高,更热衷于参加阅读活动;理、工、医等学科专业的学生由于课业较重、课余时间少等原因,参与阅读活动的积极性不高。大一、大二的学生对大学生活充满激情,更希望在各种活动中锻炼自己、展示自己,是参加阅读活动的主力军;大三、大四尤其是大四的学生因面临就业和考研压力,对于此类有组织的阅读活动热情不高。

由于"重命经典"活动是在郑州大学新校区举办的,参加的学生均来自新校区,故文中只对新校区的院系进行比较。郑州大学新校区共有32个院系,其中理工类院系14个、人文类院系13个、医学类院系4个、综合类院系1个(国际教育学院,主要负责留学生教育、汉语国际教育人才培养等)。64位选手主要来自20个院系,其中有40位来自人文类8个院系、17位来自理工类9个院系、7位来自医学类3个院系。这组数字一方面说明该活动覆盖面广,学校文、理、工、医各个学科的学生均有参与,且大部分院系的学生能够进入决赛;另一方面说明人文类院系学生的人文素养更高,在参加这类活动时具有绝对的优势。对四届活动的64位决赛选手进行年级划分统计可知,其中大一14人、大二35人、大三13人、大四仅2人。从2013年读书达人秀海选阶段的报名情况来看,大一学生报名67人、大二32人、大三26人、大四3人。对报名人数和决赛人数进行对比可以看出,大一学生报名参加活动很踊跃,但高年级学生在决赛中更能获胜,这说明大一学生参加活动的激情高但"战绩"一般,其人文素养、比赛技巧、演讲经验等方面的能力还有待提高。

5.3 对高校图书馆经典阅读推广活动的思考

郑州大学图书馆的"重命经典"活动作为推广经典阅读和深阅读的有益尝试,对推动大学生的经典阅读具有一定的促进作用。结合连续四届"重命经典"的数据分析,对高校图书馆针对在校大学生的经典阅读推广活动提出如下建议。

5.3.1 推广前提是做好经典书目的推荐

从"重命经典"活动中学生选择的书目可以看出,有些大学生对"何为经典"并不明确,对经典读物的选择感到困惑,存在把畅销书、新书等均当作经典的不当认识。例如一位同学选择《此生未完成》,该书虽然位列2012年度"大众喜爱的50种图书"之一,但该书能否称为经典名著尚有待商榷。另一位同学选择《透析童年》,该书虽销量很大、评价很高,但也不能称为经典。因而高校图书馆针对大学生开展经典阅读推广应首先做好经典阅读书目的推荐,让大学生对"何为经典"有所认知。

北京大学王余光教授就"经典"给出了如下定义:"我们常说的经典,是指那些具有重要影响、经久不衰的著作,其内容或被大众普遍接受,或在某专业领域具有典范性与权威性。作品的影响力、历史性和广泛性,大概就是经典所需要具备的因素。"关于经典书目的推荐范围,可以参考王余光等教授编撰的《中国读者理想藏书》《影响中国历史的三十本书》《中国读书大辞典》和文建明、刘忠义主编的《中国家庭理想藏书》等,亦可参考国内外知名高校发布的大学生必读书目。如何做好书目推荐也是一个值得思考的问题。目前常用的做法是发布

书单、开展书评等活动。这种做法虽有一定的效果，但对喜欢猎新猎奇的大学生来说容易产生"审美疲劳"，这就需要高校图书馆阅读推广组织者针对大学生的阅读兴趣及心理需求，开展富有创意及特色的书目推荐。北京大学图书馆于2014年开展的"书读花间人博雅——2013年好书榜精选书目暨阅读摄影展"活动为推荐书目开拓了新的思路，令人眼前一亮，让人惊叹"原来枯燥的书目推荐也可以做得这么唯美"。这个活动在推荐30本好书的同时对应展出30幅由北大女生模仿读书图的摄影作品，照片以"阅读的少女"为主题，通过优雅宁静的读书场景传递"书读花间人博雅，腹有诗书气自华"的阅读理念。

5.3.2 推广内容以人文经典为重点

从目前的经典阅读推广活动来看，各高校都期望在大学生中优先推广体现中国传统文化的经典作品，特别是像"四书五经"这些经典典籍。活动组织者的主观愿望虽好，但实际情况并不乐观，组织者所期望推广的书目与大学生实际选择阅读的书目往往是不对应的。专家所期望推广的中国传统文化经典恰恰是一些大学生阅读道路上的拦路虎，让大学生处于希望读但又不愿去读的两难境地。当然，出现这种情况并不仅仅是由于大学生不愿去读，也在于有些经典确实难懂，对读者的知识结构和人文素养要求较高。这就需要高校在开展经典阅读推广时重新思考定位，根据读者的需求另辟思路、寻求新的突破口，推广大学生愿意阅读、乐于选择的经典书目。郑州大学图书馆开展"重命经典"四届活动中，大学生选择的48部作品主要来源于文学类、哲学类、历史类、社会学类等人文经典方面。因而，高校图书馆做经典阅读推广应侧重于对人文经典的推广，以适应大学生的阅读兴趣。在人文经典的推广过程中，组织者应以读者的需求为出发点，充分尊重读者的阅读意愿，开展读者需要、愿意参加的活动，优先选择文学经典进行推广。依据前面的分析数据，可以看出对文学经典的推广也有侧重点，一是主推中国近现代作品和欧美文学作品，二是倾向于以爱情为主题的文学作品。通过对大学生选择文学作品的体裁和国别等分析，可以考虑对人文经典采取渐进式的推广进度：先从文学经典中小说、散文、随笔等大学生感兴趣的作品入手，尤以中国近现代作家的作品为主，外国文学中的欧美文学作品也可同时推广；再逐步拓展到哲学类、历史类、社会学类等这些需要细细品读、深入思考的作品。中国传统文化经典的推广对象主要是针对有一定阅读兴趣、人文素养积淀深厚的大学生群体。

可以想象，高校图书馆开展阅读推广活动如能充分调动大学生的阅读兴趣，培养其良好的阅读习惯，这将使广大青年人受益终身。随着阅读的深入，必将从根本上保证广大青年人文素养和需求层次的提高，从根本上提升中国公民的文明程度和文明素养，也必将使中国的文明程度和国家软实力随之增强，其重要性和紧迫性都是不言而喻的。

5.3.3 采取分众推广的策略

从前面分析的数据来看，高校大学生不仅存在性别阅读差异，而且由于学科、年级的不同，参加阅读推广活动的范围和程度也不尽相同。因而在开展经典阅读推广时，采取分众推广的策略就显得很有必要。阅读推广界知名专家、南京大学徐雁教授在2014年第八届"全民阅读论坛"上所作的"分众阅读与读物推广"讲座中，指出分众阅读推广的学理依据是"为人找书""为书找人"的基本图书馆学理念要求，也即"为（最合适的）读者找到（最恰当的）读物""为（最恰当的）读物找到（最合适的）读者"。

5.3.3.1 性别差异化推广

通过前面分析的性别差异对大学生选择经典作品的影响可以看出，男生更偏爱男性作者的作品，阅读范围广、涉及面宽。女生更偏重于描述爱情、婚姻、生活等方面的小说、散文随笔，在作品的选择上重合度较高，阅读书目的取向和范围很接近。女生与男生关注问题的角度不同，理解问题的方式存在差异。男女两性在阅读书目选择上的差异性要求高校图书馆开展经典阅读推广不能千篇一律，而要尊重性别阅读差异，根据男女生不同的阅读兴趣开展合宜的活动，还可以结合大学生比较关注的两个节日即"女生节"和"双十一"策划不同性别的经典阅读系列活动，增强活动的趣味性，扩大活动影响力，使经典阅读成为本校特定节日的品牌活动。

5.3.3.2 学科、年级差异化推广

在大学校园，学生群体相对固定，学科、年级等特征明显。总体来看，人文类专业的学生参加阅读推广活动的积极性较高，在比赛类活动中的成绩较为理想，理工、医学类学生参加活动的积极性不太高，在比赛类活动中的成绩也一般。在高校开展经典阅读推广时，可以考虑针对不同学科专业的读者策划不同深度的活动，适时推出适合理工、医学类学生参加的专题活动，以增强学生的阅读兴趣，促进经典阅读，提高人文素养。目前各个院系在大学生的阅读推广方面尤为重视，图书馆可以与各个院系联合起来，针对不同院系、不同专业开展具有学科特色的阅读推广活动，比如郑州大学图书馆与历史学院联合开展的"国学知识竞赛"已成为一项颇具学科特征的推广活动，随着活动影响力的不断扩大，已经从最初只有历史学院学生参加进而扩展到各个院系学生都广泛参加。从年级角度来说，贯穿大学四年的阅读推广活动不可轻视。对于刚进入高校大门的大一新生来说，适时开展经典阅读推广最有效，高校图书馆可以利用入学季、社团招新季、"全民读书月"、"世界读书日"等有利时机，针对大一新生开展趣味横生的阅读推广活动，将大一新生引入经典阅读的道路；针对大二、大三已有一定人文素养的学生，可以开展一些略有深度、富有挑战性的阅读推广活动；针对即将毕业的大四学生，可以利用毕业季开展一些有纪念意义和体现人生价值的阅读推广活动。"重命经典"对高校经典阅读推广虽有一定的借鉴意义，但这毕竟只是在郑州大学一所高校开展的活动，且本书仅选取了64位决赛选手的资料，因此对该活动的分析不可避免会存在局限性。不过，仍可以小见大，为高校图书馆经典阅读推广实践提供一些借鉴，以更好地实现图书馆读书育人、服务育人、教育育人的服务功能。

6 中山大学图书馆阅读推广活动

围绕"品读经典·用阅读滋养人生"的主题，中山大学图书馆结合现有馆藏资源，通过多渠道以全方位渗透的形式循序渐进地推出一系列经典阅读推广相关活动，将经典阅读之氛围逐步引入读者学习生活中。

6.1 直接感知

经典电影展播和开展影评互动是经典阅读推广活动体系中的先行兵。自2009年3月始，中山大学东校区分馆每周五晚均播放1~2部中外优秀电影。2013年世界读书日活动期间，该馆更是以全媒体时代的经典阅读为主题，结合馆内借阅中外经典书籍的热门程度精选部分由经典作品改编而成的电影播出，吸引了诸多文学及电影爱好者到馆观看，并开展线上线下的互动交流。活动至今共推出了近300期影视作品导读沙龙，每期沙龙的线上交流达500人次，甚至部分已毕业的校友均坚持参加这一活动。同时，还通过电影沙龙向外扩展，举行相关名著书评征文大赛，以点带面，以电影形式牵动读者的直观感受，提升其阅读兴趣及对经典作品的认知。目前，经典电影展播和影评互动已成为中山大学图书馆一个传统性的品牌活动。

6.2 交融课程

在"通识教育"理念指导下,早在2009年,中山大学便开始推行新设计的"通识教育共同核心课程"方案并开设"博雅学院"及"通识教育部和博雅教育班"。通识教育及博雅教育计划实行及开展的第一步,即是引导学生阅读古今中外的经典名著,同时开设如《左传》《孟子》《修昔底德》《霍布斯》《理想国》与《海德格尔》的相关课程,为学生建设完整的知识体系与架构。该校图书馆对此做了不少努力,在了解教师们的授课计划和进度后及时整理出相关经典书目进行推广,还向读者征集了部分读后感,为后期的深入推广打下基础。在第一课堂先行探索引导学生进行经典阅读的实践案例是各大图书馆经典阅读推广值得借鉴的经验,图书馆应朝这一方向努力,为教师们提供帮助,从经典书目整理等方面协助经典阅读推广。中山大学南方学院通过"学分制阅读"的方式将"被动阅读"转变为"被动里的主动"阅读,收效明显,也具有一定的借鉴及推广意义。

6.3 用户引入

如何将用户引入经典著作的深层次境界是馆员思考的重要问题。以中山大学图书馆多类型导读服务为例,自2009年3月至2017年9月,东校区分馆共推出近40期中文图书导读及22期英文特藏图书导读,每期根据不同主题向读者推荐6~10本经典书籍;"书海拾贝"专业学术书籍推荐的书目则是由图书馆与校研究生会向院系知名教授征集而来,意在构建学生专业知识体系及人文学科情怀;北校区图书馆则分别以社科专题及医科专题为医学院学生推荐各类经典书籍及期刊;南校区总馆的经典阅读推广不仅以每月一期的频率向读者推荐15册优秀书籍或期刊,还会定期整理和推送"音乐人李健的阅读清单""牛津通识读本系列丛书""历史、哲学和法律优秀图书""亚马逊年度图书排行榜"等为读者阅读经典著作开篇导引。系列推荐阅读获得一致好评。

6.4 资源保障

中山大学图书馆一直努力做好本馆资源建设,长期稳定采购各学科所需的纸质资源和电子资源。此外,该馆也非常重视与读者的互动,图书荐购服务即是读者参与图书馆馆藏资源建设的有效形式,为图书馆及时了解读者的阅读需求和动向提供了重要途径,也是经典阅读长期有效推广的文献资源保障。读者通过OPAC系统向图书馆推荐经典书目并实时掌握书目处理进度,同时可参与图书馆与书商联合举办的现场图书采购活动,从资源建设阶段即强化读者对本馆资源的认识与把握,从而促进其对馆藏的利用,为经典阅读推广构建了坚实的支撑基础。而定期公布各学科借阅排行榜、亚马逊年度图书排行榜、"书香羊城"好书排行榜等同样也为读者选择阅读图书起到了很好的引导作用。

6.5 外部扩展

借助微博、微信等新媒体,中山大学图书馆与学校研究生会等学生社团合作,向读者推荐各学科经典读物,并鼓励读者分享交流阅读心得。目前,中山大学微信、微博平台都在以全新的方式推送关于图书馆的系列活动或图书导读等。东校区图书馆还通过在馆内三楼中庭读者休息区设定专门书架推荐各学科经典书目,积极向外扩展经典阅读活动。在东校区分馆一楼推出的"藏书票展览"等也进一步提起了读者阅读的情绪,展览还将该馆关于藏书票方面的书籍收录情况做了详细介绍,列出了国内外藏书票研究的相关书籍及协会供读者参考,开阔了读者视野。在经典阅读推广活动中,尽管经典著作本身的价值已被诸多读者所认可,但因图书馆并不秉承"判断经典"的职责,图书馆对经典著作需始终持中立观点,因而在以上一系列活动中参考了哈佛大学与香港大学必读书目,并尽可能多引入各学科权威学者导师之推荐观点。

7 安徽大学图书馆阅读推广活动

7.1 安徽大学图书馆举办阅读经典系列活动的目的

经典阅读作为促进文化传承的重要途径，有利于推进大学生素质文化教育，完善大学生人格和知识体系，辅助大学生形成正确的人生观、价值观、世界观。让读书成为习惯，是建设学习型、知识型社会的时代需求，也是学校促进素质教育、打造书香校园的内在需要和内生动力。为激发师生的读书热情，让师生养成多读书、好读书、读好书的良好习惯，促进文化传承与创新，同时使师生读者更好地了解和利用图书馆，经学校主要领导授意，并下拨专项经费，安徽大学图书馆联合校团委、教务处共同打造了阅读经典系列活动。

7.2 安徽大学图书馆阅读经典系列活动内容

安徽大学图书馆阅读经典系列活动始自2013年4月23日世界读书日当天，一直持续至今，计划长期举办。用该馆党总支书记曹高峰的话说，就是"只有开始，没有结束"。该活动的最大创新之处在于将一系列促进阅读的活动、方式同经典原著阅读有机结合，打造全方位不间断的第二课堂。系列活动常年定期举办，主要涵盖精品推荐、读者沙龙、作品征集、作家专场、图书漂流等5个板块，另有不定期举行的各类比赛，以激发读者更大的阅读热情。

7.2.1 作家专场

邀请作家以亲身经历告诉读者"读书改变命运"，并推荐经典原著。曾邀请百家讲坛著名主讲人马瑞芳讲述《聊斋志异》的艺术魅力，"中国80后十大作家"之一许多余谈诗歌创作，山东卫视首席主持人、作家大冰举办读书畅聊会，安徽本地知名女作家闫红阐述阅读经典对写作的影响，安大校友作家俞莉聊作者与读者，新安晚报社时任采访中心主任章玉政漫谈刘文典的读书与思想。作家专场由畅销书作家现身说法、生动讲述，更能吸引学生读者参与，更加贴合推荐经典读物的主题，更为有效地达到经典原著阅读推广的目的，受到学生读者的热烈欢迎。

7.2.2 读书沙龙

以一本经典原著为依托，由一名老师或学生主讲，大家交流共享阅读此部经典的心得，从而激起阅读原著或者重读原著的兴趣，收到了较好的效果。曾有安徽大学社会与政治学院副院长、历史学博士徐华"漫话"《西游记》，介绍《西游记》为什么会成为经典，怎样去读《西游记》，怎样去读书，怎样去思考。安徽大学管理学院党委副书记谢颖锋从斯塔夫里阿诺斯的《全球通史》说起，建议大学生以史为鉴、读史明智，胸怀世界，格物致知，培养正确的历史观和学习观，为实现科学素养的飞跃式提升创造条件。安徽大学环境科学2012级本科生罗巍以"君子和而不同"为切入点，推荐师生精读《论语》。在沙龙活动中交流的原著，借阅量得到明显提升。更具有创新意味的是，沙龙为广大学生提供了舞台，爱好读书的同学可以以"老师"的身份主讲，和大家交流分享阅读的心得体会，大大激发了学生的阅读积极性和主动性。

7.2.3 精品推荐

由传统形式的展板推荐和结合新媒体的微博推荐两部分组成。展板推荐中国图书奖、国家图书奖、五个一工程奖、中国出版政府奖、中华优秀出版物奖获奖图书，教育部高教司推荐的"大学生必读书目100本"，以及安徽大学教授、专家推荐的专业书目。为了更好地推荐精品，还在图书馆官方微博举行了微书评活动。结合新媒体的精品推荐，更能被新时代大学生所接受。2013年度，安徽大学图书馆举行馆员"经典诵读"比赛、"读经典·讲故事"比赛生动直接地推荐了经典原著，新的精品推荐形式也在不断探索中。

7.2.4 英语沙龙

以赏析英文经典原著改编影视作品和经典欧美音乐作品的形式体现,通过对大家耳熟能详并喜爱的经典重现并共同赏鉴(全程英文交流),将推荐经典原著和英语学习融为一体,于潜移默化中推荐了经典原著,深受学生喜爱。由安徽大学外语学院老师谷婷婷博士作《傲慢与偏见》视频赏析,通过经典电影推荐经典原著;大学外语教学部教研室主任王琦通过撷取欧美流行音乐百年来的精彩瞬间,从英语语言文化的角度系统地介绍欧美流行音乐的主要流派、代表乐队、歌手及其经典作品,让更多的同学领略欧美流行音乐的魅力所在,有效促进系列活动全面素质教育的目标得以实现。

7.2.5 作品征集活动

每学期举办一次。包括主题征文、创意书签及安大印象摄影作品的征集,征文题目包括:①我的大学我的图书馆:说说自己和安大图书馆的故事;②书香伴我行:包括介绍自己的阅读经历、对自己影响最大的书籍、读书对自己学习和生活的影响;③教育部高教司推荐"大学生必读书目100本"及其他各专业经典图书的读后感、书评。除征文作品外,还做过创意书签、摄影作品征集,征集作品紧扣经典阅读的主题,极大程度地扩大了活动参与面,让具有不同兴趣爱好的读者都能在此项活动中找到乐趣并深入了解图书馆。

7.2.6 图书漂流

为了让更多的读者享受阅读的乐趣,图书馆于系列活动开始当日启动了图书漂流活动,600册全新图书开始了漂流之旅,一本本书"漂流"到一个个读者手中。漂流图书不需要借书证,没有强制归还期限,传递的不仅仅是知识,更是一份信任。此后不断有读者自发投入的漂流书加入,图书馆提供固定场所进行图书漂流活动,由学生自行加工、管理漂流图书,漂流旅程得以持续,更多的图书焕发出新的生命。图书在漂流中递增知识价值,读者在交流中分享读书快乐。

7.2.7 不定期举办各类型赛事促进阅读

7.2.7.1 阅读经典知识竞赛

为了丰富活动内容,切实提升学生读者阅读经典原著的兴趣,2014年的阅读经典系列活动新增经典阅读知识竞赛系列板块。每学年开设一场面向全校2万余名本科生的专场竞赛,选取不同类型主题作为比赛范围,指定书目,促进阅读。以2014年为例,主题为"国学经典",指定书目《周易》《道德经》《论语》《孙子兵法》《庄子》《孟子》《吕氏春秋》《史记》《贞观政要》《资治通鉴》《世说新语》《梦溪笔谈》《容斋随笔》《诗经》《楚辞》《人间词话》《三国演义》《西游记》《水浒传》《红楼梦》《儒林外史》《古文观止》《唐诗三百首》《宋词三百首》《朱子家训》《菜根谭》《增广贤文》《幼学琼林》。由学生自由组队参加,通过初赛笔试、复赛及半决赛现场问答,产生决赛四支队伍。决赛分为必答环节、讲演环节及抢答环节,按最终得分确定比赛名次。经典阅读知识竞赛迅速在安徽大学掀起国学经典原著阅读热潮,比赛推荐书目中的经典原著借阅量显著提高,取得阶段性成功。

7.2.7.2 点点滴滴读文典摄影比赛

文典阁是安徽大学磬苑校区地标性建筑。为丰富师生精神文化生活、活跃校园文化氛围,图书馆依托图书馆学生管理委员会举办摄影比赛。比赛以"点点滴滴读文典"为主题,面向全校师生广泛征集记录文典阁物质形态与精神风貌的摄影作品,宣传图书馆,促进阅读。共收到参赛作品60余组,多维度呈现出文典阁的独特魅力。

7.2.7.3 "读经典·讲故事"比赛

活动旨在介绍经典名著，分享阅读体会，提升馆员推荐经典原著的能力。图书馆老师和图书馆学管会学生共同参与，选取经典著作中的精华片段，通过"讲"与"演"的方式进行介绍和推荐，《简·爱》《飘》《小公务员之死》《双城记》《小王子》《普希金诗集》等一部部经典生动活泼、直观形象地呈现在读者面前，触动人心，直接激发读者借阅原著的热情。

7.2.7.4 微书评活动

每周由图书馆官微指定一部经典原著，学生就此原著撰写微书评。每周评选一篇最佳微书评，图书馆赠送所评经典原著一部。微书评不同于平常所说的书评，字数一般在140字左右。其内容主要是以书为对象进行介绍或评论。作者用简洁的语言、直接表达意思的文字来描述自己的感受。"短小精悍"是微书评的特点，更适合忙碌的大学生，不会像写长篇读后感一样占用太多课余时间。活动受到学生欢迎，在推广经典的同时吸引更多读者关注图书馆官方微博。阅读经典系列活动于2013年4月至2015年6月间举行，还先后成功举办过馆员诵读经典比赛、学生"书归原处，智归学儒"图书检索比赛、师生三行诗比赛、师生"印象文典"摄影比赛等系列比赛活动，吸引更多的读者关注图书馆、回到图书馆，关注经典、阅读经典。

7.3 安徽大学图书馆阅读经典系列活动成效

7.3.1 吸引更多学生读者回到图书馆

阅读经典系列活动以作家专场、读书沙龙、精品推荐、经典诵读、英语沙龙等形式呈现，在活动期间每周举办，因其形式多样、生动活泼、内容有益而深受读者欢迎，截至2015年6月30日，专场活动已举办61场、面向全校征集作品5次、不定期举办各类型比赛10余场、图书漂流持续进行，两年间活动成功吸引两万余人次学生积极参与。活动进行期间，入馆人数、经典借阅率均有所提升。

7.3.2 促进文化传承与素质教育

通过开展阅读经典系列活动，广大学生的阅读兴趣被有效激发、阅读能力得以空前提升、文化艺术素养得到全面加强。在极大地丰富大学生校园文化的同时，成功营造出有利于大学生积极健康成长成才的良好阅读氛围，拓宽知识视野、陶冶审美情操，丰富了大学生的精神世界，促进其自我人格的完善，助其形成正确向上的人生观、世界观和价值观，进而助力传统文化的薪火相传与不断创新。

7.3.3 打造活动品牌，获得各类荣誉

安徽大学图书馆经典阅读知识竞赛案例获中国图书馆协会阅读推广分会举办的全国高校阅读推广案例大赛三等奖，阅读经典系列活动获安徽省高校图工委主办的首届安徽省高校图书馆服务创新案例大赛一等奖、获全国首届高校图书馆服务创新案例大赛优秀案例。作为校园文化品牌，安徽大学阅读经典系列活动正日渐深入人心，经过不间断的精心打造和广泛纵深开展，也正在成为全国知名的阅读推广品牌活动。

7.4 安徽省高校图书馆阅读推广工作创新发展建议

7.4.1 建立阅读推广长效机制，成立专门推广组织

建立长效机制是解决阅读推广工作流于形式的重要举措和有效手段。短期阶段性活动，例如"读书月"等，并不能起到明显且持续的阅读促进作用，只有通过长期持之以恒的推广行为，潜移默化，润物无声，才能真正吸引学生回归纸本阅读、经典阅读，形成良好阅读习惯。为坚持长效推广，安徽大学图书馆已成立活动与发展部，研究并不断进行推广工作实践，专业的组织和人员是保障活动持续开展的先决条件。作为阅读推广的主体机构，成立专门机构或专门负责推广工作的阅读推广委员会，可以实质性、根本性解决活动开展混乱无序、人手不足、

效率低下等阅读推广工作中的常见问题。为保障活动的可持续发展，在成立专业组织的同时要注重阅读推广专业人才的选拔培养。

7.4.2 打造树立活动品牌，不断创新活动形式

目前的高校图书馆阅读推广活动中，普遍存在读者参与度低、活动效果不明显的问题。要切实解决这一问题必须从认真扎实调研学生阅读需求做起，了解读者需要和阅读行为模式，在坚持打造品牌活动，持续开展学生喜闻乐见的专家讲座、各类比赛的基础上不断创新活动形式。加强组织者与参与者之间的有效沟通，迎合新时期大学生的阅读需求，在无法大面积扭转阅读方式的情况下，可以尝试开拓电子图书经典阅读推广领域，引导读者有效利用图书馆优秀电子资源，进而提升读者阅读能力及阅读效率。

7.4.3 成立高校图书馆阅读推广工作委员会，集结省内优质资源，协同发展

安徽省高校图书馆可以充分借鉴中国图书馆学会阅读推广委员会的成功经验，学习安徽省公共图书馆阅读推广联盟成立以来在资源整合共享、阅读项目推广、服务品牌打造和人员培训等方面所做的有益尝试，在安徽省高校图书情报工作委员会的组织领导下，成立安徽省高校图书馆阅读推广工作委员会，指导并协调全省高校阅读推广工作。由该委员会统筹规划全省高校图书馆的阅读推广工作，牵头制定总体规划、规章制度、活动方案等，并协调全省高校图书馆开展馆际阅读推广活动，促进安徽省高校图书馆阅读推广工作整体水平迈上新台阶。

7.4.4 加强多方合作，将高校图书馆阅读推广推向社会

建立基于地域的高校图书馆联盟，举办馆际活动，联合推广，能大幅度扩大活动范围、提升活动效果。例如由安徽省高校图工委主办，已连续举办两届的"品读经典、对话信仰、弘扬社会主义核心价值观"全省高校互联网读书征文活动，在全省高校推荐书单、促进阅读；发挥高校馆优势，联合学校其他部门如教务处、学生处、团委、各院系等，以校级奖项、学分认定等奖励机制直接促进阅读，激发学生参与热情；联系公共图书馆，学习他们于阅读推广工作中取得的有益经验，举办联合活动，互通资源、人力，事半功倍；联络党政机关、中小学校，通过阅读推广的方式将高校图书馆面向社会开放落到实处，为区域文化发展贡献力量。

8 华中师范大学图书馆阅读推广活动

8.1 以经典阅读为中心的活动内容

8.1.1 讲座：中华经典导读系列活动

举办中华经典导读，要特别注意它的准确定位，从规划选题范围到确定每个选题，从学生的阅读需求到主讲嘉宾的选聘，都要彰显这项阅读活动的基本特质。高校图书馆举办讲座主要面向的对象是在校师生，他们受教育层次、阅读水平、欣赏能力都较高。策划者在规划选题范围时要综合考虑他们的基本需求。确定选题，既要重视学术价值，还要关注现实意义；选题形式，既能独立成篇，还有一定的关联性；选题的内容，既不能是听众一无所知，也不能已烂熟于心；选题的范围，应当始终围绕经典导读的主旨，讲解每一部经典的成书特点、思想理论及其现代价值。讲座不同于课堂授课，每一讲既有特定的主题，又有不同的风格；也不像电视讲坛那样，只有演讲而没有问答，缺少必要的现场互动，而是演讲与问答汇于一堂，知识与学术融于一体。这对主讲嘉宾是一个挑战，所以在具体策划过程中，与主讲嘉宾沟通以确定讲座的主题，就显得非常重要。在策划读书讲座选题时，还要考虑主讲嘉宾的学术背景，聘请那些学有所长的专家学者，以保证讲座的持续性和权威性。华中师大图书馆"中华经典导读"

系列讲座的成功举办，得益于充分考虑了学校在文史哲领域拥有雄厚的师资队伍，武汉众多高校中充足的嘉宾人选及各高校常年举办的高品质学术交流活动，也为讲座提供了高品质的讲座嘉宾。

8.1.2 感受传统文化：经典产生的土壤和生存的环境

中华传统文化是经典形成的沃土，经典阅读又影响着传统文化的传承与发展。因此，在阅读推广活动中，我们从《诗经》《史记》《孙子兵法》等具体的典籍延伸至传统文化，举办了"诗书礼乐"如书法、古琴、楹联、武术、剪纸艺术等有关中国传统文化的表演、交流、讲座、展览等活动，通过深入浅出的讲解、参观、演示等形式的活动，让学生了解认识传统文化，深入领会中华经典的内涵。

8.1.2.1 "蓦然回首，那人却在灯火阑珊处——尊重传统 重温经典"系列活动

在书法艺术交流互动的活动中，以经典的"天下三大行书"——王羲之的《兰亭集序》、颜真卿的《祭侄文稿》和苏轼的《黄州寒食帖》为例，通过展示和讲解，让学生明白如何鉴赏书法、真正了解书法、准确评价书法，体味"书之妙道，神采为上，形质次之，兼之者方可绍于古人"的妙处。在武术活动中，结合现场的太极拳表演，向参与者解读武术所包含的儒家、兵家、道家、佛家思想，让学生欣赏武术的姿势美、节奏美、劲力美，以及它与中国古典美学之间的关系。在"传承楹联文化·建设书香校园"系列活动中，不仅仅限于"书香校园"活动，而且在春运期间举办"楹联祝福带回家"活动，在火车站现场泼墨并赠送春联，以促进"书香社会"的建设。

8.1.2.2 古琴雅集

古代的音乐与诗词之间有着密不可分的关系，让学生了解音乐与诗词之间的关系，有助于提升诵读诗词的兴致，增强他们对古典文学的审美情趣。在解读《诗经》和唐诗的活动中，主办了"古琴雅集"演奏会，在檀香袅袅中表演了《平沙落雁》《阳关三叠》等十首古曲。在表演过程中，由学校广播台的主持人身着汉服，对每一首古曲的音韵、意境及其背后的故事做唯美的介绍。表演团队中的四位大师既有高超的表演技艺，还有深厚的中国传统文化功底，不仅很好地诠释了古曲的含义，还深入浅出地解答了学生提问。在演出过程中有同学自愿上来合奏，或有同学点奏曲子并配乐朗诵。这样一场集表演、互动于一体的活动，有助于提高学生的人文素养。

8.1.2.3 图文主题展：与经典相遇的另一种方式

以严肃性、完整性为主的经典阅读活动，总会让人望而却步，倘若经典导读都是正统和权威的说教，经典与普通读者的距离就会越来越远，就会人为制造"浅阅读"与"深阅读""碎片化阅读"与"完整阅读"的对立，将读者逐渐脱离经典。阅读推广活动的重心不仅在于如何读，还在于读不读，"正在读"比"怎么读"更重要。对经典而言，作品还在那里，阅读的本质没有变，只是换一种与经典相遇的方式。基于此，结合专业课设置和校园文化的特点，进行了一些新探索，以期完成从"浅阅读"到"深阅读"，变"碎片化阅读"为"系统化阅读"的转化。为了能和学生共享植物与文学的乐趣，展示古代经典诗词的魅力，策划主办了"遇见——古典诗词中的桂子山植物世界"图文展活动（桂子山是华中师范大学校园所在地）。为了使图文展更有诗情画意，组织专业摄影的学生，在校园里拍出带有人文色彩的花草树木图片，再由生物学院的学生标识出植物名称，并与国学院、文学院的学生一起，从《诗经》《楚辞》和汉赋、唐诗、宋词、元曲等经典中找出与之相对应的诗词名句。活动重在植物的文学意境、古今演变、礼仪关联及其引进史等，以加强对与之相关联的文学作品内容的理解。这项活动实现了

诗画结合、图文结合、古今结合,兼顾了文化素质教育、自然科学教育、艺术素质教育,具有摄影展览、唯美诗句与生动图片的看点,尤其是这些花草树木是与学生朝夕相伴的植物,更能吸引学生参与的兴趣。

8.1.2.4 视觉经典阅读:读图时代的阅读推广方式

读图是当代社会的阅读特征,过多的文字阐述会减少一些读者注意。以读图为主,用图片的形式来阐释作品,能简化阅读程序,使读者一目了然,更容易引发读者继续探讨经典阅读的兴趣,因此,读图是阅读推广的又一种方式。在"文华阅读季"期间,不定期地举办周末经典影院活动,并且成立"文华观影沙龙",邀请教师与学生一起在线下欣赏作品,每周五晚线上QQ群交流,共同解读经典影视作品,同时鼓励读者撰写影评,并开展影评征文活动。博物馆和艺术馆,是最能感受文化艺术氛围的地方。趁着素有"民间故宫"美誉的荣宝斋湖北分店开业之际,联合荣宝斋开展"荣宝斋艺术之旅"的活动,带领学生了解荣宝斋的历史沿革,观看荣宝斋独特的木板水印手工艺,品味艺术瑰宝古代大师的笔墨丹青,观摩当代书画大家现场泼墨的气势等。在古今艺术作品的对比欣赏中,感受文化在传承中超越和创新,体会现代的审美情趣,感受当今艺术的新创意。

8.2 经典阅读活动的延伸

8.2.1 读书沙龙:学生自由交流的平台

沙龙的形式正好和讲座相对,讲座是一个人讲大家听,而沙龙活动则要求参与者每个人都要做主题发言。这就要求参会之前每个人都要用心读完某本书或某个作者的图书,可见读书沙龙有助于阅读活动的深入开展。华中师大图书馆围绕经典,依据不同的主题,设计了形式各异的沙龙活动,如"同读一本书"活动,吸引了众多师生的积极参与。相较于其他热闹的推广活动,读书沙龙更能让学生潜下心来阅读,深入地理解所读图书的内容,并在讨论中提高思辨能力。

8.2.2 经典朗诵和诗歌创作大赛

人文素养的养成,要依靠陶冶、熏习、耳濡目染、潜移默化来养成。中华经典诵读活动通过诵读,使"润物无声"的经典成为提升学生品性和修养的精神养料。那些诗歌、散文或优美的片段,只有在不断吟诵中方能体现其神韵,因而经典诵读活动的开展有助于学生对经典作品的理解和审美情操的提升。为保证经典诵读活动效果,我们有意拉长了诵读比赛的时间,分预赛、复赛、决赛三轮,时间跨度近三个月。决赛时预定了专业的舞台,表演形式分吟诵、唱诵、朗诵等,配乐自由选择。足够的时长、专业的舞台、不拘一格的形式,为校园诵读风气的形成起到了很好的带动作用。在诵读经典作品的时候,年轻的学子总会涌起创作的欲望,每年举办金秋"诗韵桂子山"原创诗歌大赛,参赛选手大都围绕"金秋"主题来构思诗歌,或者讴歌母校,或者追忆亲人,或者抒发独特的人生感受,评委则主要从律诗创作、语言及情感掌控、朗诵的韵律美做详细点评,让现场参与的同学有更加直观的感受和更多的收获,激发参与者对诗歌创作、诗歌阅读的热爱。

8.2.3 从经典阅读延伸到学术指导

开展读者阅读感想交流是一种形式,写作指导也是一种重要形式。阅读推广系列活动,目的不啻是进行单方面的知识输入,更要鼓励读者将学习的内容消化吸收,并尽可能地再输出。因此,从经典阅读延伸到学术指导,在经典阅读推广中具有重要的意义。针对不同读者对象的读书写作,推出了"经典阅读与学术论文写作指导""论文之道"系列讲座等,就论文选题、写作规范、投稿技巧等问题答疑解惑,还在图书馆主办的报纸上留出专门版面刊登。

8.2.4 学者、学长谈读书
8.2.4.1 学者谈读书
榜样的力量是无穷的,优秀学者的读书感受和学习经历,是不可多得的学术财富。邀请校内外一些知名学者来到读书会现场,与学生面对面谈读书。如年逾八旬的熊铁基先生以"我的读书经历"为题,谈少年时代在书籍稀少的情况下怎样如饥似渴地找书看,青年时代遭逢政治运动又如何偷着学习的经历,他告诉大家,读书方法不需要标新立异,但一定要有谦逊的态度。副校长彭南生教授以"读书与学问"为题,与学生交流读书体会,认为自古至今,读书和学问都是"二位一体"的关系,只有读好书才能做好学问,并认为经典著作固然重要,但也不能忽略自然和社会,在平时生活中,要注意与不同学科背景的人交流,这样才能全面地思考与解决问题。社会学者江立华教授以"读书、思考、写作"为题,与学生进行交流和探讨,指出阅读是思考和写作的前提,更是一种生活方式,大学生应该明确读书的目的,不只是为了更好的工作,还要享受读书的乐趣和求知的快感。

8.2.4.2 学长分享读书技巧
大学是积累知识、增长才干的地方。有不少大学生感到好奇,那些"学霸"是如何安排时间来学习,在完成专业课程之外如何读书,如何选择适合自己的书目,在有限的时间如何有效学习。针对这些阅读问题,策划和主办了"书香为伴,智慧同行——阅读分享交流会"系列活动,旨在让学长回应这些学生想读书却不知如何安排时间,爱读书却不知如何挑选书目,常读书却感觉收效不够等疑虑和困惑。

9 北京建筑工程学院图书馆阅读推广活动

高校图书馆应结合所属高校的专业特色和学科特点,结合自身馆藏特点,来开展有特色的经典阅读推广工作。北京建筑工程学院图书馆以培养高等工科院校大学生阅读能力和文化素养为目标,结合建筑工程类高校的特点,围绕建筑文化和地域特色,开展经典阅读推广工作。

9.1 通过举办读书活动、文化讲座等方式为大学生提供经典阅读的平台
9.1.1 举办校园读书活动。
举办主题鲜明的校园读书活动,是经典阅读推广工作的一个重要途径。北京建筑工程学院图书馆联合中国建筑图书馆及学校各相关职能部门,从2007年开始,围绕书香校园和学习型图书馆建设,举办了五届主题鲜明、内容丰富、形式多样的系列读书活动:2007年"开卷有益"读书活动、2008年"开卷有疑"读书活动、2009年"开卷有你"读书活动、2010年"开卷有e"读书活动、2011年"开卷给人智慧、使人勇敢、让人温暖"读书活动。读书活动内容包括:在"世界读书日"当天举办校园读书活动开幕式、主题系列辩论赛、演讲比赛、书签创意大赛、读书知识竞赛、图书漂流、Living—library(真人图书馆)活动、"我与书的故事"读书征文活动等。由于成功举办校园读书活动,北京建筑工程学院图书馆于2010年被中国图书馆学会授予"全民阅读示范基地"称号。

9.1.2 举办文化系列讲座。
举办建筑文化系列讲座,邀请相关领域的专家学者向大学生传授阅读经典的方法和经验,可以充分调动起他们探索经典、阅读经典的兴趣。北京建筑工程学院图书馆结合本校建筑文化和工程设计文化特色,从2009年开始连续举办20余场有关建筑文化、城市文化和老北京文化的系列讲座,先后邀请我国著名的建筑易学家韩增禄教授、我国著名圆明园遗址公

园古迹复建设计者何重义教授、中华文化遗产影像抢救联盟副主席刘启后先生、新华通讯社高级记者王军、中国地震局地球物理研究所张少泉研究员、北京语言大学汉语学院张宝明教授、北京西城区宣武图书馆李金龙馆长、首都经济贸易大学图书馆谭乃立馆长、本校图书馆王锐英馆长等开展讲座。讲座的内容包括：建筑易学的当代价值、北京的胡同与四合院、宣南文化、国家非物质文化遗产和民间文化保护、梁陈方案始末、汉字在世界的威望、古体诗词欣赏与创作等。

9.2 开设经典图书推荐栏目，制定各种经典书目推荐榜

高校图书馆开展经典阅读工作，其中重要的一个环节是为大学生读者制定各种经典图书推荐书目榜。建筑类高校图书馆应围绕"建筑"这一主题，制定与建筑文化、城市文化、工程设计文化相关的经典书目榜。北京建筑工程学院图书馆在制定经典图书推荐书目榜时，一方面注重参考国家图书馆"文津图书奖"获奖图书及其他各种图书排行榜等；另一方面，重点参照由中国图书馆学会、中国建筑学会建筑师分会联合评选出的"中国建筑图书奖"获奖书目。"中国建筑图书奖"获奖图书，是由建筑界、图书馆界专家学者推荐给广大读者的年度经典建筑图书。第一、二、三届共评出《中国古典园林史》《刘敦桢全集》《外国现代建筑二十讲》等36种建筑类经典图书。此外，北京建筑工程学院图书馆为发挥在北京地区高校图书馆中建筑特色资源丰富的优势，开展了"北京建筑工程学院图书馆经典特藏搜集整理"专项工作，通过挖掘、整理图书馆特色馆藏，发掘出《营造法式》《旧都文物略》《北京古建筑》等100余种经典图书，举办馆藏经典图书展，向大学生读者推荐这些经典图书，引导他们阅读经典。

9.3 举办大学生读书沙龙

高校图书馆应该利用大学生的兴趣和爱好，成立不同的读书小组或读书协会，定期或不定期地举办读书沙龙，向大学生读者推荐图书馆的经典图书，方便学生们交流读书心得。北京建筑工程学院图书馆定期举办大学生读书活动，开展了以"侠肝义胆"为主题的金庸武侠小说阅读交流会，和以寻找黄金屋为主题、以充实大学生课余生活为目标的"争流读书沙龙"，引导大学生利用课余时间阅读名家经典图书，定期交流读书心得。

9.4 充分利用博客等WEB2.0技术，推广经典阅读

在信息时代，高校图书馆应充分利用WEB2.0技术（如博客等）来开展经典阅读推广工作，通过各种新技术、新方法来拓展经典阅读推广工作的范围。博客（Blog）作为一种基于WEB2.0的新型服务模式，在经典阅读中的广泛应用，可以使馆员与读者的交流和互动变得更加方便。北京建筑工程学院图书馆应用WEB2.0技术，开设"建院读书"博客，通过网络推广经典阅读，引导大学生读者利用新型阅读方式来进行经典阅读，实现"经典阅读2.0"。

9.5 积极与其他高校图书馆开展读书活动经验交流

北京建筑工程学院图书馆在办好本校读书活动和经典阅读推广工作的同时，还积极走出去，与北京地区其他高校图书馆开展读书活动交流，学习先进经验，找到自身不足，为以后的读书活动提供有益的借鉴。2011年7月，北京建筑工程学院图书馆读书活动调研小组先后走访了北京地区2006—2010年荣获中国图书馆学会颁发的"全民阅读示范基地"奖的高校图书馆：北京交通大学图书馆（2008年）、北京邮电大学图书馆（2009年）、北京师范大学图书馆（2010年）、中央广播电视大学图书馆（2010年）。与这4所大学图书馆负责读书活动的馆长就高校图书馆举办读书活动的意义、方式途径、内容等方面进行了深入的交流，分享了各自的经

验,为进一步合作开展读书活动奠定了基础。

第三节 高校图书馆微媒体阅读推广实践

1 辽宁大学图书馆微信阅读推广活动

辽宁大学图书馆与辽宁省社会科学联合会相互配合,形成了具有特色的品牌活动,使得辽宁大学阅读推广活动开展得有声有色。并且,辽宁大学图书馆通过多种推广平台和空间相结合的手段开展阅读推广活动,起到了很好的宣传推广作用。

1.1 与学生社团和学院部门相配合,引领校园文化

辽宁大学图书馆的阅读推广活动与学校团委、各院系、学生社团合作,获得更多的资金和人员上的支持,从而扩大活动知名度和参与度。在阅读推广的活动中,每个社团根据自身的阅读推广特点,开展品牌活动栏目:与大梦想配音社、青芜汉服社、国学社举办中华古典诗词大赛,与新维度摄影工作室举办摄影大赛,与马克思主义学院、国际关系学院、新华国际商学院等举办藏智启思读书会,与就业指导中心、数据商举办真人图书分享,与本山艺术学院、三味书屋、文学院、特邀评论家举办中华传统经典立体阅读之旅,与团委举办纪念封设计大赛。并且社团之间相互合作,以"阅读无处不在"为活动宗旨。学生社团是高校阅读推广活动最重要的执行者和参与者。辽宁大学阅读推广活动中活跃的社团包括辽宁大学图书馆志愿者协会、大梦想配音社、青芜汉服社、国学社、三味书屋等。在阅读推广活动中,为了扩大影响力和调动学生的积极性,辽宁大学联合校团委举办了"古典诗词鉴赏交流会"读者沙龙、纪念封设计大赛等活动;并且与本山艺术学院联合举办了"天辽地大,梦好情真中华传统经典唱诵快闪"活动。大学生们通过歌舞说唱等形式,把多首古典诗歌串联起来,新颖的表达形式吸引了很多学生参与,让大家感受到古典诗词的魅力。该活动受到了大学生的欢迎。以丰富多彩的活动吸引并带动学生参与,使图书馆文化节成为校园阅读文化的一面旗帜。

1.2 与社会图书馆合作

在全民阅读的大趋势下,高校图书馆根据地理上接近性,可以开展互助合作活动。高校图书馆利用自身丰富的图书资源来满足社会各界对图书的需求,积极帮助社会图书馆建设,联合社会图书馆开展各种阅读推广活动。例如,辽宁大学图书馆在辽中县图书馆建立服务社会基地,搭建了高校与县级公共图书馆联合服务社会的平台,为辽中县图书馆社会服务工作注入了鲜活的动力。辽宁大学图书馆会利用高校特有的人才和资源优势,定期与辽中县图书馆合作开展服务社会的阅读推广活动,助力辽中县文化事业的发展。

1.3 多种推广平台和空间相结合,拓展校园文化宣传

辽宁图书馆与各部门及学生社团合作开展各种共赢的阅读推广活动。学生社团可以更好地利用图书馆及学院的海报平台、展览空间、活动场馆等多种资源进行阅读推广活动。多渠道立体化宣传平台,通过调查问卷方式,了解读者的需求,从而进行最有效的宣传。辽宁大学图书馆不仅通过官方网站、微博、微信,还与辽宁大学广播台和众多学生社团平台进行主题化的合作性宣传。辽宁大学第一届"中华传统经典立体阅读之旅"活动始于2015年4月的"世界读书日"活动期间。该模式以中华传统经典作品为核心,通过展览、讲坛、沙龙、文献阅读体

验、快闪、知识竞赛、品尝美食、旅行等多维度体验方式,将单一的纸质及电子阅读转换成与学子进行有效互动的立体阅读,不仅可以激发学子对传统经典的兴趣,将传统经典有效的与学子生活紧密结合在一起,更能呼唤学子传承中华优秀传统文化的使命意识,延续中华民族的精神命脉。

1.4 微环境下高校图书馆推广阅读模式

随着信息技术迅猛发展,微博、微信、微小说、微书评、微服务等"微"潮流纷纷登场,全社会已经步入微媒体时代。图书馆借助微媒体开辟阅读推广的新渠道,为读者提供碎片化、个性化、多元化的信息服务。

1.4.1 打造微媒体推广阅读的新范式

1.4.1.1 微媒体推送经典书目

高校图书馆通过微媒体实现用户随时随地了解数字阅读的资源与服务动态。高校图书馆定期推送给用户一些经典书目及部分章节精彩片段,而吸引读者深读整本图书,把碎片化阅读引向精读。图书馆员利用公众平台的粉丝分组管理功能,按照专业或学历背景等标准对用户群进行分类。对不同群者的专业特点、研究方向等进行分析,实现将各专业热门书籍信息推送给相关专业的用户等。图书馆通过微博建立阅读群,用户交流互动形成新的文化生态语境。如辽宁大学图书馆微信平台专门设置了"我的图书馆"菜单,下设"热门图书"子菜单,方便读者查询和了解馆藏图书,并向读者推荐热门图书。

1.4.1.2 举办书友会

利用微信朋友圈举办书友会,吸引具有共同阅读偏好、研究背景的读者,为阅读爱好者建立分享交流平台。这种模式突破了时间、地域的限制,参与者可以在约定的时间聚集于朋友圈,利用微信"群聊"功能探讨问题。书友会之前,图书馆员将计划与话题发布于朋友圈,使具有共同的阅读偏好的读者在微信"书友会"里共读一本书,发表语音、文字或图片观点,分享阅读体会,也可以聘请一些专家、学者在必要时进行阅读引导。通过朋友圈的转发,扩大阅读话题的传播范围,带动更多的人阅读分享。

1.4.1.3 设立微书评投稿专栏

高校图书馆可以设置微书评投稿专栏,利用微书评鲜明的草根性和鲜活的生命力,吸引阅读爱好者发表评论,并对其进行挑选和精心编辑,再向用户推送优秀书评。不仅调动用户的阅读兴趣,也丰富了读者阅读体验。利用微书评引领特色阅读推广,从而提升学子阅读鉴赏能力和阅读效率。

1.4.1.4 制作微型视频,提高阅读推广吸引力

微型视频以其丰富视听信息容易吸引读者的注意力,并留下深刻的印象便于读者记忆和思考,从而提高图书馆强化阅读推广的效果。

1.4.2 开辟真人图书馆空间

微媒体阅读推广拉近了图书馆与读者间的距离。开辟真人图书馆空间,图书馆将真人丰富的生活经验和隐性资源与用户分享。利用微媒体,真人图书馆空间实现线下实体真人图书馆与移动真人图书馆共存的模式。邀请拥有不寻常人生的真人在微博上发表自己的人生经历或感悟,并将此链接发布在微信朋友圈里,某群用户参与评论,互相间的理念共享和思想交流碰撞,从而实现移动真人图书馆。例如,辽宁大学图书馆利用微媒体公众服务平台发布真人图书内容,组织实体受众用户群体交流,从而实现实体真人图书的阅读与共享。

1.4.3 优化微媒体个性化服务

微媒体环境下，高校图书馆突破地域和时间限制开展阅读推广服务，并基于大数据分析提供用户个性化服务。用户通过微媒体咨询问题，获得自助或人工解答。馆员也可通过微媒体平台推送阅读内容及回答问题。分析研究用户的兴趣爱好、专业特点、研究方向，提供优质个性化阅读新媒体服务。如设立"我的图书馆"，开发用户个性化数字阅读系统。微媒体服务平台系统实现图书馆数字阅读资源展示、导航、咨询、搜索、推荐等数字阅读全天候自助服务。

2 辽宁大学图书馆微博阅读推广活动

2.1 基于微博平台的图书馆阅读推广现状与效果分析

2.1.1 微博阅读推广现状

辽宁大学图书馆从2012年11月29日开通新浪微博，同时通过新浪微博认证。从2014年3月开始通过新浪微博进行阅读推广活动，2014—2015年共发布微博561条，2014年通过微博推荐图书47种，2015年通过微博推荐图书83种，微博阅读推广内容占微博总数的23.17%。微博阅读推广图书涵盖8个大类，推荐图书种类主要集中在人文社科类。

2.1.2 微博阅读推广效果分析

新媒体时代的电子阅读对读者的冲击是超乎图书馆预期的，读者对纸质图书阅读和电子阅读时长虽然都有明显的增加，但从纸质图书阅读数量上来说确实在逐年下降。从高校图书馆来看，纸本图书外借量依然呈现逐年下降趋势，这与新媒体的发展和读者阅读方式的转变有直接关系，特别是以学生为主体的青年读者，纸本图书阅读数量逐渐减少，这已经成为一种事实。人们获取信息方式多样，信息来源广泛，数字阅读数量增加，传统阅读方式受到巨大冲击，图书馆的发展正在面临巨大挑战。图书当年使用率=当年图书外借种数/当年入库图书总种数。据统计，辽宁大学图书馆2014年图书当年使用率为53.8%，2015年图书当年使用率为47.7%。通过微博阅读推广平台，2014年推荐新书47种，当年借阅量133次，平均每种书被借阅次数2.83次，当年有17种书从未借出过，30种书被借出至少一次，推荐新书当年使用率为63.8%。2015年推荐新书83种，当年借阅量347次，平均每种书被借阅次数4.18次，当年有10种书从未借出过，73种书被借出至少一次，推荐新书当年使用率为87.9%，通过微博平台进行阅读推广，对于提升图书使用率有很大的促进。

2.2 基于微博平台的图书馆阅读推广策略

2.2.1 提升微博阅读推广意识

阅读推广是图书馆的工作重点，新媒体平台具有用户数多、信息传播即时、阅读方式灵活、互动性强等传播特点，利用新媒体平台开展阅读推广活动，能够充分发挥新媒体的自身优势，适应新媒体时代读者阅读行为的变化。新媒体立体化传播功能，使读者能够随时、随地获取图书馆阅读推广信息，并能利用微博平台进行信息转发、推广和评论。只有充分重视新媒体阅读推广，把新媒体阅读推广的理念传达给馆员和读者，通过一段时间的宣传和活动，让微博阅读推广深入人心，才能在提高现有用户忠诚度的基础上，不断培养新用户，提高新媒体阅读推广效果。

2.2.2 制定合理的阅读推广机制

阅读推广要适应新媒体的自身特点，制定合理的推广机制。①发布时间：应该制定合理的时间安排，如早上8点至晚9点间为图书馆微博活跃时间，在这一时间段发送阅读推广信息能够及时得到读者的关注，并容易得到转发和评论，从而形成互动行为。②发布频率：应该每天

2~3次左右为好,推送次数太少容易使阅读推广信息淹没在大量的信息中,达不到效果;推送次数太多又增加馆员工作量,同时对读者形成信息打扰,产生阅读疲劳,影响阅读推广效果。③发布周期:在日常阅读推广活动中,要进行规律的信息发布,这是培养微博读者忠诚度的有效方式;在特定阅读推广活动中,要保持信息发布的节奏性,同时信息发布要注意一致性,不可缺少活动预告,不可预告信息后无反馈和下文,以致影响读者参与阅读推广活动的积极性。

2.2.3 培养与建立阅读推广团队

发挥新媒体平台在阅读推广中的作用,就要保证阅读推广活动的稳定性和持久性,培养和建立一支能够提供高效、优质的阅读推广服务的阅读推广团队。①实行馆长带队制,在人员、经费及时间方面给予阅读推广团队保障;②图书馆要建立一支阅读推广团队,既可以是专职队伍,也可以跨部门合作,团队成员要熟悉微博信息传播特点,熟悉运用微博平台,并负责微博平台维护与信息发布;③阅读推广团队应实行专人负责制,并不断培养和吸收新成员加入,使微博阅读推广活动能够持之以恒,通过不断聚集人气和读者关注度,提升阅读推广活动的效果。

2.2.4 注重微博阅读推广内容

高校图书馆微博阅读推广应关注推送信息内容,适应新媒体读者的阅读需求和阅读习惯。①利用微博平台宣传阅读乐趣,营造轻松愉悦的阅读氛围。当下大学生阅读行为受到网络化影响较大,阅读碎片化严重,功利性阅读现象明显,读者缺少阅读兴趣。图书馆可以利用微博,通过文字、图片、音频、视频等形式来传播信息,提升读者阅读兴趣和阅读推广效果。②图书馆在阅读推广中根据本校学科和专业特点,发送适应高校图书馆读者需求的阅读推广内容。作为高校图书馆在微博阅读推广中一定要注重学科专业特点和读者阅读兴趣,合理规划人文社科、自然科学、小说类、畅销书等不同种类图书推荐比例,制定适合本馆特点的微博阅读推广内容。③微博阅读推广内容应合理分配当年新书与经典阅读的比例。最新出版图书代表一定程度的热门、流行和畅销图书,能够吸引读者关注,提升阅读推广效果。经典阅读图书更是经过时间的选择,成为一代又一代的必读图书,在阅读推广中还要弘扬经典,提升阅读推广品质。④微博阅读推广应合理组织微博内容,加强信息的收集和组织,尽可能用适合微博平台的表达形式,文字不超过140字来表达完整信息,可配以图片补充信息,以吸引读者。另外建立合理的微博信息分类体系,可以通过@、##、【新书推荐】等形式,使阅读推广信息能够清晰准确传递给读者,方便读者关注阅读推广内容,提升阅读推广效果。

2.2.5 关注微博阅读推广创意

高校图书馆微博阅读推广还要适应新媒体的自身特点,以新颖的方式进行微博营销,不断吸引读者的关注,以期达到最佳推广效果。①活动创意。阅读推广需要活动创意,这是使读者记住和理解活动的关键,一个优秀的创意可以提升读者对活动的关注度,并吸引读者参与其中。②话题创意。新媒体通过话题设立口碑营销,要通过设立微博话题,让图书馆的阅读推广成为读者关注话题,以达到营销目的。③个性创意。新媒体时代,有个性化内容是一切营销活动成功的关键,在高校微博阅读推广中,通过个性化内容可以吸引学生读者的关注,保持较高关注度。

2.2.6 提升微博阅读推广互动效果

互动传播是新媒体自身具备的特点,通过微博平台进行阅读推广活动不仅能实现传统媒体的推广效果,同时更应发挥微博的互动传播功能,读者通过微博可以对推荐图书进行评论、转发等活动，把读者自己的阅读体验分享给更多的读者，使读者在微博阅读推广中既是信息接受者，同时又是信息传播者。在与读者的互动中，要关注和利用新媒体读者的阅读习惯，增加读者对图书馆的亲切感，充分利用微博平台的互动功能，让读者都参与到阅读推广中，并能得到很高的参与度。

2.2.7 整合营销传播途径

新媒体随着计算机与网络技术的发展而产生，手机与移动设备成为人们获取信息的重要渠道。在新媒体时代，传播力是由计算机与网络技术支持的，图书馆可利用手机、PDA、IPAD等移动设备，融合互联网技术，进行全媒体、立体化的阅读推广活动。①利用新媒体技术，以微博构建阅读推广平台，同时引入博客、微信、RSS、二维码等技术，还可以通过微博平台提供的关联、分享、浏览器插件等工具，引导读者链接如豆瓣网、读书博客、读书论坛、Facebook等其他网站或网页，向读者推送更多阅读资源，充分发挥新媒体的传播优势。②利用传统媒体，图书馆可以通过海报、宣传册、馆刊等传统平面媒体开展新书通报、图书推荐等阅读推广活动，还可以通过读书征文比赛、知识竞赛、专题书展、读书会等传统方式开展阅读推广活动。③微博阅读推广应整合各种传播途径，有效配置资源，可以融合新媒体和传统媒体，利用多种推广形式，进行同一主题内容的阅读推广，实现虚拟与现实、网络与实体、线上与线下的有效配合。这样可以发挥不同媒体的优势，实现阅读推广全覆盖，信息传播题区域，由各个区域分别承担多元文化服务的某项具体内容。④"专门化"——配置多元文化服务的专门馆藏：为各个主题馆配备与其服务对象、服务范围、服务功能相符的专门馆藏资源，形成各自的馆藏特色。⑤"品牌化"——开展多元文化服务的品牌项目：以各个主题馆的空间和馆藏资源为依托，开展反映本区域特色的品牌活动项目。上述三大策略层层递进、相互配套，将图书馆的多元文化服务整合在一个框架内，发挥整体效用。

3 闽江学院图书馆微信阅读推广活动

闽江学院图书馆微信公众平台——"闽院微图"，自2015年9月1日正式启用后，成为阅读推广的主阵地，进行了包括悦读达人秀、知行读书会、每月经典推荐等一系列阅读活动的推广。截至2017年，共推送图文消息170多条，粉丝数量达8000多人。

3.1 阅读推广活动现状

3.1.1 吸引读者关注并参与阅读推广活动

微信公众平台要达到良好的宣传效果离不开用户的积累。闽江学院图书馆从2015年12月起，通过"关注有礼"活动、学术信息讲座微信公众平台抢票及新生入馆教育等方式吸引了众多读者关注"闽院微图"，在活动期间粉丝增长数量为往常的10倍左右，最高一天关注粉丝量达519人，在开展阅读活动之前，图书馆通过"闽院微图"向所有关注微信公众平台的读者发布活动内容、参与方式等信息。这种点对点的传播方式，让活动信息第一时间直达读者手中，微信公众平台粉丝的积累使宣传更有效。2016年10月举办的第二届"读吧！闽江学院"征文活动参与人数较2015年举办的第一届征文活动翻了3倍，收到了许多文体形式多样、文笔优美的稿件；2016年举行的2期知行读书会，吸引了110多位读书爱好者组成17个读书小组，一同慢阅经典，实现思想的碰撞和精神的成长。

3.1.2 提升读者阅读兴趣

以闽江学院图书馆知行读书会和悦读达人秀为例。闽江学院图书馆在2016年3月成立知行读书会，在全校范围倡导大学学子摒弃浮躁之心，回归阅读"熟读精思"的要义。知行读书会在每学期初向全校召集若干读书小组,小组成员5~10人,在该学期共同阅读一本书,并举办4~5场线下讨论会。每个读书小组建立自己的微信公众号,把线下讨论的心得整理之后,通过图文、视频、H5微场景制作等方式展示他们的阅读成果。同时,图书馆也定期将这些内容转载至"闽院微图",创建共同阅读、共同研究、共同分享的交流平台,提升读者阅读品味,激发读书热情,营造以书会友,乐读书、悦成长的良好读书氛围。读者通过这样的交流平台,获得多元的思想与见解,同时也透过思想自由、和而不同的交流互学相长,养成一种自主探究的阅读能力及批判性的思维。悦读达人秀自2015年起已举办了2届,它为爱读书的大学生读者提供一个充分展示自己的平台。这个活动分为3个部分,分别是评选借书量最多的"最阅读"个人、宿舍、班级,"最美读者"摄影秀和读书达人秀。"最美读者"摄影秀向读者征集最智慧的读书人、最美好的阅读情景,并利用微信公众平台进行网络投票,向广大师生展示闽江学院的良好学习氛围和开卷有益的读书场景。读书达人秀通过活动报名者现场介绍一本好书,或分享自己读书故事,评选出"读书达人",并在赛后对获奖的"读书达人"进行采访,在微信公众平台与读者一起分享读书达人丰富的阅读经验和阅读技巧,传承和弘扬读书精神。

从闽江学院图书馆进行的微信公众平台读者需求调查中发现,被调查的624名读者中,50%左右都表示通过"闽院微图"微信公众平台提升了他们的阅读兴趣,增加了到图书馆的次数,并且在阅读书籍的数量、时间上也有一定的增加。

3.1.3 促进读者参与阅读推广工作

阅读推广工作可以由图书馆单方面的向读者推送逐渐转变为读者参与到其中,让他们成为阅读推广工作的一份子,让读者感受到分享阅读、激发更多人阅读兴趣的乐趣。闽江学院图书馆的每月经典推荐活动就是这样的案例。每月经典推荐活动旨在每个月向读者推荐一个主题的书单。在活动开始之初,只是通过"闽院微图"推送或海报宣传推荐主题书单。2016年9月,闽江学院图书馆借新生入学的契机,将每月经典推荐进行改版,由原来的图书馆单方面向读者推荐书单变为读者可以根据图书馆给出的主题向其他读者推荐他们心目中的好书,并由推荐人根据自己的读书感悟来编写推荐理由。图书馆挑选合适的书目整理成推荐书单,并附上索书号,方便读者查询馆藏并到图书馆借阅图书。整个活动均在微信公众平台上进行,2016年9月至12月已举办3期,推荐主题分别为"学长学姐推荐好书""秋天让你想起的一本书""你从哪本书了解美国",参与活动人数达80多人,推送的图文信息被阅读3000多次。

3.2 利用微信公众平台深化图书馆阅读推广的策略

3.2.1 加大微信公众平台宣传力度,提高读者关注度

高校图书馆开通微信公众平台的目的在于使更多读者能够随时通过手机查看图书馆推送的阅读信息,但如果微信公众平台的用户数量不够多,读者的关注度低,那么要达到良好的阅读推广效果就难以实现。因此,加大宣传力度、拓宽宣传渠道成为图书馆利用微信进行阅读推广的首要问题。可以采取以下几种方式:①在图书馆入口、阅览室、借还书处、阅览桌和书架等处放置印有图书馆微信二维码的海报,并简要说明公众号提供的服务,供读者随时扫描关注;②举办关注有礼、微信投票等活动吸引读者关注;③在每篇微信图文尾部都标注如"长按二维码识别关注我们"等字样,通过QQ群、微博、粉丝转发等形式,一些潜在用户即可通过阅读文章后进行关注;④利用新生入馆教育、信息素养培训讲座等方式向新老读者宣传图书馆微信公众平台。

3.2.2 组建微信公众平台管理团队

微信作为一个新媒体平台,具有媒体的所有属性,其运营需要付出长期坚持不懈的努力,

并不是靠某个人的能力就能完成的,需要专门的团队运营。一方面,需要培养一批具有较高综合素养,并且热爱阅读推广的馆员,这样可以对阅读推广工作的整体方向及专业性有一定的把握;另一方面,可以招募一些具备计算机应用(网络)技术、写作、新闻编辑、摄影、绘画设计等专业特长的学生志愿者,使微信阅读推广在内容、语言及表现形式上更加贴近学生读者的阅读习惯。

3.2.3 改善微信公众平台推送内容的形式与质量

有学者指出,"读文"已走向了"阅图",具有"微"特点的直观性的微视频、图像等视听资源尤其受到读者的青睐,然而一般高校图书馆微信平台信息推送多是文字+图片的形式。为了使阅读更加生动活泼,受到学生读者的欢迎,可以充分利用微信公众平台的语音、视频功能,例如可以推送读者自己录制的诗朗诵,或图书馆学术讲座视频等等,做到图文并茂,有声有色。同时,公众号推送内容必须精耕细作。无价值的内容往往会引起用户的反感,导致用户黏性下降甚至退订。因此,阅读推广一定要在内容上下功夫,不能只局限于活动通知、新闻、好书推荐等常规内容,应该以原创内容优先,辅之以精选的转载内容,形成图书馆的特色,增加受众黏性,可以有以下几方面内容:①推广与高校读者读书学习相关的文章或知识,如考研相关信息、四六级英语考试、PPT制作技巧等;②根据中国传统的节日、节气等进行知识科普,结合高校所在地特色展示本地风土人文;③推送诗词赏析、美文节选、文学评论等,刊登读者投稿的书评、好文;④推荐值得关注的关于读书的微信公众号及高校所在地读书的好去处。

3.2.4 注重阅读推广活动策划

阅读推广活动成功开展的基础是活动策划。首先,活动内容需要尽量贴近学生群体的喜好,策划主题新颖、形式多样的阅读活动,如郑州大学图书馆的读书达人秀、厦门大学图书馆的中英语言交流趴等。除此之外,这些活动应该在一定程度上可以营造良好的阅读氛围,激发读者的阅读兴趣。其次,阅读活动难度可以适当降低一些或根据需要设置不同难度的阅读活动,否则一些学生读者可能会因为认为自己能力不足或者活动过于复杂而望而却步,反而影响了阅读推广的效果。

3.2.5 定期评估阅读推广效果

阅读推广是否能够到达预期效果最终还需要受到读者的检验。利用微信公众平台的数据统计功能,可以看到发送的图文被阅读、转发、收藏等情况,由此可以了解读者对于图书馆发布的阅读推广内容是否感兴趣;也可以在活动结束后通过微信公众平台进行问卷调查,详细了解读者对于阅读活动的满意程度,征求他们的意见和建议。只有定期评估阅读推广效果,不断总结阅读推广工作中存在的问题,及时改进和完善,才能够使阅读推广工作得到更多读者的认可。

4 武汉大学图书馆微信阅读推广活动

4.1 武汉大学图书馆微信公众平台介绍

武汉大学图书馆微信公众号(以下简称"武图微信")的名称是"武汉大学图书馆",微信号为"whu_library",采用"学校+图书馆"的形式命名,方便用户查找。武图微信的形式为微信订阅号,可每天向用户群发一条消息。武图微信于2015年4月建立,致力于及时推送武汉大学图书馆的最新资讯和服务信息,提供参考咨询服务和个人图书馆服务。具体而言,武图微信通过设置底部菜单栏、建立层级菜单式自助咨询系统、推送图文消息等方式为广大用户提供服务。底部菜单栏包括"我""信息服务""云阅读"三个版块,分别对应个人图书馆定制服务、馆内资源服务、文化活动推介和阅读推广服务等内容。层级菜单式自助咨询系统主要面向校内用户,涉及图书借还等方面。图文消息推送包括书目推荐、活动宣传、通知公告、资源动态、服务推介、美文帮推等多个方面的内容。

4.2 武图微信在校园阅读推广中的应用

4.2.1 通过图文消息推送进行图书推介

4.2.1.1 馆藏好书推介

馆藏好书推介的依据包括借阅排行、学生推荐及馆员推荐等。图书馆员不定期地对馆藏好书进行整理,进行专题图书推介。由于武图微信图文推送的内容不断增加,现已达到工作日期间每天至少发送一篇推文的频率,所以在对馆藏好书进行图文推介时,推送时机至关重要:①经典图书推荐的时效性并不明显,不必于某一特定时期推送,所以一般选择在学生课业压力相对较轻的学期中前期或者图书馆微信推送内容较少的时间段进行推送,并且尽量单条单文推送。②专业专题图书推荐一般结合时事热点、节日特色或者毕业季、读书节等校园特色活动进行主题选择和相关图书信息整理,以提高学生的阅读兴趣。

4.2.1.2 第三方荐书

第三方荐书是指非本馆馆员或师生用户推荐的书目,主要包括各大出版社及门户网站评选出的"年度好书排行榜"、各类获奖作品及其他具有较大影响力的公众人物的推荐书目等。这类荐书一般都已有相对成熟的推荐信息及文字表述,只需对其进行再次编辑排版便可推送,需要注意的是,在推文里需写明信息来源。此类荐书需要武图微信运营人员密切关注相关"好书榜"及具有影响力的个人书目推介的相关信息,通过相关机构或个人的官方微信、微博等渠道及时获得相关信息,以便第一时间为用户进行推介。

4.2.1.3 阅读美文推荐

武图微信也经常发送与阅读相关的美文,每周至少推送一篇。这类图文消息尤为侧重可读性和文字本身的魅力,对用户的吸引力较高,按照语言风格的不同可分为煽情类、搞笑类及清新类三种,从不同的角度揭示阅读的魅力,从而满足不同用户的审美,增强用户黏性。

4.2.1.4 "真人图书"推介

武汉大学图书馆的"真人图书馆"系列活动开始于2012年年底,截至2017年9月,已举办活动27场。每期活动之前,武图微信都推送消息进行活动预告和宣传。从2016年10月开始,武图微信开辟了"真人书单"系列推送,对每期"真人图书馆"活动进行记录整理,对"真人图书"的分享内容进行更加深入的剖析,并做成系列推送分享给读者。此外,每期"真人书单"推文的末尾都会附上相关的馆藏书目和索书号,以方便读者借阅。

4.2.2 底部菜单设置

图书馆微信界面的底部菜单栏设置有"我""信息服务"和"云阅读"三个版块,其中"云阅读"版块是专为阅读推广而设立的。"云阅读"的二级菜单中的阅读推广内容可总体划分为数字资源推介和馆刊推介。

4.2.2.1 数字资源推介

"云阅读"中有关数字资源的推介包括"好书推荐""杂志精选""热门图书"和"公开课"。"好书推荐"下设"借阅之星""趣味书单""经典榜单""美文赏析"四个子栏目,其内容是该公众号的往期推文精选,属于书目推介类文章。"杂志精选"挑选了包括《Vista看天下》《南方人物周刊》《南方都市报》《意林》等在内的几种影响力较大、学生需求较大的报纸、期刊,实时更新其中的文章,满足学生的阅读需求。"热门图书"中的推荐图书来源于超星移动图书馆,用户可在线阅读,也可以根据提示下载超星移动图书馆,阅读更多图书。"公开课"每次提供六个主题的公开课视频并不断更新,每一选集的视频长度不超过20分钟,其内容以人文历史为主。

4.2.2.2 馆刊推介

"云阅读"中另一个重要的阅读推广内容是武汉大学图书馆的馆办刊物《文华书潮》。武汉大学图书馆于2014年创办了《文华书潮》,其为读书文化类刊物,是中国图书馆学会阅读推广委员会指定书香园地。该刊主要栏目为开卷、专稿、书评、书架、书语、图讯、编后,每年编发四期,不对外发行出售。因经费限制,纸质版的《文华书潮》印刷数量有限,因而电子版的推广就显得尤为重要。读者通过武图微信可阅读《文华书潮》最近几期的精选文章,还可免费下载每一期的PDF版本。

4.2.3 辅助线下阅读推广活动

4.2.3.1 推送活动信息

武汉大学图书馆在开展校园阅读推广活动中坚持品牌化和多元化的路线,通过多种活动实现师生用户立体化的阅读。这些活动包括两个年度大型主题活动("读书节"和"文化活动月")、文华系列品牌活动("文华讲坛"和《文华书潮》)、常规推广活动("真人图书馆"和"珞珈阅读广场")等。这些活动之所以能够取得良好的效果,武图微信的宣传至关重要。考虑到微信传播的时效性和及时性,活动信息一般会在活动开展当周提前2~3天发布,对于时间跨度较大的活动,则会提前一周左右发布,并在活动开展期间再次进行宣传推送。在活动结束之后,武汉大学图书馆视具体情况,对单次活动进行回顾或在月底对数次活动进行集中回顾,并进行微信推送。

4.2.3.2 建立"珞珈阅读广场"微页面

在常规阅读推广活动中,"珞珈阅读广场"系列活动是立体阅读的代表,是欣赏文艺作品、分享阅读感悟、培养人文素养的阅读交流平台,集图书、电影、音乐、戏剧赏析阅读于一体。"珞珈阅读广场"创建于2013年,截至2017年9月已举办133期。为了更好地宣传和开展这一品牌活动,武图微信除了进行活动预告,还利用微信公众平台的模板功能专门建立了"珞珈阅读广场"微页面,包括活动简介、栏目介绍及历史活动回顾等内容,并将其链接附在每一期活动的微信推送内,读者只需点击"阅读原文"即可跳转至该页面了解更多信息。此外,读者还可通过自助服务,在对话框输入"珞珈阅读广场"关键词获取"珞珈阅读广场"微页面。

5 大连医科大学图书馆阅读推广活动

5.1 大连医科大学图书馆"21日读书养成计划"活动案例概况

大连医科大学图书馆从2008年至2017年,先后共举办了九届图书馆文化月,每一届的文化月都有一个鲜明的主题与一场丰富有趣、能够激发读者阅读兴趣的活动,如书签设计大赛、真人图书馆及好书大家读等。"21日读书养成计划"活动是第九届文化月的活动之一,该活动利用神奇的21天效应原理,依托微信平台,建立微信读书会群。参加微信读书会的读者坚持在21日内固定地在群内分享读书心得,在21天的微信读书会活动结束后,大连医科大学图书馆还举办了线下书友会,线上线下的有机结合促使微信读书会更具生命力。

5.1.1 微信读书会活动成员招募

"21日读书养成计划"活动的开展,离不开读者的参加与支持。活动开始前,负责此次活动的馆员通过海报、图书馆公众账号、图书馆主页、微博等宣传手段进行招募,感兴趣的读者将会利用微信扫码的形式添加负责活动的馆员为微信好友，馆员会将活动细则及此次活动的书单发给读者，并调查此次活动读者想读的书籍及平时感兴趣的书籍类别，以便对读者的阅读倾向及喜好进行初步了解。待活动开始前一天，负责的馆员统一将参加活动的读者拉进微信群内。

5.1.2 微信读书会书单制订

书单的制订是从大连医科大学图书馆每期好书推荐书目及经典书目中挑选出20本书，内容涵盖哲学、医学、文学等，并利用专业的H5平台——兔展进行制作。通过新颖的制作效果、强大的交互功能，微信读书会直接通过微信将书单传递给读者，给读者耳目一新的感觉。读者将自己感兴趣的书目反馈给馆员，馆员会优先将读书会成员所选书籍借给参加微信读书会的读者。

5.1.3 微信读书会的活动形式

活动历时21天，每位参与者选一本图书进行阅读，每日坚持在固定时间里（即17:00—22:00，其他时间为禁言时间）在微信群内进行分享，分享形式可以是图片，也可是文字。分享的主要内容是读者对当日所读图书的内容发表的感想或评论，同时还会有书友之间的相互交流与推荐。在21日的时间里，书友们坚持分享，互推图书，相互影响与交流，形成了良好的阅读氛围与阅读习惯。

5.2 对高校图书馆开展微信读书会活动的一些思考

截至2017年9月，我国约有304家高校图书馆推出微信服务号或订阅号，但高校图书馆开展的微信读书会却寥寥无几。我们利用中文数据库资源，如CNKI知识服务网络平台、维普中文科技期刊数据库、万方数据库、读秀学术搜索数据库等，对国内相关文献进行调查，分别以"微信读书会""读书会公众号"为主题词进行检索，获得中文期刊论文1篇，增加主题词"图书馆"，获得论文2篇。这表明图书馆界尤其是高校图书馆界对微信读书会这一新兴事物并未给予足够的重视。

5.2.1 从理念上高度重视

首先，高校图书馆应从理念上认可微信读书会为推广读书会活动的有效方式，应将微信读书会纳入图书馆创新服务的内容之一，给予高度重视。其次，应将微信读书会加入手机图书馆的主要功能模块，通过这一模块进行阅读推广。最后，高校图书馆要大力宣传读书会活动，展示活动成果，增强影响力，将线上讨论与线下活动相结合，使微信读书会更具生命力，成为拓展读书会活动的新窗口、新门户，吸引更多的读者参加微信读书会及读书会活动。

5.2.2 构建读者信用体系

出于阅读推广的目的，高校图书馆应让更多微信用户停留在图书馆读书会微信公众号中，并通过各种有效方式，帮助用户牢固树立建立不易、失去容易的信用观念，从而提高会员的自我认同感，激发学生参与读书会活动的热情。"南图书友会"的以下做法值得借鉴：推出会员积分制，参加者积分、失约者扣分，积分领先者享受会员特别待遇，积分查阅与会员编号挂钩，在微信公众平台直观反映。

5.2.3 创新服务模式

高校图书馆微信读书会的开展离不开读书会会员的支持，微信读书会若想获得长久的生命力就要不断创新与改善微信读书会的活动形式与活动内容，逐渐形成活动、反馈、完善、创新的服务体系。

5.2.4 增加互动环节

高校图书馆微信读书会需要进行互动：①要让参与其中的所有人感知到阅读所带来的"好处"，相信阅读能够增加知识储备，提升文化修养。②组织者与参与者之间、参与者与参与者之间通过"晒图书""晒笔记"等环节进行交流，激发参与者对阅读的热情，从而使"参与者"成为一名积极的"实践者"。③通过开展互动活动，形成一个阅读群体，共同在某一本书或者某一类图书中进行深度阅读，发掘图书内涵，实现图书内容感知上的飞跃。微信读书会是当今信息时代新兴的全民阅读交流平台，也是现代高校图书馆利用新技术推广宣传、开展读书会、推进全民阅读的主要途径。但是，由于高校图书馆对其不够重视、缺乏相关支持，读书会仍旧存在着规范不严格、监管不到位、持续性差等问题。

6 广西科技大学图书馆微信阅读推广活动

6.1 新媒体——微信公众平台的力量

6.1.1 微信公众平台的发展

微信作为一种新的社交方式，凭借其自身的优势逐渐被更多的人安装使用。微信已经覆盖中国94%以上的智能手机，2016年微信用户数量突破9.27亿。自微信公众平台面世后，各高校陆续开通官方微信公众账号，微信公众平台作为一种社交传播新媒体，有传播快速、信息精准、互动性强、呈现方式多样等特点，已成为校园文化传播的新媒介。

6.1.2 微信公众平台对阅读推广的影响

为响应国家"全民阅读"的号召，推进书香校园建设，高校图书馆阅读推广工作正在如火如荼地进行。随着网络、数字和通信技术的迅速发展及广泛应用，以互联网、手机等为代表的新媒体逐步成为大学生获取信息的重要途径。高校图书馆阅读推广的主要对象是大学生，高校学生对于新事物有着较强的接受能力，对于新媒体网络技术更有着极高的热情，通过手机微信获取各种资讯，分享文章阅读，已经成为大学生生活中的一部分。微信公众平台的应用，是图书馆为读者提供的一项新媒体服务，为读者提供移动阅读，促进阅读推广工作。

6.2 借助校园微信公众平台开展阅读推广的优势

高校阅读推广工作主要通过图书馆举办形式多样的阅读活动，激发读者的阅读热情，培养读者阅读习惯，以提升读者的阅读水平，创建书香校园。图书馆在开展阅读推广活动时应积极运用新媒体开展各项工作，满足高校师生对接受新兴事物的渴望。而校园微信公众平台作为一种新兴媒体，在开展阅读推广中具有独特的优势。

6.2.1 高校关注校微信公众平台用户众多

目前很多高校开通了官方微信公众账号，是为了发布信息、工作交流、经验分享、美文鉴赏等，是学校各项工作和活动的宣传窗口，为所有在校大学生搭建一个良好的展示平台，促进广大师生间的交流互动等等。微信公众平台或多或少会发布与自己有关和对自己有用的消息，作为该校的师生很多人会主动地进行关注，本校师生有近70%的人关注了本校校园官方微信公众号。所以在校园微信公众平台上发布关于图书馆的信息，接收到的人比较多，有利于图书馆开展阅读推广工作。

6.2.2 信息传播方便快捷，宣传效果较好

图书馆传统阅读活动的宣传与推广，如图书馆网站通知、海报宣传、电子屏发布通告等。宣传的文字图片单一，不够灵活，受众比较被动，而且传播不够及时且不够广泛，宣传效果较差。微信公众平台可以发布文字、图片、音频、视频、图文消息5个类别的内容。文字信息通过编辑加工后声情并茂，动静结合，通过微信公众平台发布，宣传成本节约了，而且传播更方便

快捷,受众更易于接受。

6.2.3 及时交流,及时反馈

微信是一款社交软件,最基本的功能就是交流。微信公众平台的通信方式呈一种闭环式的交流结构,这种结构的最大特点在于可与用户进行直接对话,通过发送语音、文字、图片等实现双向、同步的在线交流,利于信息的有效送达。图书馆可以通过读者的留言,及时回复,与读者及时沟通交流,扩展了图书馆与读者的沟通渠道。收集的信息得以及时反馈,能更好地了解不同读者的需求,更好地开展图书馆持续性工作及读者服务工作。

6.2.4 相对图书馆开通的微信公众号,校园微信公众平台更有优势

很多高校图书馆为了提高在校园中师生的关注度,更方便地开展读者服务工作,陆续开通了微信公众号来发布图书馆相关信息,促进阅读推广工作的开展。但主动关注图书馆微信公众号的人数相对较少,而且还存在着亟待解决的一系列问题。图书馆开通的微信公众平台,很难发挥出它应有的功能。李剑就广东省高校图书馆开通微信公众平台开展阅读推广工作的情况进行了调查,认为存在应用不普遍、方式与功能不完备、整体规划不强和个性化不足等问题。而校园微信公众平台有它独特的优势,是图书馆微信公众号无法比拟的。

6.3 在校园微信公众平台发表书评意义

书评,即评论或介绍书籍的文章,是以"书"为对象,实事求是地分析书籍的形式和内容,探求创作的思想性、学术性、知识性和艺术性,从而在作者、读者和出版商之间构建信息交流的渠道。本馆发布在校园微信公众号上的书评,主要以介绍图书内容、导读鉴书为主。

6.3.1 有利于激励读者阅读

社会的读书风气需要书评的推动、引导,让书评感动读者还不是最终目的;通过书评影响读者去阅读图书,才是最重要的。在校园微信公众平台发表书评,有更多的阅读人群,而且书评的写作者就是读者身边的同学,代表了这一代人的阅读行为和习惯。通过熟悉的同学和同年龄阶段的学生写作的书评,去向身边的同学介绍和推荐一本图书,能更好地推动、引导读者去阅读,扩大影响力,有利于促进图书馆阅读推广工作。

6.3.2 有利于推动读者写作

很多大学生一直苦于没有展现自我写作能力的平台,书评能在校园微信公众平台上发表,是展现自我的一种形式。他们可以展示自我、肯定自我,同时也是分享阅读喜悦的行为,阅读也需要分享。读者的浏览量、点赞等都是在无形地激励着书评作者,同时也在鼓励更多的读者加入到书评的写作当中。而且,书评的作者很多时候就是读者身边的同学、室友,他们相互间也有互利共勉的作用。

6.3.3 有利于了解学生的阅读需求

一方面从写书评的作者中了解他们喜欢什么类型的图书,只有作者自己喜欢了、有感触了,才会认真地写出一篇优秀书评与大家分享。另一方面,可以从读者在微信公众平台上对一篇书评的浏览量、点赞量、读者互动等信息,去了解诸如读者对书评本身的称赞或对书评中图书的喜爱。所以在校园微信公众平台发表书评有利于了解学生的阅读需求,利于图书馆的图书采购和相关的读者服务工作。

6.4 在校园微信公众平台上发表书评的效果

广西科技大学图书馆有书评写作的指导老师,指导读者写作书评。书评经过筛选、初步修改后,如筛选优秀书评,加入某些与文字相关的图片、动态信息等,发表在校团委微信公众平台开设的青阅读·微书评板块上,固定每周三在板块上发表一篇。书评在1000字左右,且在文

章最后加上了图书在本馆的馆藏信息,以便更好地引导读者到图书馆查找。2015年下半学年,该馆共接收读者书评初稿120篇。

6.4.1 引导、推动读者阅读

该馆选择发表在校园微信公众号上的书评,推荐的图书内容一般为健康、积极向上的,且题材不限的各类书籍。从这些图单中可以看出,该馆一直希望引导读者阅读一些正能量、对读者有意义的书籍,包括一些经典书籍、热门书籍、专业书籍等。从大学生读者的阅读行为和习惯可知,读者借阅趋于新书,喜欢阅读较近出版的图书。除了某些经典图书借阅经久不衰外,很多图书普遍会随时间增长借阅次数慢慢在减少。而书评发表后一年的时间与书评发表前一年的时间的借阅次数对比,随时间的增长借阅次数有些在保持,大部分有明显的提高。这种现象的出现除了图书为本身经典书籍吸引读者借阅外,书评也有很大的推动作用,从而书评在无形中推动着读者的阅读。

6.4.2 提高图书馆在校园中的关注度

书评如果在图书馆自身开通的微信公众平台上推广,虽然可以不受栏目限制,发表更多的书评,但一般主动关注图书馆信息的读者较少,而且书评贵在质量精而不是数量多。在图书馆自身的微信公众平台推广得到的宣传效果不大,发挥不出书评应有的功能。而运用校园微信公众平台的推广功能,关注的读者人数会更多。从一个学期发表在校团委微信公众平台的20篇书评统计数据来看,浏览总量9547人次,总互动1112人次,数据相对比较大,阅读较广。在图书馆校园微信公众平台发表书评,读者关注书评同时,相当于让图书馆经常出现在更多的读者视野中,其实是提高了图书馆在校园中的关注度。

6.4.3 利用读者对图书馆的关注度,便于图书馆开展其他阅读推广活动

学校校团委微信公众平台开通有不同的栏目,周三为图书馆开通的书评专栏"青阅读·微书评",虽然只是每周发布一篇书评,但宣传贵在书评质量高而不在数量多。经过时间积累此栏目有着一定人数的关注者和粉丝,图书馆的关注度进一步在提高。图书馆有时要举办的一些活动,可以通过此栏目将活动预告发布出去,让更多的读者知情、了解,便于开展图书馆阅读推广活动。

6.4.4 提升书评作者的写作技能和阅读素养

图书馆通过一系列的奖励政策、培养政策等,鼓励越来越多的读者把自己看过的图书写成书评。作者们经过专业老师的指导,图书馆组织开展书评写作的讲座与培训共计8场,参与人数1千多人。学生经过系统的培训,写作书评文字更流畅,水平也在不断提高。书写的书评能发表在校园微信公众平台上也是读者表现自己的一种形式,读者乐意去学和写,多学多写慢慢提高他们的写作技能。而且读者有意识地要写一篇书评,而且想写出一篇优秀的书评时,在阅读图书的过程中就不会是进行一目十行等的浅阅读,而是认真、仔细地阅读一本图书。读者进行深阅读,会从书本中得到更多的体会。

第四章 公共图书馆阅读推广现状

第一节 公共图书馆多维度阅读推广实践

1 嘉兴市公共图书馆阅读推广实践与思考

2007年以来,嘉兴市着力构建以"政府主导、多级投入、集中管理、资源共享"为主要特色的城乡一体化公共图书馆服务体系模式。至今,嘉兴市城区有公共图书馆3个,分别为嘉兴市图书馆、嘉兴市少儿图书馆(南湖分馆)及嘉兴市秀洲区图书馆(秀洲分馆);嘉兴市下辖5个市(区县)图书馆,分别是嘉善县图书馆、平湖市图书馆、张元济图书馆、海宁市图书馆和桐乡市图书馆;嘉兴市现有镇(街道)分馆54个、村(社区)分馆69个。在2012年城乡一体化公共图书馆服务体系创建阶段性工作结束后,嘉兴市各市(区县)图书馆总分馆着眼于图书馆的可持续发展,广泛开展图书馆的宣传服务及阅读推广等工作,在阅读推广方面进行积极的探索,积累了一定的活动经验,成效初显。

1.1 嘉兴市公共图书馆阅读推广活动成效
1.1.1 阅读推广工作得到重视
1.1.1.1 人员配备

嘉兴市各市(区县)图书馆总馆阅读推广工作除平湖图书馆馆长亲自负责外,其他馆均由副馆长分管,各馆配备或确定2~3位专职或兼职馆员,负责阅读推广工作。例如,张元济图书馆设宣传推广部,部室配有3位专职馆员,其中部主任负责阅读推广活动的策划、协调及联络,一位馆员负责活动的实施管理和宣传报道,另一位馆员负责活动预告、视频拍摄和设施维护,3人分工合作,共同承担图书馆服务宣传及阅读推广职责。海宁市图书馆新馆开放后,设立专门部门负责阅读推广工作,嘉兴、平湖、嘉善、桐乡市图书馆目前的阅读推广活动及目标任务分解到文献流通部、少儿部等部室,部主任负责活动的策划、联络和协调,部室成员负责活动的宣传、实施和管理。嘉兴市各镇分馆阅读推广活动由市(区县)图书馆总馆下派员负责(桐乡、嘉善除外),职责是配合总馆阅读推广活动的下移及自主开展阅读推广活动,镇地方管理员参与阅读推广活动的实施和管理;村级分馆阅读推广活动由镇分馆负责指导并督促落实。

1.1.1.2 经费投入

嘉兴市各市(区县)图书馆阅读推广经费均列入年度预算,除嘉兴市图书馆外,其他市(区县)图书馆总馆年阅读推广专项经费为5万~10万元,部分馆活动次数多,活动经费不足部分年底由财政核实后追加。各镇(街道)分馆阅读推广活动经费由镇(街道)政府拨付,年度活动经费一般在2万~3万元。

1.1.1.3 活动场所

嘉兴市各市（区县）馆舍设施较好，均设有亲子活动区、培训室及报告厅等。其中海宁市图书馆活动场地硬件设施目前在嘉兴市公共图书馆领先，拥有300多平方米亲子互动区及100多平方米活动吧、200余个坐席和100余个坐席的报告厅各一个、培训室数个；嘉兴市少年儿童图书馆（南湖分馆）设备设施一流，环境布置温馨活泼，"亲子悦读天地"吸引了大批少年儿童。

1.1.1.4 专家指导

2012年年底，嘉兴市图书馆聘请了两位国内知名的阅读推广专家定期入驻嘉兴市图书馆，通过对嘉兴市图书馆全体馆员、各市（县区）图书馆馆长、各市（县区）图书馆阅读推广馆员等分层指导培训，增强馆长及馆员对阅读推广重要性的认识，了解并掌握阅读推广活动方法和技巧。

1.1.1.5 定期交流

2013年10月，嘉兴市公共图书馆成立了嘉兴市公共图书馆阅读推广工作小组，成员由全市公共图书馆分管阅读推广工作馆长（副馆长）、部主任及相关工作人员组成。阅读推广工作组成员定期召开工作例会，通过活动观摩、案例分析、专家点评、讨论交流等方式，深入推进全市公共图书馆阅读推广活动开展。

1.1.2 阅读推广宣传途径多样

嘉兴市各市（区县）图书馆总分馆阅读推广宣传依据不同读者类型需求，采取传统宣传和现代宣传、馆内宣传和馆外宣传并举办法。

1.1.2.1 网络宣传

嘉兴市各市（区县）公共图书馆，均开设图书馆网站、政务微信、微博、短信和QQ读者交流群等网络宣传平台，每项活动前期预告、现场实施和后期报道均由网络发布，现已成功推出了"文化有约""读者有约""活动预告"等活动预约服务品牌。许多读者通过网络平台获取信息，参与阅读活动，网络宣传深受年轻读者关注。

1.1.2.2 传统宣传

在网络宣传的同时，考虑到部分中老年读者网络交流较少等实际，各馆同步开展传统阅读推广宣传，图书馆大厅、社区宣传栏成为阅读推广活动的传统宣传平台，另外，人员密集区成为馆员传统宣传的重要场所，如海宁市图书馆走进市中心菜场、城西菜场、华联大厦广场、新华书店等地开展了"阅读微访问"广场宣传活动。

1.1.2.3 媒体宣传

在网络和传统宣传的同时，嘉兴市各公共图书馆依托各市（区县）报纸、地方门户网、地方新闻网等媒体平台，同步发布活动信息，媒体宣传又获得了部分读者对阅读活动的关注。

1.1.3 阅读推广服务对象广泛

嘉兴市各市（区县）图书馆总分馆阅读推广活动面向所有市民，主要有三大类：未成年人、老年人和新居民。

1.1.3.1 对未成年人的阅读推广

嘉兴市各市（区县）图书馆总分馆注重未成年人阅读推广活动，常态化的活动品牌有：嘉兴市图书馆的"禾禾故事会"，张元济图书馆的"悦读汇"（分低、高年级段），平湖新仓分馆的"姐姐姐姐故事会"，海宁市图书馆的"童心故事会"等。

1.1.3.2 对老年人的阅读推广

老年阅读推广活动主要依托各馆的馆刊及诗友会、读书会等平台推进，如平湖市图书馆面向老年读者的刊物《晚晴》，张元济图书馆的"老年诗友会"，海宁市图书馆的"老读者读书交流会"等。

1.1.3.3 对新居民的阅读推广

嘉兴地区新居民人口多,开展新居民阅读推广活动已成为各馆阅读推广活动的重要组成部分。如全市各市(区县)图书馆共同参与进驻民工子弟学校的"爱心书柜"、张元济图书馆的"新居民驿站流动图书馆",海宁市图书馆的"护翼小候鸟,归途满书香"系列活动等。

1.1.4 阅读推广活动类型丰富

1.1.4.1 利用节日开展阅读推广

中国的传统佳节、"4·23"世界读书日、浙江省未成年人读书节、图书馆服务宣传周、各市(区县)的全民读书月,是嘉兴市各市(区县)图书馆开展阅读推广活动的契机,各馆充分利用馆藏资源,通过组织开展系列读书活动,将节日阅读推广推向高潮。如平湖市图书馆在2014年全民读书月期间,总馆组织开展了书香童趣系列、推陈出新系列、老有所乐系列、古色古香系列、零距离系列、遨游网络系列及坐而论道系列共42项活动,镇(街道)分馆组织开展了"读书之乐,集'赞'有礼"等38项活动。海宁图书馆在2013年全民读书月活动中,开展"读书明礼"和"读书,给你知识、智慧和力量"专题讲座、"'悦'读直通车"现场咨询、"阅读实践夏令营"、少儿诗歌朗诵比赛等活动,总分馆阅读推广联动8次。

1.1.4.2 利用活动开展阅读推广

嘉兴市各市(区县)图书馆总分馆善于利用活动进行阅读推广,活动主要形式有讲座、沙龙、展览、竞赛等。讲座是阅读推广活动最常见的方式,嘉兴市图书馆的"南湖讲坛"、平湖市图书馆的"市民讲堂"、海宁市图书馆的"紫微讲坛"、张元济图书馆的"涵芬讲坛"、桐乡市图书馆的"桐溪书声"均定期邀请专家和学者来馆与读者分享读书心得及阅读快乐。沙龙以互动性强更受小众读者喜欢,张元济图书馆的"涵芬沙龙"、桐乡图书馆的"伯鸿阅读沙龙"、海宁图书馆的"阅读吧沙龙"每月活动2次以上。展览以图文并茂的快餐式阅读优势获部分读者青睐,2014年上半年的"中外文学名著插图展"在全市各图书馆巡展,取得了较好的社会效益。竞赛是阅读推广的有效方式,如平湖市图书馆的"我的书偶——平湖市青少年阅读形象创作设计大赛"、嘉兴王店分馆的"趣味阅读知识竞赛"、平湖独山港镇分馆的"读书擂台赛"、嘉善县天凝分馆的"阅读经典·感悟人生"征文赛等均取得较好的成效。另外,张元济图书馆每月2次的"悦读汇",在专职老师的主导下,孩子们共享阅读快乐;嘉兴市图书馆的"禾禾故事会"以讲故事的形式,引领少年儿童进入阅读的世界,获取生活中的快乐和智慧等。

1.1.4.3 利用平台开展阅读推广

嘉兴市各市(区县)图书馆总分馆阅读推广活动依托多种平台交叉实施,阅读活动知晓度逐步提升。如全市公共图书馆持续进行中的"爱心书柜"(入驻新居民子弟学校)、"你选书我买单"、"数字资源进基层"等,另外,嘉兴新塍分馆的"让好书去旅行"图书漂流、嘉兴市图书馆的"亲近经典,乐享暑假"专题书展及"晒书会"进高校、海宁图书馆的《水仙阁》书目推介及"'悦'读直通车"、平湖图书馆的"跳蚤书市"、桐乡市图书馆的"图书势力榜"专架、嘉善图书馆的"热点图书排行榜",以及张元济图书馆用LED和立式广告机开展的"经典书目推介"及"微博书中拾贝"活动等。

1.2 嘉兴市阅读推广实施活动的主导者

1.2.1 政府部门主力推动

"文化强市(区县)"战略促进阅读推广活动。近几年,嘉兴市(区县)政府实施"文化强市(区县)"战略,重视学习型城市建设,一年一次或两年一次的"全民读书节(月)"活动将全民读书活动延伸至区域内多个部门。海盐县委、县人民政府联合举办两年一次的"书香润海盐——全民读书节",截至2017年已连续举办5届,此项活动责任主体由县委组织部、县委宣传部、县文明办、县社科联、县总工会、县妇联、团县委、县文联、县科协、县教育局、县文化局、县新居民事务局、县旅游局、县史志办、张元济图书馆、嘉兴日报海盐分社、县广播电视台等17家单位组成,围绕读书主题,各责任单位组织开展系列读书活动多达20余项,"全民读书节"历时3个月,活动知晓度高、参与人数多。

平湖市"全民读书月"由市委宣传部、市教育局、市文化局、市总工会、共青团平湖市委、市妇联联合主办,平湖市图书馆总分馆共同承办,市新华书店和各镇(街道)文化站协办,阅读活动场所分设在平湖市图书馆总馆、各镇村分馆、市新华书店、中小学、幼儿园、汽车站候车厅、民工子弟学校等地,阅读活动辐射面广、影响力大。

"伯鸿书香奖"是政府部门推动阅读的成功案例,2014年,桐乡市人民政府和中华书局、光明日报社、中国阅读学研究会共同主办了全国型的读书活动——"伯鸿书香奖"评选,"伯鸿书香奖"每两年评选一次,奖项分为"伯鸿书香人物奖""伯鸿书香组织奖""伯鸿书香阅读奖"。"伯鸿书香奖"秉承陆费逵先生献身书业、推动文化繁荣之精神,评选和奖励在"全民阅读推广"方面作出特殊贡献并产生一定社会影响力的民间团体(组织)和个人。

1.2.2 有关单位大力协助

嘉兴市各市(区县)图书馆总分馆的阅读推广活动得到了区域内有关单位的大力协助,使阅读推广活动宣传面更广,参与人数更多,活动成效更显著。嘉兴地区参与阅读推广的协助单位主要是市(区县)文明办、团委、教育局、文化局、新华书店等。如嘉兴市每年一度的全市性阅读推广活动"阅读伴我成长"暑期系列读书活动,这一活动由嘉兴市文明办、嘉兴市教育局、嘉兴市文化广电新闻出版局及共青团嘉兴市委主办,嘉兴市图书馆及新华书店协办;嘉兴市"阅读照亮人生——嘉兴市中小学生暑期系列读书活动"由嘉兴市各公共图书馆联合区域内各教育装备和信息中心共同举办;海盐县面向全县中小学的"千年脉动,故事海盐"活动,由县文化局、县旅游局、县教育局及共青团海盐县委联合主办,张元济图书馆承办。另外,阅读推广活动也得到了部分企业的支持,如海宁市图书馆携手海宁新家园房地产开发有限公司推出亲子阅读"彩虹计划",吸引了来自全市100多户家庭300余人参加,将阅读知识、植物辨识、细节观察等结合到亲子活动中去。

1.2.3 图书馆积极履职

阅读推广活动是图书馆的天职。2007年构建城乡一体化公共图书馆服务体系建设和2013年推进公共文化服务体系示范区建设以来,嘉兴市各市(区县)图书馆总分馆紧紧把握机遇,在完善软硬件建设的同时,践行"普遍均等、惠及全民"服务理念,重视阅读推广活动,通过邀请专家现场指导、阅读推广小组经验交流及各市(区县)总分馆联动方式,促进阅读推广活动的有序、常态、持续开展,阅读推广场所遍及馆内外,触角已延伸至社区、学校、企业、军营;阅读推广宣传手段传统、现代并举,兼顾各层次读者群;阅读推广形式多样,内容丰富,讲座、沙龙、展览、竞赛、故事会、阅读会、朗诵会等不同形式满足各年龄读者需求,经几年时间的不断探索,现已打造了多个阅读推广服务品牌,仅嘉兴市图书馆就成功打响了"南湖讲坛""南湖读书会""禾禾故事会""禾禾亲子天地""爱心书柜""晒书会"等服务品牌,阅读推广影响力迅速扩大。

1.2.4 志愿者倾情投入

志愿者的加盟为阅读推广活动注入活力。嘉兴市各市(区县)图书馆总分馆的讲座和沙龙平台上活跃着一支无私奉献的志愿者队伍,这群有识之士借助图书馆公益服务平台,与读者分享阅读经验、传授阅读技能、传递阅读信息。如张元济图书馆的"涵芬沙龙""悦读汇"的主讲嘉宾均由志愿者主导,"涵芬沙龙"已拓宽至八大系列,如"盐邑人文"系统、"悦读分享"系列、"传统文化"系列、"快乐主妇"系列等。"悦读汇"是一项由主导老师引领少儿共读名著的互动性较强的阅读交流活动,分小学高、低两个年龄段,每月各举办一次,主导老师为小学教师志愿者。桐乡图书馆的"伯鸿悦读沙龙"和志愿者主导下开展的"桐溪书声·公益讲座"已举办多期,活动吸引了周边县市文学爱好者的参与。

1.3 嘉兴市公共图书馆阅读推广活动可持续发展的思考
1.3.1 建立阅读推广长效机制
1.3.1.1 培育阅读推广队伍

中国图书馆学会阅读推广委员会主任吴晞认为,阅读推广是图书馆的根本任务,是图书馆历史发展的必然结果,是图书馆行业生存和社会文化发展的需要,由此可见,阅读推广已成为图书馆的天职。开展阅读推广工作有许多必备的要素,其中第一要素是馆员,因而,目前全市各市(区县)图书馆当务之急是培育好一支能担当这一重任的馆员队伍。如何培育业务精湛的阅读推广工作队伍,办法有多种:一是善于选拔人才。将馆内热爱图书馆事业、乐于和读者交流、活泼开朗的馆员选拔出来,安排他们专职从事阅读推广工作。二是提供培训机会。为阅读推广馆员创造学习条件,除实行传统的"请进来"小范围培训和"走出去"参观学习途径外,还可以联系业界单位为阅读推广馆员提供挂职实践机会。三是实施柔性管理。图书馆的阅读推广活动时间随读者需求而定,许多活动安排在双休日或晚上进行,阅读推广活动馆员上下班时间随活动时间变动,实施柔性管理有利于激发馆员的工作积极性。

1.3.1.2 创建阅读推广服务品牌

阅读推广品牌是一个图书馆在阅读推广方面赋有特色的综合反映和体现,是图书馆和读者活动关系的载体。阅读推广品牌的创建是阅读推广前期重要工作之一,品牌创建与阅读推广活动成功度关系密切。从嘉兴市各市(区县)图书馆阅读推广品牌创建现状来看,大部分市(区县)图书馆总馆阅读品牌创建较好,已取得品牌效应,如嘉兴市图书馆以"南湖"和"禾禾"命名的"南湖讲坛""南湖读书会""禾禾故事会""禾禾亲子天地"服务品牌已获得读者的认可;张元济图书馆以"涵芬"(来源于商务印书馆涵芬楼)命名的系列品牌"涵芬讲坛""涵芬展览""涵芬朗诵团""悦读汇"及"英语角"也获得读者的广泛参与;另外,海宁市图书馆的"紫微讲坛"、平湖市图书馆的"市民讲堂"及桐乡图书馆的"伯鸿悦读沙龙"等在推动全民阅读中发挥着重要的作用,得到了读者的普遍赞赏。在阅读推广品牌创建这方面相对较薄弱的是嘉善县图书馆及全市大部分镇村分馆,品牌创建对于它们而言任重道远。阅读推广品牌的维护、管理和创新是嘉兴市各市(区县)总分馆今后努力的目标。事实上,好几个市(区县)总分馆阅读推广全年活动次数近百次,推出了一个又一个系列活动,但大部分还没形成独特的品牌。另外,已有的一些活动品牌如"英语角""你选书我买单""数字资源进基层"等,活动名称太普通,作为品牌需维护深化。

1.3.1.3 完善阅读推广考核机制

阅读推广活动考核主要包括两方面内容:一是对总馆阅读推广馆员的考核。具体办法是年初制订全年阅读推广工作目标,将全年阅读推广活动成效列入奖励性绩效考核,活动成效超过年初目标,给予一定的物质奖励或专门的培训机会,以激励其工作积极性。二是完善对镇村分馆及镇分馆下派员的考核。嘉兴市城乡一体化公共图书馆服务体系2012年创建结束后,各市(区县)文化等职能部门出台了一系列镇村分馆考核意见,在办馆条件、人才队伍、基础业务、读者服务、内部管理等方面明确了考核指标,目前,着眼于镇村分馆可持续发展,有必要完善镇村分馆考核制度,强化对镇村分馆阅读推广活动指标及镇分馆下派员阅读推广工作成效指标的考核。

1.3.2 下移阅读推广活动重心

就整个嘉兴市而言,目前各市(区县)图书馆总馆所在地阅读推广活动场次和取得的社会效益远远好于镇村分馆所辖区域,大部分镇村分馆的阅读推广成效还不尽如人意,现阶段镇村分馆阅读推广活动存在的问题主要有:一是参与阅读活动的人员面较窄,二是阅读推广活动的规模较小,三是阅读推广活动种类较单一。

嘉兴市镇村分馆辖区居民人口数量高于各市(区县)图书馆总馆所在地总人口,而二者之间的阅读对比差及镇村分馆在阅读推广方面存在的问题应当引起相关部门和人员的高度重视,嘉兴市各市(区县)图书馆当务之急是在做好总馆阅读推广工作的同时,强化镇村分馆阅读推广工作,提升镇村分馆阅读推广社会效益,将阅读推广工作重心下移至镇村分馆,实施办法有:一是活动联动。各市(区县)图书馆总分馆联合开展阅读推广活动,强化宣传力度,扩大阅读影响面,总分馆联合开展的活动时间可选择全市(区县)全民读书节、"4·23世界读书日"、图书馆服务宣传周等时机。二是活动下送。各市(区县)图书馆可将总馆部分阅读推广活动安排在镇村分馆举行,活动计划年初制订,便于馆员策划活动方案,下送的阅读推广活动类型可包含讲座、展览、沙龙、竞赛等,譬如,平湖图书馆总分馆承办的"全民读书月"活动启动仪式安排在镇分馆举行,这种阅读推广方式值得借鉴。三是活动自主。各镇村分馆要结合当地文化、经济、社会等年初制订阅读推广方案,自主开展阅读推广活动,打造阅读推广品牌,通过阅读推广活动吸引更多人气,培育阅读风气,引领未成年人与书为伴,塑造良好品行。另外,总馆要加强对镇村分馆阅读推广活动的指导、监督和考核,促使镇村分馆尽早形成良好的阅读推广氛围。

1.3.3 构建便捷图书获取渠道

目前,纸质媒介仍是阅读的主要载体之一,让读者能在较近的距离内获得所需图书资料是较有效的阅读推广举措,政府和有关部门有责任再多建一些图书借阅点,让市民就近享受阅读的便利。近几年,嘉兴市各市(县区)图书馆购书经费充足,再建些馆外流动点是大势所趋。

现阶段全国多地正在创建的城乡一体化公共图书馆服务体系可以说是一种强有力的阅读推广手段,就嘉兴市城乡一体化公共图书馆服务体系建设而言,现已基本解决了城乡结合部及农村市民看书难问题,全市123个镇村分馆与市(区县)图书馆总馆实行图书通借通还,共享浙江网络图书馆和嘉兴数字图书馆海量信息资源,同享阅读盛宴。2013年,嘉兴市图书馆尝试开设24小时自助图书馆,读者满意。如今,嘉兴市各市(区县)图书馆正全面推广"城市街区24小时自助图书馆系统",不久,市民上下班、逛街途中,只需伸出手指,点击界面,仅几秒钟时间,所需图书借到手,归还图书只需按还书键,方便市民阅读。

1.3.4 建立阅读推广评价体系

阅读推广评价体系有利于提升图书馆的服务水平,对于阅读推广活动的可持续发展具有指导作用。图书馆阅读推广评价体系包括阅读推广保障评价、阅读推广实施评价、阅读推广绩效评价,还有外部评价和内部评价等,完善的阅读推广评价体系有利于图书馆有的放矢地推进阅读推广活动,对于图书馆开展阅读推广工作具有指导意义,建议有关部门尽快建立阅读推广评价体系。

在阅读推广评价体系设计方面,北京大学图书馆王波认为:"阅读推广评价指标体系的设计可先从两方面着手,一是基于图书馆的阅读推广活动评价指标,比如是否符合预算、是否节约经费和人力、是否影响其他业务、媒体报道等;二是基于读者的阅读推广活动评价指标,比如活动是否有创意、宣传口号是否鲜明诱人、推荐书目是否合用、现场环境是否优雅、服务态度是否到位等,基于图书馆和基于读者的两个评价指标体系都完成后,再进行对接和整合,便是综合性的评价指标体系。"有益于图书馆阅读推广活动可持续发展的举措和办法还有很多,例如探索阅读推广多种模式,实施馆校合作、社会力量联动等阅读推广方式等。从整个嘉兴市公共图书馆服务体系来看,阅读推广活动刚步入成长期,还需要图书馆总分馆阅读推广馆员的不懈努力。

2 晋江市图书馆阅读推广实践

基层图书馆开展阅读推广活动面临着多方面的困境,为了解决困境,改善公共图书馆阅读推广活动"自娱自乐"的局面,晋江市图书馆经过多方努力,连续成功地举办了三届晋江市"悦"读节,逐渐形成了"由市委市政府牵头领导、晋江市图书馆具体推动开展、其他社会组织共同参与合作"的活动机制。"悦"读节以活泼、新颖的形式吸引了众多市民参与其中,掀起了晋江市全民阅读活动的热潮,营造了阅读求知、阅读明理、阅读成才的良好学习风尚。现以晋江市图书馆开展的"悦读节"为例,总结出以下几点提升基层图书馆阅读推广工作的经验。

2.1 找准策划方位,寻求政府经费支持

一个好的阅读活动策划应该更切合不同读者的品位和偏好,在更大程度上增强对读者的吸引力,提高读者的参与度。晋江市图书馆将承办的读书节命名为"悦"读节,将"阅读的快乐"这最核心的宗旨贯穿于整个活动中,给读者留下了深刻的印象,提升了读者的感知力。此外,其还对"悦"读节的活动项目进行了科学性的安排组合,有效地提升了活动的社会效益和影响力。

2.1.1 化零为整,用统一的思想内核串联一体

在承办"悦"读节之前,晋江市图书馆开展的阅读推广活动虽然场次多,但活动之间相互独立、零散,没有统一的阅读推广思想,活动存在跨度短、影响力小、参与面窄、宣传度低等问题。从2011年开始,为了积极打造城市文化品牌项目,晋江市图书馆将全年零散、独立的活动整合为一年一届的"悦"读节工作项目,并用统一的主题贯穿其中。例如,2012年晋江市第二届"悦"读节活动共有10个活动项目(包括"时光·足迹"微电影大赛、创意书签设计、"我心中的少儿图书馆"金点子征集大赛等),鼓励读者开展创意性的思维活动,并将"自由'悦'读·创意生活"的核心主题贯穿于整个"悦"读节当中,使读书节宗旨的内涵和外延得以深入和扩展。

2.1.2 贴近时政热点,提升政府的关注度和支持力度

"悦"读节工作要规模化、深远化发展,就需要得到相关政府部门的推力,而活动经费的保障更需要政府部门的支持。将活动项目策划贴近时政领域热点,是得到政府支持的有效方式。2011年晋江市首届"悦"读节的主题为"悦读人生·品味城市",策划的子项目包括"晋江文化"摄影展览,"描绘新家园·展望新晋江"少儿绘画征集、展览活动等,这些项目在传播晋江文化的同时,也营造了积极向上的城市精神和文明晋江人的良好社会氛围,契合了晋江市2011年"城市建设年"的城市发展定位。晋江市委、市政府审批通过了该策划项目,并针对其成立了以晋江市委副书记、宣传部长及晋江市政府副市长为总顾问,市委宣传部副部长为组长,各联办单位领导为成员的"悦"读节领导组,同时其明确了各联办单位的工作职责,使活动组织实施得到了有力的保障。

"悦"读节工作的策划做到了主题统一完整、项目贴近时政,形成了"政府满意""群众认可"的良好活动局面,因此得到了历届市委、市政府的充分认可和大力支持,连续三年给予约每年19万的经费支持。随着"悦"读活动的深入开展,其已成为晋江市每年一度的重要文化品牌活动之一。

2.2 主动"搭高"合作平台,提升活动权威性

"实践证明,政府机构、文化教育单位、广电传媒及商业机构等利益相关者的积极参与是读书节取得成效的重要保障"。读书节活动的开展,需要政府部门的推动和努力,以其权威和影响力协调各利益相关者的资源和利益,使"悦"读节活动落到实处。

2.2.1 寻求上级合作单位

晋江市图书馆主动联系上级有关部门合作开展活动,以达到宣传效果的最大化。例如,在与晋江市总工会联合开展的"送您一本好书"大型图书漂流活动的过程中,晋江市图书馆在做好具体活动方案(包括活动深远意义、具体内容、漂流方式等完整的活动流程)、精美宣传手册的样稿等材料准备工作后,采取主动上门洽谈的方式,得到了市总工会的充分认可和支持,并促成由晋江市总工会下发红头文件号召全市各基层工会单位组织广大干部职工参与到读书活动中,营造了"多读书、读好书"的良好社会氛围,极大地提升了本次活动的知晓率和号召力。

晋江市图书馆树立的良好合作形象吸引了多个政府机关单位的主动合作支持(如晋江市妇联、晋江市直机关党群系统党委等),参与人员扩大到市直机关党群系统代表、市直机关党群系统各支部挂钩联系村团组织负责人等,突破了由晋江市图书馆自行组织参与人员的局限性。

2.2.2 整合社会合作资源

"悦"读节不仅建立了与各政府机关、事业单位的合作平台,还积极与企业、学校等单位开展阅读推广活动。例如,与晋江市新华书店联合开展的"阅读始于悦读"阅读指导讲座、"科学也可悦读"科普宣传活动,邀请了中国知名儿童作家秦文君、中央电视台知名主持人芝麻来图书馆为晋江少年儿童读者、老师及家长带来了一堂堂妙趣生动的讲座。为了确保活动秩序,晋江市图书馆将100多份座位示意图分发给参与人员及各单位负责人,现场虽座无虚席,但是秩序井然,有效地提升了活动的人气和图书馆的形象。

2013年,晋江市图书馆联合市委文明办、市文体局、市团委等单位启动了"寻找晋江最爱读书的孩子"读书创意展示大赛暨擂台总决赛,活动预复赛阶段分别设在市一小、二小、三小、青阳街道中和中心小学及普贤小学,各指定学校将从报名参赛者中择优进入擂台总决赛。整个活动历时3个多月,参与及关注的读者达到上万人次。这种在学校中层层选拔、最终由晋江市图书馆承办总擂台赛的方式在扩大选拔活动影响力的同时,也提高了晋江市图书馆这一平台的权威性和认可度。

2.2.3 搭建新式合作平台

2013年"寻找晋江最爱读书的孩子"读书创意展示大赛总决赛的地点设在晋江市最大的商业广场——晋江市万达广场。活动全程由晋江市图书馆组织实施,杜绝任何商业化的行为及活动主题冠名行为。比赛采取智力知识比拼的形式,充分展现了参赛少年的聪明才智。活动现场吸引了众多前来购物民众的眼光,参与人数达300多人。此次活动在商业之地融入浓厚的书香气息,让更多的民众了解到了晋江市图书馆所开展的读者活动。而晋江市万达广场所聚合的社会媒介资源,也为本次活动的传播及影响铺开了更多的宣传渠道。

2.3 在细节上进行创新,提高活动吸引力

"悦"读节系列活动不仅注重主题内容上的创意,更加注重突出细节上的亮点、组织方式上的新意、活动的人性化参与方式等,使活动的影响力更上一个台阶。

2.3.1 注重主题创意融合

为了让读者零距离体验中华传统家具的文化魅力,晋江市图书馆举办了"明韵汉风"仿明清古典家具鉴赏展,共展出床、书柜、桌椅等近20套仿明清样式的古典家具,现场还开展了馆藏古典家具及古典建筑图书展、少年儿童"穿汉服、展汉风"摄影活动,来自晋江市图书馆

"一生阅读计划"的10名儿童代表身着汉服,向读者展示汉服饰飘逸、大气的文化内涵。这种"动静结合"的创意方式向广大读者、市民生动、立体地展现了明清家具"精、巧、雅"的独特魅力和华夏文明的精髓内涵,得到了读者的热烈认可。而"与礼同行 晋善晋美"文明礼仪歌谣征集活动将文明礼仪与易于传唱的歌谣形式相结合,得到了晋江一中、季延中学、中和中心小学、阳溪中学、金屿小学等20所中小学校的积极响应,共收到200余篇来稿,在社会掀起了讲文明、学礼仪的良好风尚。

2.3.2 注重人性化参与方式

不同于以往随机赠送图书的活动方式,在"忧思晋江·担当未来"活动之图书漂流活动中,参与人员可以自由在晋江市图书馆采书乐坊挑选一本喜爱的漂流图书。在"送您一本好书"图书漂流活动中,广大市民读者可根据晋江市图书馆推选的"2012年好书榜200本书目"挑选出所喜爱的一本图书,再由主承办单位公益赠送给读者。活动一开始便得到了市民的积极响应,共赠送出优秀图书1000本。在"智力拥军"文化进军营活动中,除了参观部队、赠送图书等常规活动内容外,晋江市图书馆还开展了"国防知识"对抗赛活动,在活动正式开展之前将"必答题200道题库"分发给官兵及学生熟悉记忆,让所有参与人员在紧张又愉悦的"对抗"方式中收获知识与快乐。这种人性化的组织方式延伸了读者主动参与权的内涵,有效增强了读者的参与积极性,真正达到"快乐阅读、提升阅读"的活动效果。

2.3.3 注重活动深度性和广度性

在"送您一本好书"图书漂流活动中,晋江市图书馆面向广大市民漂出图书之后,采取短信温馨提醒的方式统一回收,并在晋江市第三届"悦"读节闭幕式上,将回收的图书面向企业、学校等单位继续进行漂流。在考验读者诚信度的同时,也向社会传递了一种"诚实守信"的公德理念及"图书漂流""循环利用图书"的绿色阅读理念,让更多的爱书人感受图书带来的精神力量,实现真正意义上的"书香漂流"。此外,本次活动向读者推荐的"2012年好书榜200本书目"是选取自凤凰网、新华网、新浪网、纽约时报中文网、光明日报、中华读书报、中国图书商报等14家权威报刊及网站推出的2012年度好书榜及第八届文津图书奖获奖书目(由国家图书馆发起、全国图书馆界共同参与的公益性图书评奖活动)。相对以往的活动项目,本次活动的组织宣传更加注重内涵的挖掘延伸、服务对象阅读层次的提升,得到了上级有关部门及媒界单位的关注支持。活动受众教育层次高、参与度广,收获了社会各界(包括晋江市党政机关、部队、企业等单位工作人员及社会人士)"很有意义"的赞许之声,真正达到了"好书齐分享"的目的意义。

2.4 多方宣传,扩大活动影响力

"悦"读节活动宣传的多方到位,也是"悦"读节活动成功举办的重要因素之一。晋江市图书馆从细节入手,点滴积累,逐渐形成了较为稳定的宣传资源。

2.4.1 主动邀请媒体跟踪报道

为了吸纳更多的媒体资源,晋江市图书馆建立了一份"媒体联系方式表",每次开展活动均主动联系媒体,并将活动具体内容、策划亮点告知媒体,以吸引媒体的眼光。例如,在2012年、2013年两次开展的省外现场采书中,晋江市图书馆邀请媒体记者全程随行,先后对活动进行了前、中、后期的跟踪宣传报道,有效地提升了活动的影响力和知晓率,受到其他媒体的关注和转载。三年来,中国文明网、中国图书馆学会网站、新浪网、福建日报、泉州晚报、海峡都市报、晋江经济报、晋江电视台等多家媒体单位对"悦"读节活动进行了多次的跟踪采访和报道。为了展示近年来所开展的"阅读推广活动"形象,2013年11月晋江市电视台主动联系晋江市图书馆,制作了一期以"豆豆姐姐"为主题形象的专门报道,得到有关部门的关注与好评。

2.4.2 主动对外传播活动信息

晋江市图书馆在活动前期主动传播信息,2009年以来一直坚持于每周末通过中国移动、中国电信短信平台面向广大读者及市领导、上级部门领导群发信息预告读者活动,此外还根据活动的特殊性在市委大院等重要场所放置活动海报,以提升活动关注人群的层次;在活动现场做好活动的宣传布置工作,如在第二届及第三届"悦"读节闭幕式暨表彰大会上,将整届"悦"读节系列活动的回顾浓缩成一份图文并茂、配有专业播音人员讲解的PPT视频在现场滚动播放,生动、立体地展现了"悦"读节取得的成果,得到了有关市领导的肯定;在每场活动结束后,及时将活动的新闻简讯、图片发送至中国图书馆学会、福建省图书馆、晋江市政府办信息科、晋江市委文明办、上级主管部门等单位,以通过更高级别的宣传平台扩大后期宣传力度。

2.5 充实人员队伍,提升工作活力

2.5.1 设置专职人员

为了保障晋江市图书馆阅读推广工作的连续性,开拓活动新局面,2011年初开始,晋江市图书馆专门成立了活动拓展部室,设置两名编制内专职人员专门负责活动的策划、组织、实施,并配备专门的办公室、档案柜、彩色打印机(用于打印活动海报、入场券等,在注重美观宣传的同时节约活动成本)等,以利于及时跟进、组织开展活动。

2.5.2 引进社会人士

2014年元月,晋江市图书馆开始面向社会公开招募有才艺技能的志愿者,相对于图书馆员来说,这些人员更具有专业性,能够使现场教学、互动效果更佳。当报名的志愿者达到一定规模时,晋江市图书馆将会经常性地开展讲故事、现场折纸、现场绘画等丰富多彩的少儿读者公益活动。这些"引进"的外力资源将有效地节约图书馆的人力资源,提升活动的质量。

3 吉林省图书馆阅读推广活动

近年来,吉林省图书馆重视传统文化阅读推广工作,将阅读推广作为重点工作之一,开展各类阅读推广活动,培养读者的阅读习惯。

3.1 开设"文化吉林"讲坛

吉林省图书馆自1995年开始,面向社会公众,举办公益讲座。延续至2017年9月,已举办近千场。从2014年9月开始,吉林省图书馆将公益讲座正式更名为"文化吉林"讲坛,每周日下午1:30准时开坛,邀请国内知名专家、学者,陆续开展了系列公益讲座,传播传统文化知识。

3.2 举办"天下书香读书会"

吉林省图书馆为了更好地推广传统文化阅读活动,与吉林省全民阅读协会联合打造了"文化吉林·天下书香读书会",以吉林省著名作家、学者与大众分享中外经典好书为主体内容,打造高品质的读书会群落。

3.3 构建吉林省公共文化交流推广平台

吉林省图书馆与吉林艺术学院、吉林人民广播电台一起,共同推出了图书与音乐相结合的吉林省公共文化交流推广平台。利用这一平台,吉林省图书馆策划举办了"新年音乐会""爵士乐演奏会""古典乐曲演奏会"等丰富多彩的文化活动。

3.4 开展展览展示活动

吉林省图书馆充分发挥阵地作用,全方位举办各类展览展示活动。年平均举办各类展览展示活动20余项,既为读者提供了精美的展示空间,也展示了中华民族丰富多彩的传统

文化。

3.5 依托农民工子女阅读基地开展青少年活动

青少年是祖国的未来和希望，吉林省图书馆自2011年开始，建立了农民工子女阅读基地，依托这一基地，在农民工子女聚集地开展青少年活动。主要开展：①学生书房建设。通过提供文献资源和志愿者服务并行的方式，长期为学校提供服务，找准公共图书馆服务与学校教育需求的结合点，最大限度地支持和协助学校工作。②志愿服务。组织大学生志愿者在农民工子弟校开展活动。③农民工子女书画精品展。收集农民工子女书画摄影作品，进行集中评选，将优秀作品进行集中展示。④图书漂流活动。在农民工子弟校之间进行图书漂流，增强孩子们对图书的热爱，提高他们保护图书的意识。⑤亲子故事会。以游戏、手工制作等方式为孩子们解读故事，将孩子们带入美好的阅读环境，提高孩子们的理解能力和动手能力。

3.6 全省范围内建设"百姓书房"

"百姓书房"的概念是吉林省图书馆2009年提出的一个全新概念，在吉林省范围内，依托企事业单位、党政机关、区、街道、学校等场所，建立"百姓书房"，开展阵地服务，让吉林省图书馆的阅读辐射范围覆盖全省，让老百姓就近就地实现阅读需求。目前，该馆在全省范围内已建设153家"百姓书房"，阅读辐射面积覆盖全省。

同时，吉林省图书馆在日常读者活动中也注重传统文化阅读推广工作，形成了许多具有吉林省图书馆特色的读者活动，有效地推广传统文化，为实现全民阅读而努力。

3.7 利用互联网技术实现"互联网+阅读"的新思路

随着互联网技术的迅速发展，人们的生活方式、学习方式、工作方式也发生了巨大的变化，人们可以利用网络进行学习、交流、购物、生活……互联网技术的存在，导致人们的阅读习惯和阅读方式发生了巨大的改变，从而也为继承优秀文化，进行阅读推广提供了新思路、新想法。

3.7.1 完善现有阅读平台，实现阅读新技术

公共图书馆在"互联网+"时代下，要着力打造包容PC、手机、平板电脑、电子书等阅读终端的立体化、交互式的"全渠道阅读平台"。目前，公共图书馆在阅读平台建设方面，已经做出了努力，实现了纸质与数字相融合。然而，现有阅读平台无法满足日益增长的需求，公共图书馆要充分融合新媒体平台，利用新技术，整合线上线下资源，完善现有阅读平台，推动全方位的阅读体验服务。通过利用互联网技术，建设新媒体阅读平台，进而推动传统文化阅读推广工作。

3.7.2 推出全新阅读平台，尝试阅读新体验

在"互联网+"时代背景下，公共图书馆要借助互联网手段来拓宽服务的渠道、扩大服务的面积、提升服务的质量，在原有阅读服务平台的基础上，形成全新的互联网式阅读服务平台，让阅读推广工作更进一步。一是以省为单位，在全省范围内建立"传统文化阅读推广服务平台"，利用互联网的链接特性，消除信息孤岛，将全省阅读推广工作整合，形成统一的一站式导航服务。大众只需要通过这一平台，就能了解到资讯、讲座、展览、演出等相关信息，在线浏览电子图书、视频等服务。二是建立数字图书馆虚拟网，形成数字资源共享网络。虚拟网以省级公共图书馆为中心、各市级公共图书馆为节点，形成资源共建共享，为读者提供海量的电子文献。三是建立"微信图书馆"。形成以省级公共图书馆为中心，各市级公共图书馆相互配合的微信服务群，在全省范围内进行阅读服务指导、资讯推送等阅读服务推广工作，形成阅读服务推广规模，促进全民阅读。

3.7.3 丰富互联网阅读服务内容,满足阅读需求

目前,公共图书馆在推出阅读服务平台时,要根据不同的读者类型,提供不同特色的阅读资源,形成不同服务形态的特色阅读体系。如针对中小学推出自然、科学、历史等题材的科普类读物;针对高校推出专业性书籍和期刊,以满足其研究需求;针对普通成人读者推出小说、人文、社科、财经、军事等方面的大量读物;针对工薪族推出短小精悍的文章等,利用图书馆微博、微信、APP等为不同类型的读者进行推送式服务,以迎合不同读者的阅读需求。同时,利用现代技术,将数字阅读与音视频相结合,提供全方位的阅读体验服务和推广服务,让传统文化阅读推广工作变得生动、有趣。

3.7.4 建立"互联网+阅读"多元合作模式,实现全民阅读

"互联网+"时代下的公共图书馆要适应时代的发展,在服务方式和服务模式方面进一步提升,通过技术角度、资源角度等多个方面进行多元化合作,发挥公共图书馆的阅读推广优势,实现全民阅读。从技术角度方面来看,公共图书馆可以与运营商进行合作,利用公共图书馆现有的文化资源,借助供应商的运营策略,通过他们的技术手段,实现移动互联网阅读,打造城市文化的特色和亮点。从资源角度方面来看,可以考虑将阅读推广与行业工作有机结合,让阅读元素融入到行业发展。比如,可以与地铁、机场、餐饮等人员密集型场所合作,建立地铁图书馆、机场图书馆,创立阅读主题餐饮等全新阅读新风气。定期推荐优秀书目,在各工种场所进行二维码推介,使市民随时随地能够扫描阅读,让公共图书馆资源真正发挥阅读效益。

4 辽宁省图书馆阅读推广活动

4.1 打造公共阅读平台,全面推进社会阅读

多年来,辽宁省图书馆坚持"平等、公益"的办馆方向,为社会公民提供无障碍、零门槛、全免费服务,最大限度地开放馆藏。虽然各项经费有限,但辽宁省图书馆千方百计顺应社会公众文化需求日益多样化的趋势,以"读者至上"的理念引领自身的建设和发展。不断改善馆舍条件,完善馆藏文献结构,增加开架文献数量,提高科学管理水平,提升服务人员素质,加强读者服务工作,努力发挥图书馆在经济社会发展和社会主义现代化建设中的作用。作为市民的"公共大书房",辽宁省图书馆为促进公共阅读提供保障,为构建阅读社会发挥了一定的作用。丰富的信息资源、先进的各种设施、完备的服务功能、优雅的读书环境,为广大读者提供了一个阅读的理想场所,搭起了传播公共文化信息知识的平台。辽宁省图书馆积极地为读者提供专业的图书馆利用指导服务,如设立咨询台,主动向每一个第一次踏进图书馆大门的读者进行馆情、服务窗口介绍,讲解办证须知、借阅规则和方法,指导读者掌握文献检索的一般知识,提高读者的借阅能力和使用效率,留住走进图书馆的每一个读者,保障和满足最广大人民群众的基本文化权利。

4.2 精心策划阅读活动,倡导全民阅读

4.2.1 打造品牌活动

开展读者活动是图书馆阅读推广工作的重要组成部分,通过广泛开展读者活动,进一步在图书馆和广大读者之间架起共同进步和谐发展的桥梁和纽带,使图书馆更加贴近读者,读者更加了解图书馆、利用图书馆,充分发挥图书馆在阅读推广中的重要作用。近年来,辽宁省图书馆一直坚持广泛开展有意义的读者活动推广阅读,并借此来打造品牌特色。

4.2.1.1 辽图展览

辽宁省图书馆依托丰富馆藏资源，自2010年至2017年9月共组织举办各类展览40多场，累计受众达20万余人次。展览内容涵盖了文化艺术、科普专题、时事热点等。展览主题突出，内容丰富，制作精美。展览以丰富读者文化修养和知识为基础，构建一个符合时代要求的文化艺术阅览环境，引起了读者强烈的反响，到图书馆看展览成为读者休闲、娱乐和学习的重要生活方式之一。辽宁省图书馆积极探索和尝试走进社区、机关、部队、学校等基层读者活动中心的巡展，开展省际交换展和国际文化交流的展览项目。

4.2.1.2 辽海讲坛

"辽海讲坛"是覆盖全省各城市和广大农村地区，内容涵盖经济、政治、文化等多个领域的大型哲学社会科学系列公益性讲座平台。自2006年草创至2017年，坚持以传播先进文化、弘扬科学精神为宗旨，以满足人民群众日益增长的精神文化需求为出发点和立足点，致力于打造具有辽宁特色的普及性、社会性、标志性的公益文化产业。经过多年的探索和实践，"辽海讲坛"已经成长为规模宏大、组织严密、受众广泛、影响深远、声名远播的辽宁文化事业的品牌项目。为了进一步树立形象，凝聚人气，近年来辽海讲坛百姓讲座邀请多位全国知名专家和学者来到馆内登台献讲。如邀请知名文化学者易中天讲授《三国这段历史》史学讲座、袁岳讲授《阅读的解构》等，大大提高了辽海讲坛在省内乃至全国的知名度和美誉度。

4.2.2 重视大型文化活动的传承

近年来，读书月、阅读节活动在国内众多城市有声有色地开展起来，在推进全民阅读方面发挥了重要的作用。在城市阅读节的举办中，公共图书馆作为一个城市文化的心脏，应该起主导作用，通过阅读节的平台策划、举办读书活动，营造阅读氛围，激发市民读书热情，组织开展丰富多彩的阅读和宣传活动。

4.2.2.1 读书节活动

辽宁省图书馆"读书节"系列文化活动于每年的4月23日至6月23日在辽沈地区全面举行。作为地域覆盖面广、大众参与性强、内容丰富、形式多样的大型公益系列活动，读书节以辽宁省图书馆为龙头，以点带面，联合社会各行业和社团，发挥联动和辐射功能，是一场意义重大、影响深远的群众读书盛宴。

4.2.2.2 科普周活动

根据辽宁省委宣传部、省社科联关于辽宁省社会科学普及周的通知及要求，每年的5月第三周举办辽宁省社会科学普及周系列活动。活动紧紧围绕广大人民群众生产生活实际，积极协调相关单位和部门，组织动员广大社会科学工作者，开展形式多样、内容丰富的社会科学普及活动，普及社会科学知识，宣传社会主义先进文化，满足人民群众日益增长的精神文化需求。

4.2.2.3 服务宣传周活动

以图书馆服务宣传周为契机，辽宁省图书馆紧密围绕宣传主题，通过举办形式多样的阅读推广活动，吸引公众充分利用图书馆，读好书，用好书，引导读者和社会公众参与图书馆举办的各种文化教育活动，促进社会的和谐发展。

4.3 关注弱势群体，壮大读者队伍

4.3.1 少年儿童阅读推广活动

少年儿童阅读习惯的培养是全民阅读的基础。关注少年儿童健康成长，正确引导少年儿童阅读，让他们从小树立正确的人生观和价值观是图书馆义不容辞的责任。辽宁省图书馆将引导少年儿童阅读作为一项重要的长期性工作来抓，利用周末与节假日定期开展一些有益于

少儿阅读的活动,如"快乐阅读、快乐棋牌、快乐玩具坊"等丰富多彩的亲子活动,把少年儿童的注意力吸引到图书馆的阅读活动中来,通过轻松阅读、快乐阅读,培养少年儿童的阅读兴趣,激发他们的读书热情,启迪他们的智慧与创造力。

4.3.2 老年读者阅读推广活动

关爱老年人、尊重老年人、满足老年人的需求,是全社会的责任,公共图书馆应积极为老年人提供全面、有效的服务,提高老年人晚年生活质量。辽宁省图书馆近年来加大了对老年读者的服务力度。在服务人员的选择、使用环境的布置、阅读设施的设计、文献资源的配置等方面,都做了精心的安排,力争为老年读者创造一个明亮、清新、幽雅、舒适的环境,使图书馆成为老年读者向往的文化娱乐休闲中心。并通过定期举办老年学电脑、老年英语角等活动,丰富老年人的业余文化生活,使图书馆成为老年人了解社会、结交朋友、学习文化知识和休闲娱乐的场所。

4.3.3 农民工阅读推广活动

近年来,辽宁省图书馆将农民工作为重要的服务对象,主动为其提供文化信息服务,极大地丰富了农民工的精神文化生活。2011年中秋节期间组织开展了"同乡同龄同梦想共学共享共月圆——文化服务农民工"活动,通过建立工地图书室,送文艺演出进工地,组织"农民工风采展示"等活动,有效地拉近了农民工和图书馆的距离,丰富了农民工的文化生活。另外,2010年还分别在沈阳砂山四校和打工子弟小学建立了爱心图书流动站,为农民工子女主动提供适合他们的服务,让农民工子女感受到社会的关爱。

4.3.4 残疾人阅读推广活动

公共图书馆作为社会知识保障体系的重要组成部分,其服务触角应该覆盖所有有阅读需要的人群。关注残疾人群体的阅读需求,为他们提供便捷、周到的文化服务,引导更多的残障人士走进图书馆、利用图书馆,这是公共图书馆的责任。辽宁省图书馆面对残疾人的知识需求,建立专门的残疾人阅览室,为其提供专门的服务,真正把他们当作自己的服务对象。辽宁省图书馆与省残疾人联合会联合举办了"手语世界"活动,为健全人与残疾人的沟通与交流架起了一座爱心之桥,每周开办手语培训班,请专业手语教师为志愿者教授手语。组织开展残疾读者能够参与的阅读活动,是培养残疾人自强自信、热爱生活的良好载体,是激发他们阅读兴趣的关键所在。

4.4 建设基层图书馆网络,扩大图书馆阅读范围

辽宁省图书馆在做好馆内读者阅读工作的基础上,延伸服务触角,将阅读推广活动延伸到基层,为基层群众创造就近阅读的社会环境和阅读条件。近几年,辽宁省图书馆着力打造以省图为龙头,"辽东、辽西、辽南、辽北"4个片区为基层中心,辐射市县级馆,不间断地深入到军营、社区、学校、农村,为广大农民群众送资源、建站点,为基层文化建设出谋划策。目前。辽宁省图书馆已经建立图书流通站132个,积极地推进了新农村的文化建设和全民阅读活动,为建设阅读型社会进行了积极而有益的实践探索。

4.5 借助现代技术,建立多元化的阅读平台

面对读者日益增强的网络阅读需求,公共图书馆应适应信息时代的需要,实现网络服务与传统服务并重,在保障实体图书馆优质服务的基础上,打造资源丰富的优秀网上阅读阵地,建立多元化的阅读平台。辽宁省图书馆特别注重开发具有馆藏文献特色和地方历史文化特色的数据库,将普及地方历史文化知识、促进地方文化的繁荣创新与拯救馆藏文献放在重要位置。数字化资源的内容日益丰富,形成了一批具有鲜明馆藏特色和地方特色的资源库;开

展了多媒体阅览、网上阅读等服务；开设专题网页、好书推荐、影视阅读等栏目，满足广大读者的网上阅读需求；在尊重读者阅读习惯的前提下，加强对读者网络阅读的引导，大力推荐优秀的网站和电子杂志、电子报刊。计算机、多媒体、互联网技术的发展及在图书馆的广泛应用，为读者提供了多元化的阅读推广平台。

5　广州图书馆阅读推广活动

广州图书馆占地2.1万平方米，总建筑面积10万平方米，总投资达13.14亿元的广州图书馆新馆，被视为世界上面积最大的城市公共图书馆之一。自2013年新馆启用以来，把阅读推广与馆藏空间的设计结合起来，开阔的空间和错落有致的分隔将承载着知识信息枢纽、终身学习空间、促进阅读主体、多元文化窗口、区域中心图书馆等五大功能，配合图书馆各个部门的服务转型，广图新馆正在以"第三空间"的形式成为一个公共文化交流平台，并引领现代都市文明的生成。

5.1　广州图书馆阅读推广现状

5.1.1　致力于都市文化空间的开拓

除了传统的阅读推广活动之外，广图成立了专门的社会活动推广部，与社会各界建立起紧密联系，以合作或者协作的方式策划和组织了各种面向公众的大型文化活动，并把"人"作为图书馆服务的重点，将阅读推广延伸至文化交流层面。目前，广图先后与广州市委宣传部及社科联、广东省文化学会、广州大剧院、《诗歌与人》杂志、广州市非物质文化遗产保护中心、文仕文化博物档案馆等50多个机构建立了合作伙伴关系，特别在书香羊城阅读月、书香岭南·全民阅读活动、广州国际纪录片节、广州国际漫画节、广州国际微电影节等重大社会文化活动方面结成了固定的合作伙伴关系。2011—2015年，主办或者协办社会文化活动超过500场，参加公众达120余万人次，举办了"我的文学行当——黄永玉作品展""你是这样的人——纪念周恩来诞辰115周年珍品展""纪念邓小平同志诞辰110周年暨百色起义85周年图片展""珍图真像——海上丝绸之路近代三百年珍藏展"及"《广州大典》：千年古城的根和魂"主题展等60余场大型展览，形成了"羊城学堂"讲座、雅村文化讲座、"艺游未尽"充电站系统讲座、书香岭南·悦读生活摄影大赛、广州新年诗会、"I·捐书"微公益行动等品牌活动。

5.1.2　加强数字资源及移动阅读服务

为应对新媒体的挑战，广图亦以实现服务网络化为目标，投资建设数字图书馆及移动阅读设备、资料。截至2015年6月，广图数据库数量（含购买、自建、试用数据库）达40多个。其中自建及共建发布的数据库有12个，包括广州大典网络服务平台、广州人文数字图书馆、中国政府公开信息整合服务平台（广州站）、广东历史文献书目数据库等。2014年广图开通微信服务，微信关注用户已超过10万人次，且以日均百人次的关注量在不断地增加，成为广图很好的宣传与服务平台。在微信平台中，提供了书目查询、借阅查询、图书续借、活动公告等服务，并定期推送广图活动信息。

5.1.3　向智能化服务转型的全开放自助式阅读服务

为了吸引更多的公众走进图书馆，落实公共图书馆所秉持的"提供普遍而均等的服务"理念，广图不仅实现了零押金借阅及馆内一卡通等便利措施，同时大量使用自助设备方便读者借阅，如24小时图书馆、自助借还机、自助办证机及读者预约取书机等，更适应新媒体时代的要求，开通了微信公众号。读者可以绑定读者证和公众号，获得二维码读者证，实现扫一扫借还书,将自动化服务提升至智能化服务的层面。

5.1.4 建设多元文化交流平台

广图根据对外交流发展的实际需要,于2010年制定了《广州图书馆2011—2015年发展规划》,并在规划中指明了多元文化交流服务方向,提出"发展地方性专题服务,保存地方文化遗产,弘扬岭南文化"和"加强国际合作,以文献服务为基础,拓展多元文化交流活动"。目前,广图在与友好图书馆交换馆藏的基础上,多元文化馆已设立了9个服务专区,并与7个城市建立了友好图书馆关系,提供英语、日语、法语、德语等多语种的馆藏资源,为居住在广州的外籍人士提供普遍均等的图书馆服务。同时,平均两个月将举办一次多元文化之旅展览,向公众展示广州与多个国家及城市的文化交往。在与其他国家及友好城市交往的过程中,广图意识到传承和保护本土文化的重要性,设立了以研究和收藏本土文化典籍为主的广州人文馆。

5.1.5 以"再现阅读史"为核心理念的阅读体验区

为营造一个以阅读为主的文化空间,广图在读者集中的一楼设置了以"再现阅读史"为核心理念的阅读体验区,将各个时代的阅读特征和文字载体特征融合起来,采取"从今到古"的倒序手法,展示中国阅读史的发展过程。体验区共分为现代阅读、印本阅读、抄本阅读和口耳相传等四个体验区。体验区每月配套举办悦读沙龙、阅读体验荟等品牌活动。

5.2 关于阅读推广的思考

5.2.1 关注读者的阅读需求及特点

在新媒体环境下,用户的阅读需求、心理、行为都呈现出与传统阅读推广不一样的特点。阅读推广活动要讲究实效,需要对读者调研,了解读者对阅读推广活动的实际感受,了解读者需要什么样的阅读推广。目前的研究多是从图书馆的角度和立场出发,应转换视角,从读者角度,根据读者的需求及特点,开展形式多样的活动,吸引更多读者走进图书馆、利用图书馆。

5.2.2 引导读者进行深层次的传统阅读

新媒体环境下,公共图书馆仍然要肩负起引导读者进行深层次传统阅读的重任,倡导经典阅读、纸质阅读、慢阅读、深阅读,发挥公共图书馆的专业性和权威性。一方面,帮助读者养成良好的阅读习惯,让他们意识到传统阅读的重要性,学会深度阅读、深度思考;另一方面,也要培养读者对书本阅读的兴趣,形成良好的读书风气,从而全面提高大众的阅读素质和阅读质量。

5.2.3 开展形式多样的阅读推广活动

阅读推广活动可分为阵地服务类和延伸服务类阅读推广活动。前者主要是指图书馆立足于本馆,面向到馆读者开展的活动;后者主要是指图书馆与各种社会组织、机构、团体合作,通过活动将阅读理念、阅读资源等推送到学校、家庭、社区等场所。新媒体时代,公共图书馆更应分析阅读推广的未来表现形式,大胆进行阅读推广创新,力争赶上甚至引领读者的阅读趣味和阅读体验,在开阔读者视野的同时,直接为大众阅读提供指导、服务。

阅读乐民、阅读和民。指导大众阅读,共建阅读社会,既是公共图书馆的主要任务和核心服务之一,也是新媒体环境下图书馆服务创新的新方向,同时亦是公共图书馆开拓生存和发展的需要。公共图书馆要顺应时代发展,明确自身定位、宗旨和社会责任,满足不同阶层的大众阅读需求,为打造阅读社会做出积极的贡献。

6 济南市图书馆阅读推广活动

6.1 济南市图书馆阅读情况现状

济南市图书馆以推动全民阅读和普及科学文化知识,解读社会热点、难点为重点,定期举办各种形式的读书活动,每年举办各类讲座、展览、读书征文、知识竞赛等公益性文化活动100余次(场),10万余人参加,产生了广泛的社会影响。其中"天下泉城大讲堂"、"女性讲堂","读书人"摄影比赛暨展览、老年人免费电脑培训班等成为全市公共文化服务的品牌和亮点。几年来,积极争取社会力量参与,精心策划富有泉城特色的读书活动,打造"书香泉城"读书活动品牌,营造良好的泉城读书氛围。连续两年举办"书香泉城"全民阅读节活动,开展济南市读书朗诵大赛、换书节、图书馆一日体验、"我阅读,我快乐"阅读箴言手机短信创作大赛、"成功父母大课堂"公益系列讲座、"欢庆十八大,喜迎十艺节"共享工程广场放映与视频展播、"泉城记忆"老照片征集等系列活动,成为推动全民阅读、推动学习型社会建设的重要服务品牌。济南市图书馆还不断扩大公共文化服务范围,想方设法拉近与普通读者的距离,积极走进社区、基层开设分馆,让广大群众能够与图书"零距离""低成本"接触。目前济南市图书馆已在社区、学校、部队、厂矿企业、机关、农村等建立图书服务网点、分馆55个,年累计送书刊160次以上,册数达10万余册。同时,积极开展捐书助农、送书下乡活动,受到农村群众的好评。近年来,济南市图书馆每年都要举办各类读者活动100多次,吸引读者近10万人参加。

6.2 济南市图书馆阅读推广活动的具体做法

6.2.1 努力打造品牌讲座

济南市图书馆公益讲座诞生于2001年。10余年来,累计举办各类公益讲座逾500场,听众达16万人次,服务触角延及企业、学校、军营、社区、农村和机关等,讲座内容和形式也不断创新。成功打造出以"成功父母大课堂""女性讲堂"和"天下泉城"大讲堂为首的三大系列主题讲座,内容涵盖文化、教育、时政、健康、情感、艺术、军事、法律、科技、历史等多个层面,满足了不同受众多样化、差异化和个性化的需求。其中,主要与新闻媒体联手,共建大众文化服务新品牌"与孩子一起成长——成功父母大课堂"公益系列讲座,共推出精品讲座157场,该系列公益讲座被山东省文化厅授予山东省"图书馆特色服务品牌"称号。

积极开发特色品牌,满足读者的个性化需求,举办"女性讲堂"公益系列讲座。相继邀请著名节目主持人含笑、时尚礼仪教母周思敏、犹太母亲沙拉·伊马斯等开办专题讲座。与济南经济广播强强联手,多次举办"泉城鉴宝会"《财富直通车》节目听众见面会",以及"法在身边——大型法律讲座和现场咨询会"等活动,满足了广大藏友、股民和法律爱好者的需求。注重"名人效应",是济南市图书馆公益讲座的显著特点之一,讲座名家荟萃,影响力和号召力显著提升。众多文化名人的参与,不仅提升了公益讲座的文化层次与品位,也为受众提供了与"大师"亲密接触的良机。把公益讲座作为图书馆工作的重点内容进行科学组织和认真规划,不断将讲座品牌做大做强,努力形成多领域、多层次、立体化、亲民性的讲座服务格局,保障了人民群众均等共享文化的权益。

6.2.2 创办汽车流动图书馆

2006年,济南市图书馆创建了汽车流动图书馆,以客车为载体,承载图书4000余册,设置借阅服务台、共享工程专用服务台、笔记本电脑、投影仪、条码阅读器等,采用现代无线通信技术和网络技术,将文化信息资源迅速地传送到各地。6年来,汽车流动图书馆已建立馆外服务点30多个,先后深入企业、社区、部队、机关、农村及其他单位、公共场所服务3000余次,借还图书近24万册,办理借书证1.5万余个,服务读者10万余人次,同时举办讲座、展览、电影放映等活动,观众(听众)逾4万人,被市民誉为"身边的大书房""流动的电影院"。汽车流动图书馆多次开进泉城广场、舜耕国际会展中心广场、章丘文化广场及济南大剧院建设基地,为广大市民提供现场办证、信息咨询等服务,有效拓展了图书馆的服务半径。

6.2.3 设立24小时自助图书馆

2010年11月,市图书馆率先在全省图书馆中成功引进阿发迪(RFID)图书馆智能管理系统,让自动借还图书成为现实。为进一步延伸图书馆服务时间和空间,分别在泉城广场和赤霞广场设立两个24小时自助图书馆,每个内置图书450册,采用智能环形轨道实现图书自动上下架,读者可自助完成借书证办理、书目查询、图书借还、图书续借及预约等多项服务。从开通至2017年,2个自助图书馆新办理借书证1000多个,借阅图书近1万册。

6.2.4 注重青少年阅读引导

中国有3亿多儿童,占人口总量的近1/4,但对儿童的阅读问题却很少有人给予高度的重视。自2004年起,济南市图书馆连续八年在济南市中小学生中开展了"暑假读一本好书"征文活动,由济南市教育局、济南市文化局、济南市关心下一代工作委员会主办,济南市图书馆承办,明天出版社协办。其目的在于丰富学生的暑假生活,让学生多读书、读好书,用阅读打造暑假活动品牌,从而推动全社会形成良好的读书风气,进一步营造书香社会氛围。活动主题鲜明,组织科学,迎合童趣,依据学生阅读特点科学拟定推荐图书,深入基层,多渠道宣传发动,为了让越来越多的学生了解活动情况,积极参加到活动中来,工作人员亲自到学校发放征文通知和推荐书目,将"暑假读一本好书"活动与各学校读书活动结合起来,增强读书活动参与度。采取了名家导读、一举多得、事半功倍的办法,8年来,每一届的颁奖大会征文活动组委会都组织备受孩子喜爱的童书作家和儿童阅读推广人与小读者见面,互动交流,分享自己的阅读和写作心得。"暑假读一本好书"活动的规模越来越大,机制越来越成熟,效果也越来越显著,全市参加征文活动的中小学生逾百万人次。该活动已成为济南市暑期活动的一个品牌,受到广大师生及家长的一致好评。首届"暑假读一本好书"活动征文作品集《好书让我感动》已由明天出版社编辑出版。

6.2.5 与企业联手,共同打造"重汽杯"济南市"读书人"摄影比赛

"重汽杯"济南市"读书人"摄影比赛展览,由中国重汽集团有限公司工会主办,济南市图书馆承办,济南市摄影家协会协办,活动对象主要为全市市民和广大摄影爱好者。活动目的和宗旨是通过摄影这一民众喜闻乐见的艺术形式,展现人们读书、爱书、惜书的感人场景和精神风貌,并通过比赛、展览等形式,激发人们的读书意识和创作热情,弘扬读书学习的优良传统和文化精神,营造读书学习的良好氛围和社会风尚,引导市民共享读书之乐,共建文化泉城。活动围绕"读书人"这一主题,主要包括摄影作品征集、评选、颁奖和优秀作品巡展等活动内容,每年举办一届,是一项全市规模的读书活动,截至2017年已成功举办6届,活动规模和影响不断扩大,目前已成为深受济南市民和摄影爱好者喜爱的读书活动的品牌。活动经费和奖金由重汽集团有限公司提供,并冠名"重汽杯"。活动形式新颖,特色鲜明,展览集阅读、摄影两种不同的文化活动于一体,引导市民用镜头聚焦与阅读有关的人和事,并通过对摄影比赛和展览活动的有机结合,为市民参与摄影比赛、艺术欣赏和读书活动提供了一个多功能的活动平台,引导市民共享读书快乐,共建文化泉城。活动具有时间跨度长,连续性强,多方参与,合作共赢的特点。通过活动,涌现出一大批高质量的摄影作品,先后共收到社会各界人士提交的参赛作品近4000幅,其中60余幅分获一、二、三等奖,300余幅被评为优秀奖或入选作品。这些作品通过人们在生活、校园、图书馆、大自然等环境中读书、学习的一个个精彩瞬间,记录下人们爱书、惜书,渴求知识的感人场景,不仅给人以精神上的愉悦,而且对人们学海

泛舟、读书求知也具有一定的激励作用,给人以智慧和启迪,推动了济南市全民阅读活动的深入开展,进一步激发全市市民的读书热情。

6.3 阅读推广活动的几点体会

第一,阅读推广活动是图书馆联系社会的良好结合点。公共图书馆开展阅读推广活动旨在通过内容丰富、形式多样的活动,吸引广大民众参与其中,促进阅读社会的发展。第二,商业机构的积极参与是阅读推广活动的有益补充。推广阅读是全社会的共同责任,图书馆开展阅读推广活动要充分调动社会资源,将社会的资金和资源整合而吸纳到读书活动中来,引起全社会的关注和参与。第三,大众传播媒体的作用不容忽视。现代传媒形式多样,这些大众传媒覆盖面广、社会影响大,对增强读书活动的辐射力、营造浓厚的阅读学习氛围有极大的促进作用。应积极借助媒体来营造节日氛围,扩大读书节活动的声势和影响力,提高市民的参与度。

7 甘肃省图书馆阅读推广活动

7.1 甘肃图书馆阅读推广活动整体状况

近年来,在构建现代公共文化服务体系的大背景下,甘肃省图书馆坚持阵地服务与延伸服务相结合的方针,积极拓展和完善对外宣传与公益服务途径,发挥全民阅读重要阵地的积极作用,开展了讲座、展览、培训、文化沙龙、读书交流、体验活动等形式灵活多样的阅读推广活动。并且,这些形式还会随着社会发展、受众需求的变化等而不断更新,力求满足不同读者的多样性需求。与此同时,通过遍及全省城乡的69个分馆和图书流通站,103个数字图书馆推广工程服务网点,以及1.6万个文化共享工程各级基层中心和服务点,甘肃省图书馆的全民阅读推广活动不断向基层延伸,向纵深发展。甘肃省图书馆在长期的全民阅读推广活动中也形成了自己的阅读活动的一些品牌,诸如"周末名家讲坛""阳光工程""国学讲座""书画讲座""亲子阅读""外教英语沙龙""24小时街区自助图书馆""流动图书车""掌上图书馆"等,这些阅读活动品牌又引导着更多的人走进图书馆参与阅读活动。在此基础上甘肃省图书馆还充分利用"世界读书日""图书馆服务宣传周""全民读书月"及各类节假日组织开展丰富多彩的阅读活动,积极倡导全民阅读,被中国图书馆学会授予全民阅读活动"先进单位"和"全民阅读基地"称号。

7.2 甘肃图书馆阅读推广活动主要特点

7.2.1 注重传统文化教育

拥有百年历史的甘肃省图书馆,在全民阅读推广活动中,历来注重中华传统文化教育,依托丰富馆藏文化资源,2007年推出的"周末名家讲坛",先后有300多位省内外专家学者、社会名流登坛开讲;2013年推出的"书画讲座",为广大书画爱好者提供了一个良好的学习交流平台;2014年推出的"国学讲座",打造了一个感受传统文化魅力的大众平台。此外,每年不间断举办的公益展览,内容涵盖馆藏珍品、馆史回顾、政策宣传、文化科普、书画摄影、主题集邮等,并与全国多家图书馆签订了讲座展览资源共建共享协议,举办特色资源巡回展览,深受读者欢迎。《四库全书》藏书馆精心打造的"四库全书展"已成为兰州重要的文化名片。

7.2.2 注重弱势群体阅读

弱势群体,又称弱势社群,指的是社会中的弱者群体,比如儿童、农民工、残疾人等。甘肃省图书馆在全民阅读推广中非常关注营造弱势群体阅读环境,比如面向少年儿童的"亲子阅读活动",每周定期开展内容丰富、形式新颖的"亲子系列活动",活动形式包括手工制作、才艺展示、亲子故事会等,深受小朋友的喜欢;面向盲人读者的"阳光工程",建有全省设备最先进的盲文及盲人有声读物阅览室,针对盲人读者到馆不便的情况,设立服务热线,开通接送专车,确定专职人员,免费接送盲人读者来馆阅读、学习,并提供免费午餐;面向农民工的"农民工之家",在为进城务工人员提供图书阅览、上网娱乐等传统服务的基础上,积极开展用工信息、劳动保障、法律维权等方面的咨询服务,在春节前后,还为其提供网上购票、视频团聚等送温暖活动。

7.2.3 注重新技术应用

近年来,随着网络通讯技术的飞速发展,新型数字出版和数字阅读模式不断涌现,阅读载体发生了巨变,带来了阅读的种种新气象,阅读内容、阅读速度、阅读方式、阅读习惯也在发生着深刻的变化。为此,甘肃省图书逐步推进馆藏资源数字化,订购超星电子书等近30个数据库,建立了24小时街区自助图书馆,开通了掌上移动图书馆,设立了电子书借阅机、阅报机等新技术设备,并充分利用网络和各种交互平台等新技术工具,将广大读者特别是青少年读者对阅读和新技术的热爱充分地结合起来,提高了他们的阅读兴趣。此外,甘肃省图书馆还结合近年来国家实施的文化信息资源共享工程、数字图书馆推广工程、公共电子阅览室建设计划等文化惠民工程,初步建成了覆盖全省的省、市、县、乡、村五级服务网络,并组织开展了丰富多彩的阅读推广活动。

7.2.4 注重城乡联动

为了更好地发动各级群众参与全民阅读活动,甘肃省图书馆在优化阵地服务的同时,常年坚持开展送书下乡、文化帮扶等活动,使阅读推广服务走进校园、企业、工地、社区和乡村,变被动服务为主动服务,让越来越多的人能够享受到阅读的快乐。经过多年的实践探索,甘肃省图书馆逐步建立了以图书配送为核心,以省、市、县三级公共图书馆为纽带的"三级流通模式",截至2015年底,甘肃省图书馆在全省各地建立各类分馆、图书流通站69个,每年配送图书60万册,使阅读推广服务的触角延伸到全省各地,并通过举办一系列向纵深开展、向基层延伸、向全民拓展的读书演讲、体会交流、知识竞赛、读书征文等丰富多彩的阅读活动,吸引了城乡群众的广泛参与。

7.3 甘肃图书馆阅读推广活动存在的问题

组织全民参与、培养阅读习惯是推动全民阅读的工作重点和难点,公共图书馆在阅读推广中要以各种手段激发用户阅读兴趣。审视甘肃省图书馆的阅读推广现状及特点,可以看到甘肃省图书馆阅读推广活动不断丰富,取得了一定的成绩,但仍存在一些亟待解决的突出问题:①没有建立全民阅读组织领导机构,推广活动尚未制定整体规划,缺乏有效的指导机制和长效的推广机制;②专业人才匮乏,无法开展高层次的阅读推广,缺乏大型阅读推广品牌,很难激发读者的参与热情,读者的阅读持久力不是很足;③宣传策略缺乏创新,社会各界参与度不够,呈现出应景性和短期性倾向;④阅读推广活动在策划、组织等方面与其他机构的合作较少。以上问题在一定程度上影响了全民阅读推广活动向更深、更广、更规范有效方向发展。

7.4 全民阅读推广策略

7.4.1 建立全民阅读组织机构,健全长效阅读推广机制

全民阅读推广活动的开展不应该是一个应景和应时的活动,为确保阅读推广活动的健康有序发展,建立全民阅读组织领导机构,健全长效阅读推广机制,完善全民阅读工作体制机制,显得尤为重要。公共图书馆可以考虑设置阅读推广的专职部门,譬如成立全民阅读推广委

员会等组织机构,并在经费、人员等方面进行长期的规划和安排,力争通过长效性阅读推广模式吸引越来越多的读者,使读者在其中能够感受到浓厚的文化氛围,实现开展全民阅读活动的广泛性、持续性和有效性。当然,建立全民阅读推广活动的组织协调部门,要着眼于图书馆实际,建立一支高效、专业的推广阅读队伍,形成一支具备理论与实践能力的骨干队伍,从事阅读活动的策划、组织、研究和实施工作。

7.4.2 以重点活动为抓手,做大做强全民阅读活动品牌

全民阅读推广是一项长期的活动,在长期阅读服务的过程中,应该注意凝练出阅读推广项目的品牌。公共图书馆要在现有阅读品牌的基础上,进一步将阅读推广活动载体充实化,策划实施全民阅读推广项目,创造性地推出更多大型的全民阅读活动品牌,诸如"读书节""读书月"等,并以此为契机,进行形式多样的"书香家庭""读书达人""书香校园"等评选活动,以"身边的典型"作为榜样示范,吸引更多群众关注阅读、参与阅读活动。此外,还要充分利用春节、清明节、端午节、中秋节、重阳节等传统节日开展具有民族文化特色、生动活泼的主题阅读活动,如文化讲座、经典诵读、征文活动等,引导广大市民走进图书馆以阅读的方式欢度传统佳节。

7.4.3 研究新型阅读方式,拓展全民阅读新领域

大阅读时代是一个内容多元、方式多样的阅读时代。互联网、云阅读、电子书、阅读器等带来一场阅读革命,使所有好书可以在方寸间随身携带,数字阅读影响力不断攀升,数字阅读时代正在加速到来。为了使更多的人投身到全民阅读活动中,我们必须意识到,传统与现代的融合、纸质图书阅读与电子网络阅读并存是未来阅读的趋势。阅读的未来是数字阅读,阅读推广的未来也将是数字阅读的推广,所以说公共图书馆在推进传统阅读的同时,要更进一步积极研究网上阅读、手机阅读、电子阅读等新型领域,并以此为重点,努力实现数字媒体和纸质媒体的对接与共荣,不断拓展阅读领域,努力打造网上全民阅读公共文化服务平台,探索适合新形势需求的数字阅读服务的新模式、新载体、新平台。

7.4.4 加强与社会力量的合作,共同开展全民阅读推广活动

虽然公共图书馆历来是全民阅读推广活动的主体,但是在目前图书馆社会影响力不突出的情况下,仅仅依靠图书馆的力量倡导全民阅读活动是远远不够的,图书馆必须加强与其他社会力量的合作,借助其他机构的优势和条件,将阅读推广活动持续地开展下去。首先,要加强与政府部门的合作,取得政府在政策、资金等方面的支持;其次,应加强与学术团体的合作获得其专业性的指导;最后,应与媒体加强沟通,充分发挥媒体信息传播的作用,将宣传工作做到位。公共图书馆不能孤军奋战,而要努力加强与社会力量的紧密合作,充分利用各种社会资源推动阅读活动深入社会生活。

第二节 公共图书馆数字阅读推广实践

1 上海市图书馆阅读推广实践

1.1 活动现状

1.1.1 市民数字阅读计划

1.1.1.1 起步阶段

上海图书馆数字阅读计划起步于2009年2月，成功将馆藏电子书通过外借电子书阅读器实现了移动阅读服务。2011年底上海图书馆正式启动了市民数字阅读计划，建成基于元数据深度整合的一站式阅读推广的服务平台。"市民数字阅读"网站上的数字资源整合了馆藏的报纸、期刊、图书，实现了不同资源之间的无缝连接，满足了读者对移动阅读的迫切需求。当时在国内图书馆界属首创。为了加大力度推广数字阅读服务，上海图书馆联合新华e店开发并推出了市民数字阅读平台APP，新华e店直接嵌入到图书馆平台，读者登录可直接翻阅，弥补了新书在图书馆上架前的空档；另外，通过与盛大文学合作，开创了图书馆界和网络文图学产业界合作的先河。该合作意味着原生数字资源开始正式进入图书馆馆藏流通领域，开创了企业通过图书馆向读者提供服务的业务新模式，读者用上海图书馆读者证登录"市民数字阅读门户"，选择"网络文学"版块，可实现免费借阅，为读者带来更多数字阅读体验。

1.1.1.2 发展阶段

为了进一步推广数字阅读，上海图书馆成功研制了带有触摸功能的"上图爱悦读"数字阅读自助机。这种为读者提供在线阅读、图书下载的智能移动客户端交互设备，适合推广到地铁站等人流量大的场所。读者直接对着大屏幕上选中的书"扫一扫""摇一摇"就借走了，1秒钟之内"装书入机"，使得借阅更方便快捷。

2015年，"市民数字阅读平台"支持多种载体的移动阅读，提供中文电子图书近40万种、网络文学万余种、中文期刊3000种，中文报纸近千种的检索与阅读，真正成为"掌上图书馆"。目前已经发展到市民数字阅读4.0阶段，其目标重点是进一步整合资源，完善平台建设。

与此同时，为了顺应数字阅读的需求，上海图书馆开始探索纸质与数字资源并重的复合型的资源建设模式，馆藏特色数字资源正逐步形成。截至2015年，通过多种渠道获取245万种电子资源，其中近200万种中文全文电子图书，5万多种外文全文电子图书，4万多种中外文全文电子报刊。另搜集整理13万余种开放获取（OA）期刊，全文近5000万篇。这在世界范围内也是居于领先地位的。

1.1.2 入驻支付宝、微信，"互联网+"结合"图书馆+"

根据移动互联网的调研数据，数字阅读APP的下载占比仅次于游戏。以手机、平板电脑等移动终端为载体的社交平台成为目前"互联网+"时代的"宠儿"，成为人们阅读和获取信息的主要方式。调研上海市民阅读的生态，关注和研究年轻人的阅读方式和阅读习惯，才能了解读者需求，以便提供精准、对口服务。在全力打造网络版市民数字阅读平台的基础上，在互联网+强势发展的浪潮之下，上海图书馆在2013年底推出"上海图书馆"微信公众服务号，提供微信平台的书目查询、续借咨询、活动宣传等服务。迈出了积极融合新媒体、借助移动社交平台开拓图书馆数字阅读推广等新的服务领域的第一步。

2015年4月，上海图书馆分别在微信和支付宝的"城市服务"中开通"图书查询"服务，在支付宝内免费开放了可供在线阅读的图书。作为全国第一家入驻支付宝"城市服务"的图书馆，用户通过支付宝，闲暇时刻就可以便捷地阅读育儿、健康、文学等各类书籍。上线仅3个多月，就有超过100万人次通过支付宝查询、关注与参与阅读。让图书馆真正体会到了"互联网+"带来的巨大流量红利。"互联网+"结合"图书馆+"可提供更多优质服务，倍增了图书馆参与全民阅读推广的效率和能力。同年6—12月，先后在"上海图书馆公众号"、支付宝和微信的"城市服务"平台上，推出图书馆城市服务微站和大众类市民数字阅读网站微阅读频道，提供图书全文阅读服务，读者可通过手机阅读。此举不仅使数字阅读推广获得了良好的效益，也在半年左右的时间内为上海图书馆获得了近40万的注册办证读者。

如今，上海图书馆每周精选7本优质电子书向读者推荐，可以直接在客户端阅读，多平台、多渠道的数字阅读和服务推广平台已经初步构成。2016年在"微阅读"频道上线电子期刊和多媒体视频资源，资源类型更加丰富。截至2016年5月，共推荐图书315种，平均每本书的使用量187次。微阅读频道还定期结合热点图书内容进行阅读分享、线上读书会、线下实践等互动活动，受到了读者的追捧，进一步激发了市民移动阅读的热情。

1.1.3 拓展数字阅读服务的新领域

1.1.3.1 稽谱探学开卷寻根——馆藏家谱数字服务新举措

上海图书馆是全世界收藏中文家谱（原件）数量最多的机构。为了更好地展示和促进家谱文献的阅读与利用，上海图书馆推出三大"互联网+"服务举措：①藏以致用。作为普通民众寻根问祖的重要资料，家谱数字服务的需求呈逐年增长趋势，2015年初，上海图书馆逐步在互联网上开放家谱全文阅览，精选500种家谱供读者在线阅览。②以技证道。2015年3月开发完成并推出面向数字人文研究的家谱原型系统，实现了基于概念而非关键词的精确查询。一方面以可视化、可交互的方式展示家谱整理研究成果，另一方面促进了馆藏资源更深入的利用。③弘扬社会正能量。借助3D和虚拟现实等技术，通过互联网，普及中国家谱的家训家规文化。

1.1.3.2 "无障碍数字图书馆"

2011年12月中国首家"无障碍数字图书馆"项目在上海图书馆启动，旨在为残疾人士、老年人等提供阅读无障碍的图书馆信息获取平台，提供有声电子书和讲座的数字化服务。该馆首批提供可全文阅读的电子书300种，通过语音导航、内容跟随朗读等实现全程无障碍阅读。可免费在线观看680多部上图讲座视频，阅读或收听2000多册有声电子书。此项目获得上海市文广局科技进步一等奖。上海图书馆也因此被上海市残疾人联合会授予"上海市助残志愿服务先进集体"，被中国盲人协会、全国盲人阅读推广委员会等授予"2014年盲人阅读推广优秀单位"的全国荣誉。

1.1.3.3 "上海图书馆——Overdrive少儿数字图书馆"上线

Overdrive（赛阅）是一家有30多年历史的数字内容提供商，从早期的磁带、CD制品到现在的互联网数字图书，他们与全球范围内的34000多家图书馆和学校建立了合作伙伴关系，致力于向读者推荐优质阅读资源。2016年上半年"上海图书馆——Overdrive少儿数字图书馆"上线，成为国内首家和美国数字图书发行商Overdrive合作的少儿数字资源公共图书馆，推出了英文数字图书借阅平台。提供近2000种英文原版电子图书及有声读物，其中包括各种主题的英文电子书和英文有声书，如文学、青少年小说、儿童绘本、科幻小说与奇幻作品等题材。上海图书馆的读者可以从图书馆的收藏中借阅并享用数字内容。Overdrive的运营模式，是把原来传统图书馆的运营完全变成在数字环境下完成，不仅保留了传统图书馆优点，又利用了数字图书馆的便利。

1.2 公共图书馆推进数字阅读的思考

1.2.1 数字阅读"逆袭"，公共图书馆需要顺势而为

1.2.1.1 数字阅读正在快速崛起

数字出版能够满足人们快速便捷获取和阅读的需求，第一时间把制作精美的电子书提供给读者，这一点具有无可比拟的优势。例如，2016年10月13日诺贝尔文学奖发布，《鲍勃·迪伦

传》版权方第一时间联系国内知名的数字阅读品牌掌阅。14日掌阅宣布上架该书，也就是说诺奖公布的第二天，全球150个国家和地区的掌阅用户便可以用手机APP下载阅读，包括中文版和中英文对照版。

根据Overdrive第一季度排名前50的公共图书馆电子书借阅数据（2016年1月1日至2016年3月31日），电子书、视频读本和数字化杂志比2015年增长了30%~40%。年轻的读者越来越喜欢图书馆的儿童和青年电子书读物。虽然传统的读书俱乐部（Book Clubs）在美国十分流行，但是现阶段数字化的Book Clubs正在迅速成长，许多图书馆利用Over Drive平台来组织和宣传"电子书阅读俱乐部""城市阅读"和"一本书，一个社区"等活动。

国内的一系列调研数据也说明了这种趋势：中国成年国民数字化阅读方式接触率连续7年持续上升，2015年达到64%，而1999年只有3.7%的人使用互联网。《中国网民数字阅读状况调查报告（2016）》显示，62.7%的受访网民认为数字阅读迟早会取代传统阅读，其中，持此观点的20岁以下的受访者比例高达82.9%。可以说，这种趋势在很大程度上代表着未来方向，表明数字阅读的影响力正日渐增大。一方面与移动互联网的发展密不可分，深度移动化的生活让人们逐渐养成了移动阅读习惯；另一方面，也得益于数字化书籍内容的日臻丰富。以累计6亿用户规模的掌阅为例，可为读者提供海量的优秀内容，目前精品书、杂志等类型的数字阅读内容在掌阅快速崛起，从简单的电子书发展到现在全方位的数字阅读资源，拥有各类优质图书的数字版权42万册，年发行图书15亿册。

1.2.1.2 数字网络与传统阅读互为补充融合发展

"互联网+"结合"图书馆+"为图书馆阅读推广提供了广阔的发展空间，让图书馆的优质阅读资源和服务获得更大的触及率。越来越多的人利用碎片化时间通过手机等移动媒体进行阅读。虽然数字阅读多以短文章和资讯为主，但是一年下来集聚起来的阅读量对全民阅读具有不容忽视的推动作用。掌阅活跃用户阅读量2014年年均8本，2015年达到了12本。毋庸置疑，数字阅读的飞速发展有利于促进中国从人口大国向阅读大国一步步前进。"行听书、坐看书"，使得碎片化的时间得到有效利用，如果每天阅读半小时，一年就是180多小时。如果读者能够用自己思路加以链接和整理，累积起来形成系统化和条理化的知识，就不是碎片化的知识。

事实上，数字时代为我们的阅读选择和阅读层次提供了更多的可能性，阅读的书香不仅在纸本里，也在网络、手机里。只是传统纸本阅读的价值早已被证明，而数字多媒体阅读的价值还正待被充分挖掘：当前如何根据读者需求提供优质的数字阅读，通过数字阅读实现从一本书到另一本书，从一个知识点链接到更多领域，提供诸如此类高附加值的服务是图书馆阅读服务的关键。

当今时代数字阅读不能完全取代传统阅读，传统阅读也远未到没落的时候，那就应该接受其共存共荣、互为补充的关系，基于共生理念实现数字阅读和传统纸本阅读的融合发展，取长补短，更好地为读者提供个性化和精准化服务。拿着手机和拿着书一样，都在阅读，共同创造阅读的未来；传统阅读与数字阅读应该"和谐共生"，互为补充，共同为全民阅读构建起各有所长的良性生态。

1.2.2 利用移动互联网推进数字阅读

1.2.2.1 数字阅读：图书馆转型发展的抓手与助力

图书馆永远走在创新的路上，包括理念的创新、新技术在图书馆的运用，以及由此带来服务方式、服务内容、传播手段的创新等。"互联网+"图书馆的数字阅读使得服务无所不在、无时不在，有利于人们普遍均等地享受获取知识和信息的权利，因此成为图书馆转型突破的抓手与助力之一。吴建中先生认为，"一旦全球使用智能手机人口达到50%的临界点，全世界便无可避免跨进数字化阅读时代"。当前数字资源迅速增长，越来越多的读者选择数字阅读方式，转型发展中的公共图书馆有责任顺应需求，重视数字资源的采集，促进全民阅读；注重将新媒体、新技术、新服务引入公共图书馆，借力移动互联网做公共文化服务。2016年上海图书馆"市民数字阅读"PC端使用量保持稳步增长，上海图书馆APP的使用量也呈递进态势，通过微信、支付宝的"微阅读"进行移动阅读的读者不断增长。通过多平台的建设，上海图书馆数字阅读服务面大幅拓宽，开辟出一片阅读推广的新天地。

1.2.2.2 精耕细作，建设数字阅读精品

事实证明，移动数字阅读借助社交平台不仅可以扩大读者群，也能实现阅读深度化。以2015年上海图书馆与新华e店合作为例，上海书展期间首次采用读者需求驱动采购的模式，推广7种近三个月内出版的电子版新书。

纸本阅读对应的不一定就是深阅读，屏幕上的阅读也不等同于浅阅读。两种阅读方式的关键还是在于书的内容。以往我国数字阅读市场还是平台之争，目前数字阅读更注重推动内容品质建设，迫切需要更多独创性、思想性和文学性的数字阅读精品。阅读推广的本质就是让人们看好书及更好地看书，内容是重中之重，打造数字阅读精品，建设馆藏特色数字资源库成为大势所趋。

1.2.2.3 建设多元化数字阅读平台，致力于数字文化空间的开拓

"互联网+"时代阅读推广的渠道更加多元，数字阅读为阅读活动注入新的生机。在坚守图书馆传统业务的同时，探索图书馆与新媒体、新平台融合的可行性。根据数字阅读特别是移动数字阅读日益普及的现状和增长速度，应该调研各类读者的不同需要，建设多元化数字阅读服务，致力于图书馆数字阅读服务和文化的开拓。

"互联网+阅读"越来越成为一种大众化的阅读新形式。图书馆顺应现代人的新阅读形式，对"阅读"的传统概念进行新的内涵扩展是大势所趋。例如，电子书把图书馆装进口袋，采用移动终端来进行阅读。有声书、有声阅读可看成是纸质阅读的一种延展。在美国和欧洲，有声书"阅读量"已被计入国民人均年阅读量统计之中。公共图书馆与互联网、移动互联网、数字出版等服务商合作，为数千万用户提供精彩的有声阅读服务。现在已进入"立体化阅读"的时代，讲座、展览、真人图书馆、表演、阅读有声书（听书）划入阅读推广的一部分。因此，我们坚持多载体、多平台、多类型的数字阅读推广，使图书馆能最大效能地履行其社会职责，推进全民阅读、打造书香社会。

1.2.3 具体策略

1.2.3.1 用户中心思想

上海图书馆一直秉承"读者第一、服务至上"的宗旨。近年来，在调研读者需求的基础上，推出的系列活动频频受到读者热捧。根据读者利用图书馆的海量信息和数据，通过数据挖掘，统计分析出一系列阅读指数，判断读者的阅读爱好、阅读习惯、阅读需求，以此发布上海图书馆的年度阅读报告，基本上全面反映了区域内图书馆用户的阅读状况。从2013年开始为不同的读者发布不同的个性版阅读账单，使用过数字阅读平台的读者会收到一份数字阅读账单，内容包括借阅量、借阅偏好、借阅行为等个性化统计和分析，在动态展示的页面中还穿插有交互内容，读者可从中获得新书推荐、周边馆推荐等个性化体验。

另外，上海图书馆重视用户体验和反馈，以此来完善图书馆数字阅读服务，以便提供更优

质、对口的服务。调研各类读者群体的阅读方式和阅读习惯，掌握读者的阅读需求，有针对性地策划阅读推广活动。

1.2.3.2 推动跨界合作

上海图书馆将传统媒体和新媒体组合进行阅读推广宣传造势并创新阅读推广内容形式，可以最大化扩大阅读推广的效益与效果。率先与互联网金融如支付宝和微信的合作，通过融合渗透使双方能够充分发挥合作双赢的优势，打造集阅读、消费、理财等活动为一体的数字化平台，实现互联网思维与公共文化服务的有效对接。此举也给图书馆在未来与其他新业态的融合提供了宝贵的经验，具有开拓性意义。上海图书馆的实践证明，"互联网+"时代是寻求跨界联手的绝佳机遇。图书馆通过与社会行业合作，共享彼此资源，利用网络搭建新的服务平台，既能够有效降低成本、实现双赢，还能促进传统业务的转型升级，最终带动图书馆事业转型发展。总之，图书馆实行跨界合作不仅有利可图，而且势在必行。

1.2.3.3 线下与线上的融合并进，关注图书馆数字阅读服务建设

上海图书馆较早意识到数字阅读推广是图书馆转型的抓手，树立互联网思维，较早利用微信、微博等社交平台发布数字阅读推广信息，通过线上与线下结合的方式，借力新媒体提升阅读体验。新媒体、移动互联网的发展为移动阅读崛起提供了最好契机。各类新媒体中，手机有携带与使用方便的优点，图书馆可借助社交平台的可发布评论、转发及交互性强等优势，开发和提供手机服务，真正实现"无时不在，无处不在"的图书馆服务，将极大提升图书馆的利用率。手机是目前图书馆进行阅读推广和拓展最值得关注和倚重的载体。因此，图书馆可开发移动数字图书馆APP，为读者提供个性化服务，分类筛选读者感兴趣的阅读内容，为其推送感兴趣的资源；对阅读内容可进行标记、评论、分享和收藏；开设阅读社区，提供阅读交流分享的平台等。

1.2.3.4 打造数字阅读的重要平台和场所

建设作为数字阅读平台的图书馆，要加强数字资源建设与整合力度。多采购最新的、高质量的、有品位的数字资源，可采取共建共享数据库资源或建设本地数字图书馆联盟的方式，以低成本共享更多数据库资源和其他类型的数字资源。另外，图书馆要重视自建特色数据库。

了解读者的数字阅读需求，开展各种阅读素养培训活动和阅读推广活动，调动读者利用图书馆进行数字阅读的兴趣，将图书馆打造成数字阅读的乐园和平台，努力建设健康的数字阅读生态。

1.2.3.5 提高馆员的数字素养能力，建设专业人才队伍

推广数字化阅读，并想做大做强，没有一支专业队伍基本上是不可能的。为了更好地开展数字阅读服务，上海图书馆对相关馆员的专业知识、数字素养及服务意识提出了更高的要求。在探索实践中，把伴随着互联网和移动互联网而成长起来的80后、90后馆员，投放在数字资源建设和数字阅读推广服务的第一线，重视培养和建设一支专业的青年数字人才队伍。

1.2.3.6 加强数字资源及数字阅读服务宣传与营销

重视图书馆数字阅读推广服务的宣传和营销。加大对数字资源的宣传力度，既通过网络媒体、微博、微信公众号等自媒体平台开展新媒体阅读营销，也利用传统讲座、读者互动等方式推广宣传数字阅读，定期举办数字资源宣传活动，提高用户对图书馆资源的认知度。为了让更多的市民了解"市民数字阅读"，上海图书馆曾在本市几家纸媒上刊登了"市民数字阅读"的大幅广告；还把"市民数字阅读"二维码印在巧克力上，两方小巧的白巧克力，一方印着

"上图爱悦读"的字样,一方印着二维码图样。读者拿出手机"扫一扫",就进入"市民数字阅读"APP的下载页面。如此推广数字阅读,其成效显著。

2 广西壮族自治区图书馆阅读推广活动

2.1 "阅"动云尖数字阅读推广活动实践分析

近年来,全国公共图书馆的数字资源总量迅猛增长。广西壮族自治区图书馆先后引进了中外文数据库83个,2013—2016年期间可供读者使用的总电子文献主要包括电子图书、期刊和报纸,合计数量537万册,而随着数字资源的不断增长,其访问量却长期停滞不前。为了将内容丰富、种类齐全的数字资源惠及广大读者,让更多读者享受数字资源带来的便利,充分发挥公共图书馆的社会职能,广西壮族自治区图书馆为宣传和推广本馆具有特色的数字资源内容,在分析了目前数字资源使用群体和群体特征的基础上,依托微信平台,结合图书馆数字资源实际情况,有针对性地开展了"阅"动云尖数字阅读推广一系列活动(以下简称"阅"动云尖)。

2.1.1 "阅"动云尖活动前期工作

2.1.1.1 成立活动小组

"阅"动云尖数字阅读推广活动打破了传统的以部门为单位策划活动的模式,跨越部门成立了由21位年轻馆员组成的"阅"动云尖工作小组。小组成员涵盖了广西壮族自治区图书馆办公室、网络数据中心、少儿部、借阅部、辅导部、信息服务部、财务科等多个部门人员,成员们集思广益,充分发挥了青年人善于利用新兴社交媒介平台,积极推介馆藏特色数字资源的集群优势。在选定活动名称、活动内容、宣传方式、合作单位等过程中,无不充分发挥了小组成员的主观能动性,大到活动的名称——"'阅'动云尖"的诞生,小到每个小游戏名称的选择,都是共同磋商、集体投票的结果。

2.1.1.2 选取活动对象

分析广西壮族自治区图书馆近5年新增读者年龄段数据得知:近5年广西壮族自治区图书馆新增活跃读者的年龄在19~35岁的有3.394万人,占总新增活跃读者人数的39.9%。据《2016年度数字阅读白皮书》显示,目前数字阅读的主要群体为"80后"和"90后",其占比高达64.1%。鉴于此,广西壮族自治区图书馆数字阅读推广活动拟定活动对象为年龄在19~35岁的"80后"和"90后"年轻群体。

2.1.1.3 确定活动形式

微信作为一种新兴的社交方式已被人们所熟知并使用,微信以"微"为主要特点,能通过精简的消息传达准确、全面的信息,且互动性强、受众面广,作为新型传播媒介有着传播成本低、信息互动传播性强等优点,因此越来越受年轻人的喜爱。据不完全统计,截至2016年底,微信用户已达5.26亿人次,可以说微信已经成为很多人生活的一部分。结合数字资源使用不受时间、空间限制的特性,以及人力资源、平台活跃用户基数、效果评价标准等因素进行综合考量,"阅"动云尖选取微信公众平台为活动平台,最终活动内容体验设计以微信小游戏形式呈现给广大参与者。

2.1.2 "阅"动云尖推广模式分析

"阅"动云尖利用广西壮族自治区图书馆微信公众号平台,于特色节庆推出。活动以小游戏的形式呈现,采取"吸粉—粉丝行为诱导—转化成目标用户"的模式,通过简单的游戏及微信的线上传播低门槛性提升图书馆微信公众号关注度,将数字资源检索与利用的知识融入游戏,通过激励机制激发关注用户持续参与活动的热情,再适当调节游戏中相关知识比重,促使关注用户登录数字资源平台检索答案,让参与者在完成游戏的过程中了解图书馆的数字资源,引导读者办理电子证,完成关注用户向数字资源读者的转变。

2.1.2.1 活动前期"吸粉"

"阅"动云尖"吸粉"模式主要体现在游戏的设置上。在游戏设置方面增加转发分享环节,通过将游戏转发分享至朋友圈,让微信好友帮忙即可完成任务,同时参与抽奖。游戏简单有趣且易于完成,吸引了原有的"粉丝"进行大量分享转发,由于需要朋友圈好友帮忙完成,因此游戏将众多"路人"转变为"粉丝",同时游戏的分享与转发让更多人了解该活动,对活动也起到了良好的推广宣传作用。

2.1.2.2 "粉丝"行为诱导

对"粉丝"行为进行诱导主要体现在活动中引导参与者使用图书馆数字资源导航进行检索从而完成游戏。如第一期活动中"'三·三'文曲星"游戏,游戏设置有关"壮族三月三"的知识问答,引导读者利用图书馆数字资源平台进行检索,让读者在了解有关壮族三月三知识的同时,对图书馆数字资源的使用有了大概了解。第二期活动中的"看图答题"游戏,游戏通过让读者辨识广西壮族自治区图书馆现有的不同数据资源库的图标名称,回答有关数据库资源的相关问题,从中获悉广西壮族自治区图书馆现有的数据资源库,以及如何使用这些数据资源库。第三期活动中的"'方'踪易寻"游戏,让读者进入广西图书馆主页的数字资源导航平台,在万方数据资源中查找一篇喜欢的论文,按照相关操作即可完成线上活动参与抽奖,该活动能引导读者使用数字资源进行文献的检索。以上几个小游戏均是通过寓学于乐的方式,让"粉丝"在参与游戏的同时大致了解图书馆馆藏数字资源的概念,为下一步转化为目标用户做了铺垫。

2.1.2.3 转化成目标用户

活动在推出小游戏的同时还推出了电子调查问卷,第一期活动的调查问卷主要涉及读者获取活动的渠道、对活动的满意度、对馆藏电子资源的了解情况及对活动的意见和建议等方面内容。第二期活动的调查问卷通过巧妙的题目设置,在揭示图书馆数字资源(包括数字资源的总量、种类等)的同时调查读者的偏好,同时引导读者对图书馆电子证的免费办理及办理后能享用的数字资源进行了解。通过填写调研问卷,使读者了解到图书馆数字资源的价值,同时也是读者参与活动、完善图书馆资源建设的一个渠道,能让读者对活动产生归属感。许多读者在参与游戏、填写调查问卷后主动要求办理图书馆的电子证,这就实现了从"粉丝"转化为数字资源用户的目标。

2.1.3 "阅"动云尖推广实践效果分析

2.1.3.1 直接效果分析

活动推广的直接效果,主要体现在最直观的数据变化上,包括活动参与人数、通过参与活动办理电子证的人数及最直接的图书馆数字资源使用率的变化等,下面以"阅"动云尖前两期活动数据对活动的直接效果进行分析。

(1)公众微信号的关注数量:对比分析"阅"动云尖前两期活动,广西壮族自治区图书馆微信公众平台原有微信关注用户数量从19458名增加至28904名。通过两期活动,新增微信关注用户分别为5099名和4347名,两期活动吸引的用户关注数总量占活动前关注数总量的48.5%,该组数据可说明"阅"动云尖极大地增加了广西壮族自治区图书馆公众微信号的关注度,活动取得了理想的效果。

(2)活动的参与人数:"阅"动云尖前两期活动参与人数分别为8212人和4364人,第二期活动时间的设置仅一天,且要求到馆现场参加,故参与人次的总量相对第一次较少,但是平均每天参与活动的人次却大幅度上涨,从侧面反映出活动能得到广大读者的认可,活动的推广宣传效果也逐渐显现,越来越多的读者积极参与到活动中来。

(3)活动转化目标用户数(即增加的持电子证人数):"阅"动云尖前两期活动期间电子证持证读者增长数分别为321人和1046人,第二期活动电子证持证读者增长数约为第一期的3.3倍,可说明活动使越来越多的微信关注用户向数字资源读者转变,即活动将"粉丝"转化成为目标用户。

(4)数字资源的使用频率:与上年同一时间段相比较,"阅"动云尖前两期活动结束后,广西壮族自治区图书馆数字资源使用频率由43363次上升到284932次,同比增长了557.09%,可说明活动引导方向较明确,参与者通过活动了解到图书馆数字资源是对自己有益并且能免费使用的,这也提高了图书馆资源的利用率。

(5)活动调研问卷的收集:前两期活动收到的问卷调查数分别为857份和3812份,第二期活动调查问卷数量约为第一期的4.4倍,可看出读者对该活动的认可度逐渐提高,也有意愿通过该活动,积极参与到图书馆活动乃至图书馆建设中来。

2.1.3.2 参与者对活动的认同度

以第一期活动调研数据为例。参与调研活动的857人中,有831人认为活动以微信小游戏的形式呈现给参与者的模式可取,占比97%;对活动的满意度做调研统计,对活动表示满意的有781人,占比高达92.3%。调研数据可说明活动的形式较受欢迎。

2.2 开展数字阅读推广活动的经验总结

2.2.1 多元化的推广渠道

活动的成功与否与前期宣传推广密不可分,多元化的推广渠道能让活动传播更广,能最大限度地发挥数字阅读推广活动的传播优势。"阅"动云尖采用了线上与线下相结合、馆内与高校相结合、多种宣传媒体投放的多种宣传手段。线上宣传主要是采用馆内网站、微信平台、自媒体等方式;线下宣传主要是采用活动展板宣传、现场宣讲等方式;馆内宣传主要是采用发布公告、微信转发等方式;高校宣传主要是联合了广西大学图书馆等9个高校图书馆,投放活动展板、网站飘窗、微信群发消息等方式;多种宣传媒体投放主要是利用多种媒体为活动提前造势。对于宣传手段的选择和投放,"阅"动云尖工作组运用自如,从而使得此次活动在短短10多天内获得极大关注,参与人数空前,在特色节庆活动期间"阅"动云尖到馆参与读者人数常常达上千人。

2.2.2 多样化用户群的拓展

尽管数字阅读的用户越发趋于广泛,但是目前最大需求群体仍以19~35岁的青年人为主,该群体大部分为学者、科研人员及数字产品爱好者等,细分读者群体有助于提高传播内容的使用率。"阅"动云尖针对不同用户群的特点在每期活动推出的同时都会有相应的主题,如第三期活动主要针对科研、音乐爱好者,为此,在游戏的设置上就会引导参与者使用相关的数据库。在未来规划中,"阅"动云尖还将拓展更多用户群,根据不同年龄段的用户特点推出相关主题活动,以期让数字资源惠及更多读者。

2.2.3 大众化的操作模式

简洁易于操作的活动体验模式,能有效提高读者参与的积极性。在快节奏工作生活的当今,若一个活动的参与方式不受时间、地域限制,且游戏可操作性强,则能很大程度地吸引读者参与。"阅"动云尖采取的游戏模式，一般大众都能参与且游戏内容丰富、游戏的说明简洁易懂、游戏操作便捷，这便吸引了广大读者，即使是路人都能停下脚步参与并完成游戏。

2.3 开展数字阅读推广活动的思考与展望

数字阅读推广正逐渐成为公共图书馆阅读推广的发展趋势，成为公共图书馆不可或缺的公共服务部分，目前我国图书馆数字阅读推广活动大致处于一个探索阶段，存在不足在所难免，这需要在日后的实践活动中不断探索和完善。

2.3.1 准确处理数字阅读推广内容与传播的矛盾

图书馆过多的数字资源载体类型及复杂的内容都会增加传播推广的难度，在开展数字阅读推广活动时要掌握体验内容和传播效率两者之间的平衡点，在不降低活动体验内容质量的前提下最大限度地保证活动的传播效率。鉴于此，每期活动安排的主题以一至两个为宜，有针对性地进行宣传，最大可能地吸引对相关主题感兴趣的读者参与，获取有效的读者行为数据，保证传播推广效率最大化。

2.3.2 正确处理读者的个性和共性矛盾

在开展数字阅读推广活动时，通过对每个读者的个性进行细化，能够提供针对性较强的精准服务，但是在实际操作过程中，受多方面因素的影响，图书馆很难为每个读者提供一对一的专属数字阅读推广服务。因此，需要在了解读者个性的基础上寻找其共性，力求准确划分广泛而又不失特性的目标群体。鉴于此，建立读者分类模型，划分读者群体便很重要。

2.3.3 长远规划推广目标以打造活动品牌

目前，我国大多数公共图书馆在开展数字阅读推广活动时，较多依赖于国家图书馆"网络书香"活动的主题，活动如出一辙，缺乏新意，且多在春节等较大节庆日开展，缺乏长远规划。公共图书馆开展数字阅读推广活动需要结合图书馆自身数字资源特色，有针对性地进行长远规划，制定目标。在活动形式上可适当将当下的流行元素与传统元素相融合，同时做好品牌定位，打造出具有当地图书馆特色的活动品牌。就数字阅读推广活动而言，品牌定位直接关乎推广活动的长远规划发展，为此，广西壮族自治区图书馆一直努力打造具有广西壮族自治区图书馆特色的数字阅读推广活动品牌，经过调查分析及实践探索，于2017年初正式推出"阅"动云尖系列数字阅读推广活动，正努力将其打造成广西壮族自治区图书馆数字阅读推广活动品牌。

3 重庆图书馆阅读推广活动

3.1 重庆图书馆阅读推广模式

重庆图书馆是我国公共图书馆中积极开展阅读推广模式创新实践的典型代表之一。重庆图书馆在分析了现有的新媒体传播手段后，选择与重庆科技馆建立战略合作关系，通过科技与图书的强强联合，为市民提供更加便捷高效的阅读体验。目前，合作双方通过有效开展人文和科技的优势互补，已经在阅读推广模式创新实践活动中取得阶段性成效。这些阶段性成果的典型表现有：首先，信息化服务上实现了网站、微信、微博等网络新媒体的多维运用，共同构成了一个综合性的新媒体信息提供平台。其次，在图书馆和科技馆的场馆中互置"数字图书馆"，也就是在场馆中安放网络电子书刊阅读器和数字科技馆，从而用高科技将两个场馆的精华部分浓缩到阅读器中，让更多的人了解图书馆的魅力。最后，联合打造"科普大篷车+流动图书车"同步行动，让图书馆的馆藏图书走出图书馆的书架，走进需要知识的小学生中间，为重庆的小学师生创造科普教育活动和图书借阅福利。重庆图书馆通过采用高科技新媒体手段，从多个角度开展创新的阅读推广活动，已经在科普教育培训、虚拟场馆建设、"科技与人文"主题展览策划等方面取得非凡的成果，真正实现了为人民服务，将知识传播到需要的人群中去，共享公益科普平台，为提高全市人民科学文化素质作出积极贡献。

3.2 新媒体时代对公共图书馆阅读推广模式的建议

3.2.1 完善服务功能，营造阅读氛围

馆藏图书是整个国家的一项重要资源，图书馆是以纸质馆藏为基础的文化组织，因此保存纸质馆藏图书文件是图书馆的基础功能。但是，对于图书馆来说，如何提升馆内图书的阅读率成为工作的重点和难点。哪怕是处于无纸化的新媒体时代，公共图书馆还是要发挥自身的基础作用，努力吸引读者走进图书馆阅读馆内藏书。为了实现这一目的，公共图书馆应该创造一个优雅舒适的阅读氛围。阅读环境也包括硬件环境（包括阅读空间、阅读资源、阅读设备等等）和软件环境，例如阅读行为规范、阅读服务和阅读指导。

3.2.2 借助微博、微信，开展信息推送服务

在公众中普及率极广的微信和微博是新媒体时代公共图书馆实现信息推送的最好选择，借助微博和微信这两个平台，公共图书馆可以发布有效信息，让读者借助这两个平台能够第一时间查询自己想要获得的公共图书馆阅读服务，比如新书推荐、图书评论、图书馆新闻发布、讲座培训等等，通过微博和微信传播的信息的速度将远超于任何其他传播媒介。但是，在使用这两个媒介时，要充分注意到信息服务需要定位准确、更新及时、服务全面、善用标签和管理到位。这也是开展这方面应用的工作难点之一。

3.2.3 建设移动图书馆，开展手机阅读服务

手机阅读正在成为阅读的新潮流。图书馆有必要开展对手机阅读的研究和讲解，适时地为读者提供手机阅读服务。手机服务是基于WAP的图书馆移动信息服务，为读者提供更加完善的个性服务。将图书馆网络阅读延伸到手机上，使读者可以及时查询，如书目信息、借阅信息，以及预约、续借等，使读者可以随时随地利用手机阅读书刊。

第三节 公共图书馆经典阅读推广实践

1 南京图书馆阅读推广活动

1.1 南京图书馆经典阅读推广的特色分析

1.1.1 着力打造品牌经典阅读推广活动——南图阅读节

1.1.1.1 精选主题、宣传经典，多媒体营造氛围

围绕中国经典名著，结合地域特色文化，与强势媒体联合互动，打造主题鲜明的阅读盛会，是南京图书馆经典阅读推广工作的一个重要特色。2010年起，南图阅读节每年举办一届，每届选择一部经典名著，举办系列推广活动，经过4年的积累，已取得了较好的社会效益，形成了一定的品牌效应。2010年，首届南图阅读节以"红楼梦"为主题，一改以往只对进馆读者进行宣传的被动局面，在宣传工作上积极开拓创新，阅读节举办15天来就有各类新闻报道300篇。

2011年、2012年、2013年南图阅读节连续围绕《西游记》《水浒传》《三国演义》等主题，

从哲学、文学和历史的角度对名著进行学术探讨和人文解读，完成了对四大经典名著的深入解读，活动的持续性开展不仅吸引了社会大众对经典名著的热切关注，而且对来年的经典阅读主题也充满了期盼。

1.1.1.2 论坛讲座、互动交流，多层次解读经典

邀请业界顶级专家、中青年学者、普通百姓共同互动，以主题发言和互动点评的方式，从不同层面、不同角度解读经典、感悟经典，传授阅读经典的方法和经验，激发读者探索经典的兴趣，是南京图书馆经典阅读推广工作的另一大特色。如2010年首届南图阅读节围绕文学名著《红楼梦》，邀请了多位国内权威红学专家，从红楼梦的作者、红楼梦人物形象塑造、南图版红楼梦、红学文化与红学思想等多个角度进行学术探讨和主题演讲。2011年第二届南图阅读节特邀的是国内知名《西游记》研究专家；2012年第三届南图阅读节围绕《水浒传》邀请到的是国内著名宋史专家，分别从社会与人性的角度为读者呈现不一样的经典名著；2013年邀请的专家则围绕《三国演义》从"战争与人性"的角度对作品进行了深入剖析。此外，对于不能到现场聆听讲座的听众，南图网站上还开辟专栏供网友点播视频，进行在线互动交流。

1.1.1.3 馆藏图展、影视赏析，多角度呈现经典

围绕精选主题，整合馆藏珍品，二次开发馆藏资源，突破传统的"文本"阅读推广方式，引入"图"阅读——设计、引进主题展览吸引读者关注经典，"影"阅读——赏析经典改编的电影作品启发读者思考经典，"赛"阅读——把经典名著融合到知识竞赛中调动读者学习经典的热情，采取多样化的经典呈现方式是南京图书馆经典阅读推广工作的又一大鲜明特色。4年来南图阅读节分别围绕《红楼梦》《西游记》《水浒传》《三国演义》制作了馆藏不同版本文献插图展，运用经典名著元素创作举办了动画设计作品大赛、不同版本名著影视戏曲片赏析、人物画邀请展、读者知识竞赛等丰富多样的形式，大大提升了读者对经典作品的关注度。

1.1.1.4 推荐书目、评选颁奖，多项目推广阅读

南京图书馆除了在官网上开设年度、季度图书推荐专栏，发布各种书目推荐榜，还开辟专门的馆室陈列经典图书，供读者阅览参考。同时，于2010年首创"南京图书馆陶风读书奖"，一方面根据全国各地阅读情况，提供推荐书目供读者评选，另一方面由书评、图书出版发行、图书馆和相关领域人士组成专家委员会进行最终评定。它成为国内首个由省级公共图书馆主办的图书评奖活动，与"国家图书馆文津图书奖"形成互补。在公共图书馆引导经典阅读、促进公众的人文素养和科学素养提升方面，形成了"北有文津，南有陶风"的格局。此外，在优秀图书评选揭晓后，南京图书馆还与江苏省作家协会联合推出"江苏作家与读者见面会"，定期在江苏作家作品馆举办读书沙龙、作家作品朗读会。

1.1.2 利用品牌延伸服务活动，倡导经典阅读

1.1.2.1 每逢双休日固定开讲南图讲座

"南图讲座"是由南京图书馆主办的面向社会大众的公益性、普及型人文系列讲座，自2005年7月创办以来，截至2017年9月已举办813期，听众人数累计达29万人次。周末到南图听讲座，已经逐步成为南京市民的休闲生活方式和文化体验形式。在对经典作品进行导读的系列讲座策划上，南京图书馆注重从三个层面邀请不同的专家从不同角度解读经典作品，启发听众对经典作品的思考与感悟。首先是针对阅读积淀不多的初学者，主要从字句的理解、对历史文化背景的阐释来引导读者理解古典文学作品，如《唐诗入门谈》《唐宋文化与宋词》等主题讲座；其次是与地域文化特色结合，引导读者感悟身边的古典文学作品，如《韵流金陵濯千秋》《唐诗宋词中的南京》等主题讲座；最后则把视野投射到海外，通过分析中国古典文学

作品的海外传播和影响，中外比较，加深理解经典作品对人性的关照、对社会的影响，如《海东唐音：域外唐诗排行榜的构想与尝试》《漫谈东亚文学史上的杜诗》等主题讲座。

1.1.2.2 定期在专业展厅推出南图会展

一直以来，南图会展坚持积极、健康、向上的准则，以雅俗共赏、寓教于乐为导向，围绕馆藏资源、自主设计制作系列展览，以"图"阅读的形式，引导读者走近经典。自2007年首次办展以来，截至2017年9月已设计制作59期，服务读者38万人次，并获得中华人民共和国文化部颁发的"全国第十四届群星（服务）奖"。"名著插图系列主题展"是南京图书馆以"图"阅读的形式开展经典阅读推广活动的核心展览，它的突出特色在于从古今中外的众多馆藏文学名著中选材，对世界各国的优秀经典作品进行专版介绍。考虑到小读者的经典阅读需求，还专门设计制作了"儿童文学名著主题展"。"名著插图系列主题展"每年定期推出1期或2期，目前已对400多部经典名著进行了导读介绍。所有展板不仅由专业人员设计制作，版式精美耐看，为读者创造了良好的视觉阅读体验，使得读者基于图片的快阅读需求得到了很好满足。

1.1.2.3 推广品牌经典读书活动——陶风读书会

早在虎踞路旧址，南图就陆陆续续开始举办以"诵读经典 陶冶心灵"为主题的经典诵读活动。2007年南图新馆建成后，经典诵读活动无论规模和频率都大幅度增加，并在2009年进一步整合了传统的"诵读经典·陶冶心灵"活动，正式成立了"陶风读书会"，主要对传统诗词、文赋和经典作品做简单的释读，该活动在普及、推广中国传统文化方面的努力得到读者的普遍认可，曾获得"第七届江苏读书节优秀活动项目"称号。该活动主要分两大版块，其一是传统节日版块，主要是在元旦、春节、清明、端午、中秋等中国传统节日举办。其二是寒暑假版块，主要是以"缤纷的冬日""七彩的夏日"为代表的系列经典阅读推广活动，如选取《论语》《大学》《中庸》《千字文》《笠翁对韵》等经典作品向儿童、青少年普及古典诗文，弘扬传统文化。

1.2 关于深化公共图书馆经典阅读推广活动的思考

南京图书馆多年来积极开展各类经典阅读推广活动，并逐步形成了规范化、系列化、特色化、多样化的特点，但要想准确把握免费开放后读者及其精神文化需求呈现出多层次、多方面、多样式的特点，将专业性、学术性和知识性、趣味性、观赏性有机结合，打造公众喜闻乐见的文化品牌，经典阅读的推广工作还有很长的路要走，还有很大的提升空间。可以在继承现有经典阅读推广经验的基础上，进一步把握读者的阅读需求，通过做好以下几个方面的工作，构建出一个多维的经典阅读推广体系，切实提高经典阅读推广活动的深度和广度。

1.2.1 面向读者，开展"大众点评"，票选本年度经典阅读主题

有学者认为，评定一本书好与不好有三个标准：看完后你的感觉是积极的还是颓废的？看完后你有没有向别人推荐的激情？若干年后你如果再次遇到这本书，会再看一遍吗？从这三个标准中，我们可以深切感受到阅读内容对于读者的重要意义，无论阅读载体如何多样化，内容永远是我们在经典阅读推广中需要牢牢把握住的，而对内容最有话语权的当属读者。为此，我们认为公共图书馆有必要搭建有效的平台推动经典读物的"大众点评"工作，如在图书馆季度、年度借阅书目排行榜中，单独列出经典阅读书目排行榜，并增加读者点评功能，并以统计数据为依托推介经典读物；还可以邀请年度优秀读者、读书沙龙会员免费试读纸质及电子版当年新出版的经典读物，作出好评或差评，编写个性化经典书目推介；甚至还可以请读者根据年度借阅图书、作者、题材等多角度进行投票，预选年度经典阅读主题。

1.2.2 邀请名人，加盟经典阅读，为活动内容注入更多正能量

名人的成长往往得读书之益，他们的阅读方法和经历可以成为阅读推广的极佳案例。因此，公共图书馆在经典阅读推广活动中，可以充分利用社会大众喜欢对名人跟风模仿的心理，促成名人与经典阅读的联姻。比如每年策划一期"影响名人的一本经典读物"活动，邀请社会精英，通过访谈对话的形式，讲述名人的成长故事和阅读体验，吸引社会大众关注经典阅读，为社会普通人的成长注入更多的正能量。同时，在活动中还可以请朗诵名家现场朗诵经典作品的片段，为经典阅读赋予更多艺术化的感受，提高阅读的审美体验。

1.2.3 融合促进，联手高校馆，打造"大学城""百姓城"双城阅读盛宴

调查显示，南京图书馆的用户主要集中在具有较高文化程度的人群，大专以上人群占68.33%，而其中在校学生是南京图书馆的读者主力军，占到42.73%。目前，南京图书馆已经与南京大学、东南大学等高校图书馆合作，逐步开展了馆际互借和文献传递的业务，从融合发展和阅读促进的角度来看，还可以在经典阅读推广活动中开展更多的馆际合作。比如在经典阅读推广活动中，除了在公共图书馆开设主会场外，还可以在各高校图书馆轮流开设分会场，举办经典作品赏析活动，吸引更多青年学生对经典阅读的关注与思考，为高校学生尤其是理工科院校的在校生带去更多人文精神的滋养。

1.2.4 优势互补，帮扶引导民间阅读组织，推动和引领全民阅读

有学者提出，"一群人共同阅读，才使阅读成为一种生活方式"。而推动阅读尤其是经典阅读成为整个社会生活方式的一个不可忽视的力量，就是民间阅读组织。公共图书馆可以采取一"扶"、二"展"、三"评"、四"引"的方式，为民间阅读活动注入新的发展活力。"扶"，就是为一些尚在起步阶段的民间阅读组织，配送经典阅读作品，建立"图书流通点"；"展"就是在图书馆网站开辟专栏介绍民间读书组织的经典阅读实践活动；"评"就是在年度优秀读者评选中增设"优秀民间读书组织奖"；"引"是邀请国内知名专家开设讲座，举办民间经典阅读组织人员培训班，提升民间阅读组织的格局，促其健康发展。

1.2.5 开通微博，搭建交流平台，广泛分享经典阅读感悟

经典阅读推广不仅仅是我们做了多少，更重要的是读者感悟到了多少，读者在这样的一些活动中，有没有真正有所触动，有没有平台去抒发自己的阅读体会。从这个意义上说，经典阅读其实是一种社会交流活动，时下最为活跃的网络社交平台，就可以成为读者亲近经典、抒发体悟的阅读助推器。南京图书馆可以结合自身服务特点，以阅读节的举办为契机，开通适合自己的微博或博客服务，引导社会大众在新兴的交流平台上享受经典阅读。同时，还可以积极关注读者所分享的使用图书馆过程中的愉快经历，并加以转载和评论，实现图书馆的积极营销。

1.2.6 结合年度经典阅读推广主题，建设"经典记忆"专题数字资源库

面对信息环境的飞速变化，南京图书馆锐意进取、不断创新，每年阅读节都在提升服务层次、探索资源存储与服务方式上推出一些全新的项目组织模式。在今后的经典阅读推广活动中，可以在以往数字资源推广服务的基础上，结合年度经典阅读主题，建设"经典记忆"专题数字资源库，如国家图书馆的"中国记忆"项目、美国国会图书馆的"美国记忆"项目，都在"变藏为用"、"以用促建"、创新资源使用方式方面作出了很好的探索。"经典记忆"数字资源库一方面以梳理馆藏已有和新建文献为主，另一方面可以面向全社会公开征集相关文献、照片、手稿、实物、口述等资料，鼓励个人自愿捐赠、上传文献来丰富和补充相关馆藏，带动社会大众"亲近经典资源，享受数字阅读"。

2 杭州图书馆经典阅读推广活动

2.1 杭州图书馆阅读推广现状

2.1.1 打造本馆经典阅读品牌，倾情诠释经典

很多文学经典尤其是古代文学因其文言文语体晦涩，缺少专业人员对阅读方法和内容的讲解，导致很多读者有心阅读却止步于扉页。专业学者对经典的解读与诠释能对公众阅读经典起到引领、点拨、启示的作用。杭州图书馆积极打造良好的阅读与社会化合作阅读宣传机制，倾情诠释经典。比如，与台湾海峡两岸文教经贸宗教交流协会共同举办的"国学九十九讲"活动，是杭州图书馆的经典阅读品牌。目前已举办20余场，邀请到台北市立教育大学进修部主任、台湾德明财经科技大学前校长陈光宪讲授《诗经与家风》，深受读者好评。《诗经》是古代儒生必读的教材，也是古时人们立言、立行的标准，诗句里反映出的社会万象、生活哲理是中华优秀传统文化的重要组成，蕴涵着丰富的家教家风文化。陈教授挖掘、提炼、升华古典诗词里的优秀家教家风文化，让传统文化焕发出现代的生机，对当下家教家风的建构和发展，具有重要的启发意义。以杭州图书馆为主要平台及"发射站"，各地国学名师为"弘道者"，弘扬中华传统文化，传承国学文脉，从现代眼光解读国学经典。通过互联网等方式向海内外的各著名大学、图书馆及全世界孔子学院与侨胞们，辐射中华文化之光芒与正能量，以此全面弘扬中华文化、提升文化软实力，并推广于世界。

2.1.2 抓好重点人群经典阅读的启蒙

当下，在青少年中更应该提倡经典阅读。梁启超曾云：少年智则国智，少年富则国富，少年强则国强，少年独立则国独立。杭州图书馆联合都市快报开展"名师公开课"阅读推广活动，邀请著名作家、教育界专家、编辑等围绕阅读、写作等话题为家长们定期开课。比如作家、编辑袁敏曾给家长们上了一堂生动的作文辅导课，引导孩子阅读经典和行走，尤其是行走，是一种更感性、更人文的阅读，能扩大孩子的视野、丰富孩子的知识面、锻炼孩子的人际交往能力，这些都对提高孩子的写作起到了潜移默化的作用。没有功利化的应试技巧，没有贪图方便的捷径，袁敏老师给出的这两条写作文的良策，让现场的家长恍然大悟。袁敏老师还列出一批书单，古典四大名著，以及现代作家鲁迅、曹禺、老舍、莫言，当代作家舒婷、顾城、海子，外国作家康·帕乌斯托夫斯基、托尔斯泰、茨威格的作品等都是推荐阅读书目。

2.1.3 注重创设国际化、多元化阅读情景体验

将阅读融入我们的日常生活，突破场地和空间的限制，不拘泥于书架与图书馆，而更应让读者看得见、摸得着、放不下。改变以往忽视阅读环境场景建设的弊病，而是扩展看似不搭界的场景，无论是物理场景或是虚拟场景，为宣传经典阅读所用。杭州图书馆在经典阅读的推广方面，注重场景体验，运用多元化形式为公众介绍和引入国外经典。比如，在3月20日世界法语日当天，杭州图书馆联合浙江工商大学法语联盟推出"纪念雅克·普莱维尔——全球法语日特别活动"，现场配合小提琴伴奏朗诵了《话语集》。2016年，杭州图书馆联合韩国文学翻译院举办了"拥聚力量的短距——中韩文学的视野融合"的对谈，韩国当代最重要的小说家吴贞姬、诗人金基泽，在杭州与著名的小说家、诗人、诗评家艾伟、江弱水、舒羽、泉子、颜炼军等一起，就中韩文学的视野融合、写作艺术等进行深度对话。公众得以在杭州图书馆这个平台上立体化地接触到世界文学的经典。

2.2 公共图书馆经典阅读推广的思考

2.2.1 组织多种活动形式，激发全民阅读热情

公共图书馆应组织形式多样的阅读推广活动，激发全民阅读热情。例如，联合社会力量，组织"释放活力，激扬文字"的人文走读等"阅读+行走"系列活动，精选古迹众多、人文荟萃的路线，邀请"当地通"沿途讲解历史典故、风物传说，引领读者运动健身的同时，体会"诗意的栖居"；组织"阅读+摄影"系列活动，联合杂志社、摄影艺术学会及网站举办"镜头下的阅读"摄影系列活动，从不同角度展示精彩的阅读瞬间，展现市民热爱知识的精神世界，挖掘书香文化；组织"阅读+朗读"系列活动，联合媒体举办"让我们一起朗读"系列朗读沙龙活动，邀请来自各行各业的普通人登台朗诵经典，讲述自己的故事。无论何种经典阅读推广的形式，其实质就是针对不同的读者群体制定出相应的阅读活动，从而培养读者的阅读兴趣和阅读习惯，同时教授读者阅读方法，提升其阅读能力和阅读品味，最终使越来越多的读者把阅读经典作为自己生活的内在追求。

2.2.2 打造专业导读人团队，加强志愿者队伍建设

公共图书馆应组建民间阅读联盟，加大、加深与民间阅读组织的联系，挖掘专业阅读导引人，组建一支素质过硬的导读人团队，加强推广的权威性和深度。在公共图书馆内可以设立"阅读指导咨询师"岗位，为读者提供阅读方面的指导咨询，与读者分享阅读经历、阅读体验、阅读观，并针对不同的读者群体推荐不同的阅读书目，让读者能有针对性地进行有效阅读。同时，应注意做好志愿者队伍的培训。公共图书馆应吸纳有一技之长、有教育经验、有阅读推广热情的业余爱好者，邀请他们积极参与到阅读推广活动的具体策划、宣传和实施中，并加强对其阅读指导、评价引导等专业化的培训，建立人才培训、认证、评价及激励体制。在这方面，高雄市立图书馆2005年起就开展了"故事妈妈"的培训认证工作，台北市立图书馆也为讲故事志愿者设立了特殊贡献奖、资深服务奖和服务热忱奖。这些举措能使志愿者在亲身参与、体验阅读推广活动的同时，逐步提高自身的阅读推广能力，成为公共图书馆阅读服务的一支有生力量。无论是组建专业队伍还是吸纳更多的志愿者，其目的都在于让更多的人参与到经典阅读推广中去。

2.2.3 顺应读者思维，建立有效激励机制

阅读推广不是阅读教学，不能把经典阅读变成负担式阅读，应设身处地站在读者角度，顺应读者思维方式与行为方式，建立相应的激励机制，以促进其更为持久、广泛的阅读。杭州图书馆联合浙江党建网推出的读书汇"在有故事的地方阅读"就是一个成功的范例，该活动得到了广大读者的积极参与。在宣传读经典好书、鼓励读好书的同时，读者既能表达自己的观点，还能聆听他人的想法，在图书馆提供的交流平台上满足了读者分享阅读的需求。余华、张爱玲、莫言、王安忆、曹文轩、雨果、欧·亨利、莫泊桑和契诃夫等中外名家的经典作品有很高的点评率，深受读者的喜爱。在之后的分享会上，大家也表达了这些经典读物给予自己的人生启迪。图书馆的阅读推广活动可以建立相应的激励机制，奖励可以是特别定制的小礼品，也可以是虚拟的等级、积分、排行榜等，从而有效吸引读者，让读者有一定的荣誉感，以此来达到宣传与推广经典阅读的目的。

2.2.4 依托新技术，提供个性化经典阅读服务

个性化服务是未来图书馆的一大趋势，在引导读者经典阅读的同时应该注重提供个性化服务。依托新技术，杭州图书馆先后推出"悦读"服务和"悦借"服务。"悦读"服务可以让读者前往书店选购自己喜欢的图书，凭有效证件借阅，由图书馆支付购书费用。此举的推出使得读者从文献资源的接受末端转变成发起者，解决了传统模式的图书借阅周期慢、新书借阅难等问题，大大提高了读者的阅读兴趣，为读者阅读经典读物开启了方便之门。网上"悦借"

服务则只需要读者在线搜索经典读物,网上下单后通过快递送书上门。在互联网背景下,图书馆完全可以打破书店、图书馆、读者之间的壁垒,给予读者更大的阅读便利,提升其阅读兴趣。图书馆亦可针对大数据分析进一步提供个性化阅读推荐活动,推动经典阅读深入、持久发展。

除此以外,公共图书馆还可以利用其特有的环境、设备及资源优势对读者进行相应的检索培训、现代新媒介技术应用培训,使阅读媒介多元化与图书馆推广经典阅读新模式有效衔接。如通过开展微媒体推荐优秀经典;在图书馆网站上设立经典导航,可查询经典书目、经典介绍、经典评论、经典阐释等;借助网络平台,开展在线名家指导、课程讲座、网络论坛、虚拟读书会、微博互动、微书评等。另外,公共图书馆还可以推荐系列经典影片供读者选择。运用现代化的技术使阅读获取的方式更加多样、阅读的形式更加丰富,从而提升经典阅读的服务能力。

第五章 儿童及青少年阅读推广现状

第一节 我国图书馆儿童阅读推广服务模式

21世纪以来，我国公共图书馆对儿童阅读与推广给予了充分的关注，全国各地的图书馆将服务重心转向为儿童读者服务。2006年，北京等一线城市图书馆就曾举办"中国儿童阅读日"等系列文化活动，并在全国范围引起了较大反响，推动了公共图书馆儿童阅读推广服务的发展。截至2015年年底，我国各地区成立的独立建制少儿图书馆已有165家。与此同时，公共图书馆也开展了针对儿童的阅读推广服务，纷纷构建儿童专用阅览室，开展具有儿童特色的阅读推广活动。

1 公共图书馆开展儿童阅读推广服务的必要性与可行性

1.1 必要性分析

近年来，随着经济发展与科技进步，人们在改善物质生活的同时，越来越意识到精神文明的重要性，文化的地位得到了进一步提升。党和国家非常重视文化建设，并围绕文化强国战略提出了一系列具有重要意义的大思路。中共中央总书记习近平曾指出，提高国家文化软实力，要努力夯实国家文化软实力的根基，从思想道德抓起，从社会风气抓起，从每一个人抓起。儿童是祖国未来的栋梁，是文化强国政策的根基，因而提高儿童的文化素质尤为重要。

哪怕年纪再小的儿童也有阅读的权利，这是世界公认的。联合国《儿童权利公约》明确规定，18岁以下的未成年人儿童有接受教育的权利，有阅读的权利，有接受社会信息的权利。中国有2000万名流动儿童，6000万名残障儿童，还有数量更为庞大的农村儿童。中国儿童尤其是农村儿童的阅读更应当受到社会的重视。高尔基说过书籍是人类进步的阶梯，但高尔基所说明显是对人类有益的书籍，儿童因为过于年幼，还没有甄别读物好坏的能力，所以图书馆作为公共文化服务体系的重要组成部分肩负着推荐儿童读好书的任务。儿童的公共阅读场所很多，有幼儿园、学校、政府、图书馆、社会机构等，其中图书馆对推动儿童阅读起着重要的作用。

随着我国文化事业的不断发展，公共文化服务体系也开始顺应时代的发展步伐，不断完善自身体系，成为全面实现公共文化服务的有效途径。而公共图书馆作为政府主办的社会文化教育机构，承担着民众继续教育和民众阅读的责任，具有履行社会教育职能的义务，是终身学习的主要基地，更是儿童阅读推广的重要阵地。随着公共图书馆从省图到市图再到区图的不断普及和发展，越来越多的民众能够享受到这一公共服务资源，而儿童作为读者的一部分在公共图书馆中的地位也渐渐显露。公共图书馆的服务是全面的、无界限的，而目前对于公共图书馆服务的研究大多集中在成年人领域或某个特定的群体，很少将目光聚焦在儿童身上。

《公共图书馆宣言》指出：公共图书馆要帮助儿童从小养成阅读习惯，激发其想象力和创造力，促进他们对文化遗产、艺术、科学成就、发明创造的认知和了解。

一般来说，现实中再小的图书馆，它的图书藏量也比一个家庭拥有的所有书籍要多，因此去图书馆借书阅读的成本远远小于自己购买书籍，这也是许多人选择图书馆阅读的理由之一。儿童读物大多图文结合、以图为主，一册书约20页，满足儿童识字有限、共同阅读及阅读时间短等特点。这种读物有利于激发儿童的创新力、想象力，有利于其幼年心灵的成长。实际上，儿童阶段是习惯养成和心理发育的关键期，因此从21世纪初起，一股关注儿童阅读与学习的思潮流行了起来，越来越多的人要求图书馆提供专门的儿童阅读推广服务。在信息化时代，儿童接触网络与信息比较早，容易在关键期受到良莠不齐的外界资源的影响。而图书馆开展系统性、科学性的阅读推广服务，有利于激发儿童的阅读兴趣，培养儿童独立阅读的能力，提高儿童的阅读素养。总之，公共图书馆开展儿童阅读推广服务对养成儿童良好习惯，为儿童奠定良好基础，提高社会整体文化水平都具有深远影响。

1.2 可行性分析

公共图书馆开展儿童阅读推广服务的可行性，主要是指公共图书馆能够提供的服务优势，具体来说有以下三个方面：①资源优势。公共图书馆的馆藏十分丰富，适合儿童阅读的励志类、温馨类、劝学类书籍数不胜数，有利于树立儿童正确的人生观和价值观。此外，图书馆的数字资源也十分丰富，儿童读者不仅可以到馆内借阅图书，还可以利用网络平台进行在线阅读或下载阅读。在更新频率上，公共图书馆投入了大量财力和物力用于纸质文献和数字资源的更新，能够最大限度满足儿童对于资源的需要，为儿童提供强有力的信息资源保障。②人力优势。近年来，各地各级公共图书馆通过馆员队伍建设，已经拥有一支专业的图书馆员队伍，他们不仅具有儿童阅读推广服务相关的理论知识，还掌握了丰富的实践经验，可以根据儿童的年龄特点或差异化需求，为其制订有针对性的阅读计划。馆员有能力为儿童读者提供科学、可靠的推广服务，能够利用自身优势调动儿童读者的阅读积极性。③环境优势。公共图书馆的最显著优势在于空间环境，公共图书馆占地面积广，能够单独开辟一个儿童专属的阅览室，为儿童打造一个愉快、舒适的阅读环境。儿童的心理特征决定了其阅读环境不同于成人，要以童趣、轻松为主，因此公共图书馆的儿童阅览室无论是从外形、桌椅设备、墙壁颜色、书架等硬件来看，还是书籍、多媒体读物等阅读内容来说，都具有明显的心理发展特征的同时，也要关注儿童身体健康问题。

2 国内图书馆儿童阅读推广服务模式比较

目前，我国公共图书馆采用的儿童阅读推广服务模式可以分为三类：资源输出模式、体验教育模式与第二课堂模式。

2.1 资源输出模式

公共图书馆儿童阅读推广服务的资源输出模式是指将资源作为构建主体，主动为儿童读者推送图书文献等资料，在这种模式中，资源起着主导作用，资源的选择至关重要。图书馆推送符合儿童阅读习惯和认知水平的图书资源，有利于培养儿童良好的阅读习惯，激发儿童的阅读兴趣，有利于在潜移默化中影响儿童读者人生观与价值观的形成。而不当资源的推送，则会起到相反的效果。儿童阅读推广的资源输出模式，最具有代表性的实践案例是流动图书馆的建设。由于公共图书馆人力资源有限，针对儿童的阅读服务往往有所欠缺，尤其是对儿童阅读资源的反馈和统计方面难以做到十分全面，而流动图书馆则在一定程度上解决了这一难题。流动图书馆可在儿童聚集较多的地区,如社区、学校等场所对儿童阅读兴趣、阅读现状进行调查,再根据调查数据整合资源,从而完成定向、有效的资源输出,发挥出资源输出模式的最大优势。

2.2 体验教育模式

公共图书馆儿童阅读推广服务的体验教育模式是一种创新的推广方式,旨在翻转图书馆与儿童读者的角色,鼓励儿童读者通过实践获取相应的知识。儿童心理学认为,儿童的心理发展水平和认知程度决定了他们更容易掌握直观、具象的事物,而抽象的、概念性的知识则使儿童接受起来有一定难度。基于这种科学理论,我国部分公共图书馆倡导儿童实行参与式学习,图书馆专门为儿童开展体验式的阅读推广项目。如大连市高新区图书馆举办的"我是义务小馆员"活动,可以让儿童体验图书馆馆员工作,进行简单的图书分类和摆放,促使儿童在实践中加强对图书的热爱和对图书馆的了解,从而对阅读产生浓厚的兴趣。儿童阅读推广服务的体验教育模式的局限性也比较明显:一是对图书馆场地的要求,必须有专门的活动区域,要避免儿童活动与其他读者之间的冲突。二是对组织的要求,体验教育活动需要图书馆提前做好活动规划和实践细则,确保活动顺利、有序地进行。

2.3 第二课堂模式

公共图书馆儿童阅读推广服务的第二课堂模式,是指阅读推广活动不再局限于图书馆范围内,而是将其拓展到社会中,包括家庭和学校。儿童阅读习惯的养成并非一日之功,更需要日常的渗透和影响。以广州市图书馆为代表的部分图书馆倡导社会、家庭和学校建设第二课堂,通过生活中方方面面的小事培养儿童热爱阅读的精神和遵守规章制度的理念。如:广州市图书馆定期举办培训和讲座,为家长和儿童讲授如何挑选读物、如何正确读书等内容,使儿童和家长掌握正确的阅读技巧;同时,广州市图书馆还为儿童与家长提供拓展服务,指导家长如何将家庭建设为第二课堂。第二课堂的儿童阅读推广服务是一种全社会参与的服务,相对前两种阅读推广儿童特点,要给予儿童充分的人文关怀,从注重儿童服务模式来说,其要求更高也更为复杂。

3 公共图书馆儿童阅读推广存在的问题

虽然公共图书馆越来越重视儿童的阅读推广,但公共图书馆中儿童阅读或多或少存在一些问题,以下将存在的问题一一举例。

3.1 省级图书馆在儿童阅读推广中存在的问题

国内省级图书馆都是中国规模较大、图书馆藏量较多的大型图书馆,每年这些馆邀请著名学者所做的公众讲座就有几十场。省级图书馆虽然藏书量、设施设备及规模等优于其他地区图书馆,但他们在儿童阅读推广方面做得不够,主要表现在:

(1) 省图书馆虽然规模宏大,但却没有很明显的指示牌,小学年龄阶段儿童容易迷失方向而走丢,造成不必要的安全隐患;讲座内容大多超越了小学阶段儿童的理解力。

(2) 儿童读物并没有因为是省图书馆而明显比市级图书馆在数量上增多,没有体现出省级图书馆馆藏数量的优势。

(3) 个别省级图书馆没有开设专门的儿童阅读区域,也没有专门负责维持儿童阅读区域秩序及正确引导儿童阅读的馆员。

3.2 市区图书馆在儿童阅读推广中存在的问题

目前,国内每个市有多个区级图书馆,他们规模都差不多,所存在的问题也比较相近,例如杭州市西湖区图书馆无法跟省级图书馆的规模相比,虽然也有四层,但每一层的面积只有省级图书馆的两个报告厅那么大,因而馆藏量非常有限。但西湖区图书馆有专门的儿童阅览室,设在一楼,便于儿童的阅读和活动,非常易找,听声音就能知道儿童阅读区的地理位置。由于整个一楼都为儿童阅读区域,所以儿童读物的馆藏量相对丰富,此外还有专门的儿童桌椅和奇幻小屋等游戏兼阅读场所。可以说区图书馆在儿童阅读推广方面的工作大大优于省级图书馆和层级更低的镇或社区图书馆,但仍存在一些有待改进的问题:

(1)有些区图书馆虽设有专门的楼层作为儿童阅读区域,儿童读物也较为丰富,但大部分都只适合学龄前或小学阶段的儿童,区域内进行阅读的儿童呈现低龄化的趋势,以至于高年级儿童无法定位自己的阅读,于是往往就座于成年人的阅读区域,所读书籍更倾向于成人化。

(2)个别区图书馆专门设立的儿童阅读区域并没有设专人管理,儿童心智尚未成熟,容易在共同阅读的过程中产生矛盾与争执,男孩子之间甚至会出现打架现象。这种现象会破坏整个图书馆的安静氛围。儿童间的关系处理关乎儿童的安全与秩序管理,因此设专人管理儿童公共阅读区域是很有必要的。

3.3 乡镇图书馆在儿童阅读推广中存在的问题

乡镇图书馆的建设与发展目前已提到议事日程上来。中国图书馆学会为了加强乡镇图书馆的建设,专门成立了"乡镇图书馆委员会"负责全国乡镇图书馆的建设发展。我们在此以浙江省平湖市林埭镇社区图书馆为例。该镇社区图书馆拥有200多平方米的占地面积,藏书量达5000多册,瓷砖铺地,有专门供图书管理人员及读者使用的公共厕所,环境符合社区图书馆的标准,规模也较一般社区图书馆大一些。搬迁之后,图书馆面积大大缩小,可供阅读区域也只有20平方米左右,厕所也需要与养老院共用,连最一般的社区图书馆都无法相比了。

(1)搬迁以前虽然儿童前来该镇社区图书馆的人数相对较多,但真正进行阅读的儿童并不多,该镇图书馆周末之时就俨然成了一个儿童乐园。另外,该镇图书馆并没有将儿童与成人阅读区域进行划分,导致儿童的吵闹严重影响了成年人的正常阅读。图书馆管理人员也未能进行秩序管理,致使图书馆没有安静的时刻。

(2)该镇社区图书馆无论搬迁前还是搬迁后,都存在儿童读物摆放不合理的情况。言情小说和漫画,特别是带有一些隐晦的性描写的书籍,不应摆放到或者临近摆放于儿童阅读书架。该镇图书馆管理员并没有意识到这一情况,导致有些高年级儿童过分沉迷于这种书籍而荒废学业,不仅不能起到良好的导向作用,而且也不利于儿童从小良好阅读习惯的培养。

(3)该镇社区图书馆自搬迁进养老院后,儿童前来阅读的人数越来越少,不仅是因为搬迁前的图书馆位于路边、搬迁后位于偏僻的养老院所引起路途的远近变化,更是因为养老院内陆续有老人去世的消息。儿童毕竟年幼,人生经历少,对于人的死亡有着生来的恐惧,因而得知图书馆旁的养老院内有人去世的消息,一般也很难再敢前来看书。此外,养老院内几乎都是上了年纪、无人供养的鳏寡老人,并且身体都还有一些疾病。家长出于私心和关爱,都会警告儿童不要去养老院,以防感染疾病。因而搬迁后,该镇社区图书馆内的阅读人群主要以老年人为主,儿童基本已经不再前来阅读了。

4 国内图书馆儿童阅读推广服务完善策略

4.1 转变服务观念,突出儿童为本

公共图书馆应该树立儿童为本的服务理念，在服务过程中要站在儿童读者的角度思考问题，从儿童读者的需求出发，选取儿童喜爱和需要的图书，采用儿童乐于接纳的推广活动方式。目前，我国部分图书馆存在"重形式、轻内容"的情况，尤其是在举办培训和讲座时可以发现有些培训馆员言之无物、时间冗长，并没有真正提出有利于儿童阅读的观点和建议。公共图书馆的儿童阅读推广既要重视推广内容，又要考虑到推广活动的趣味性和教育性，从而真正突出儿童的主体地位。在内容选择上，建议可以对儿童进行分类，如按照年龄段、阅读爱好等分成若干小组，根据小组特点推送符合儿童需要的科幻、漫画、经典著作等阅读内容。在活动方式上，图书馆可以我国的传统节日或当地习俗节日为契机，加强对小读者的吸引力，达到寓教于乐的目的。

4.2 整合服务模式，打造个性化阅读推广服务

国内公共图书馆儿童阅读推广服务模式不是一成不变的，每一种模式都具有其特别的优势，也具有一定的局限性。公共图书馆在开展儿童阅读推广服务过程中，一方面可参考借鉴其他图书馆的方式，并结合本馆或本地儿童的特点加以改造利用；另一方面也可自行开发新的服务模式。目前，随着人们物质生活水平的提高，读者的精神追求也有所提高，对于儿童的培养方式和目标也发生了改变，而图书馆传统的服务方式已经不能满足这种多元化需求，因此，图书馆可创新打造个性化儿童阅读推广服务。首先，图书馆要对儿童的需求进行数据采集和分析；其次，要明确不同层级的服务目标；最后，选取适宜的资源、人员或方式实现个性化阅读推广服务。总之，勇于打破常规的儿童阅读推广服务模式，根据实际情况进行创新服务，是发挥公共图书馆服务优势和推动图书馆服务转型的必经之路。

4.3 延伸服务，拓展阅读推广服务受众面

当前，家庭、学校与社会等是公共图书馆构建儿童阅读推广服务模式过程中所不能忽视的重要因素。随着儿童年龄的增长，尤其是入学后的儿童，他们的课余时间较少，很难长时间在图书馆进行阅读和实际体验，需要公共图书馆将阅读推广服务工作延伸到家庭、学校与社会中，如：指导家长在家里打造一个小型读书天地，培养儿童利用课余时间阅读图书的良好习惯；还可以利用学校的氛围和优势，潜移默化地影响儿童对图书、对阅读的兴趣和选择方向，这就弥补了儿童难以与图书馆建立紧密联系的缺憾。实际上，这种延伸服务并没有降低图书馆阅读推广工作的难度，反而要求图书馆服务要时时刻刻存在，为家庭、学校和社会提供各方面的指导。

事实上，在很长一段时间内，公共图书馆儿童阅读推广服务问题并未得到重视，与全民阅读或特殊群体阅读的推广服务模式研究相比，儿童阅读推广服务是研究的薄弱环节。阅读是一项复杂的活动，需要儿童的手、眼、脑配合，科学、系统的儿童阅读推广服务模式有利于开发儿童的智力、培养儿童的阅读兴趣和良好的阅读习惯，对儿童以后的发展有着重要的作用。公共图书馆的职责与社会的需求要求图书馆应重视儿童阅读推广服务工作，图书馆自身具备的资源优势、人员优势和环境优势也使图书馆有能力打造完善的儿童阅读推广服务模式。

通过对目前常用的儿童阅读推广模式的分析和比较可知，每种模式都有其优势和局限性，如何打破固有模式的界限，对不同模式进行灵活整合和运用，是未来图书馆领域研究的难点。总之，树立儿童为本的服务观念，打造个性化的儿童阅读推广服务，拓展儿童阅读推广服务的受众面，是目前公共图书馆完善儿童阅读推广服务的可行策略。

第二节　图书馆儿童阅读推广活动评估

为了发展儿童早期素养，培育儿童的阅读兴趣和习惯，减少暑期所带来的阅读或学习技能下降现象，国际图书馆界十分重视儿童阅读推广活动。目前面向儿童的阅读推广项目主要有两大类：针对婴幼儿的阅读项目和主要针对小学年龄儿童的暑期阅读项目。由于政府和图书馆投入了大量资源举办这些活动，为了彰显活动的价值、成效和影响，各国都十分重视对相关阅读推广项目的评估和研究。我们以回顾国际图书馆界在儿童阅读推广活动评估方面的实践和经验研究为主要目标，以期为我国图书馆儿童阅读推广项目评估提供借鉴。

根据研究目的，我们以"Reading Promotion""Children""Summer Reading Programs""Evaluation"为检索词，在Ebsco、Web of Science所涵盖的数据库、谷歌搜索引擎中进行了检索，同时重点浏览了国际儿童阅读推广活动相关网站。进入分析的文献主要有三类：研究论文、研究报告、硕博士论文。研究没有利用文献计量方法分析文献的形式和内容特征，而是逐篇深入阅读相关文献，进行内容分析，归纳和提炼相关主题。内容分析框架，首先按研究人群将文献分为面向婴幼儿的阅读推广和暑期阅读推广两类。其次，每一类下文献，则围绕如下主题或问题进行归纳分析：①典型评估案例；②儿童阅读推广活动目的和评估目标；③如何评估，例如，评估主体、评估视角（从图书馆投入还是用户体验和受益角度）、评估方法或数据采集方法、测量指标（体系）；④评估结果或研究发现，例如，对参与者、图书馆、社会的影响，何为成功的或高效的阅读推广项目，优秀的阅读推广案例的特点，阅读推广项目执行中遇到的困难或问题等。

1　图书馆婴幼儿阅读推广项目评估

1.1　婴幼儿阅读推广项目目标及典型评估案例

婴幼儿，指出生至12月大的婴儿及1~3岁的学步儿。婴幼儿阅读推广的发展，源于各国对发展儿童早期素养的重视。早期素养或萌发读写能力，指幼儿在接受正式教育之前，便已从生活环境中获得大量阅读与书写的知识和技巧，并实际参与读写互动，应用其他已建构的知识和技巧。儿童为阅读做准备需要发展六项预备技能：爱好书籍，激发幼儿对图书的兴趣及喜爱；认识印刷品，注意到印刷物品的存在，知道如何使用书本及每页文字的顺序；语音认知，能听到并且进一步学会单字中较小的发音，如单个辅音或元音；词汇，知晓事物的名称；认识字母，知道不同字母之间有差异，知道字母的名称及发音，认出各种环境中字母的存在；叙述能力，指描述事物事件与讲故事的能力。婴幼儿阅读推广的目标在于通过赠予图书礼袋、举办婴幼儿父母学习讲座或读书会、婴幼儿故事时间、婴幼儿阅读指导服务等，让婴幼儿父母了解婴幼儿的学习历程，善用图书馆资源，鼓励亲子共读，从而从小培养婴幼儿的阅读习惯，启发其阅读兴趣。

婴幼儿阅读推广项目评估目标即证明图书馆对儿童早期素养，特别是早期阅读技能培育的贡献，彰显图书馆对婴幼儿及其父母或监护人乃至社会的影响，以及发现项目开展中存在的问题。

目前，国际上典型的婴幼儿阅读推广项目评估案例有：全国性婴幼儿阅读推广项目的评估,如英国、日本等对本地区开展的"阅读起步走"项目(Bookstart)的评估;常规性的婴幼儿阅读推广活动的评估,如对图书馆"故事时间"活动的评估;各国特定的婴幼儿阅读项目评估,如美国"图书馆每个孩子都做好了阅读准备"项目评估。

1.2 全国性婴幼儿阅读推广项目"阅读起步走"计划评估

婴幼儿阅读服务,最早源起于1992年英国公益组织图书信托基金会(Booktrust)推动的"阅读起步走"计划,旨在提倡幼儿尽早接触书本和开始阅读,其突出特点即赠送图书礼袋。为了明确该计划的成效,图书信托基金会委托研究者对该活动的成效进行了长达20年的长期跟踪实验研究。项目实施一年后,1993年图书信托基金会委托学者玛吉·摩尔和巴里·韦德对参与该计划的300户左右家庭进行了问卷调查,对比其在参加计划前后的变化。调查显示,参加计划的家庭在阅读态度上有正向变化,更为经常利用图书馆和进行亲子阅读活动。例如,71%的家庭更经常为孩子买书,28%的家庭亲子阅读时间增加,57%的家庭成为读书会会员,29%的家长为自己和孩子办理了借阅证。

在该计划实施两年后,两位学者对参与该计划的家庭继续进行了追踪研究,他们采用结构化的深度访谈方法和实验方法,对比了29户参与家庭和29户未参与家庭。研究发现,参与实验的家庭,家长会将读书视为优先选择的活动,更倾向于将图书作为给孩子的礼物,比较经常进行亲子阅读活动,到访图书馆的次数增加。参与实验的幼儿对书本有较多的兴趣与专注力,更经常主动以手指指着书籍内的图文,试着翻页,较主动参与口语活动,阅读时有较多预测行为,更经常参与成人的阅读活动,在阅读过程中也更爱提问与回答问题。

1998年,两位学者继续进行了后续跟踪和对照组实验,针对参与"阅读起步走"活动已满5岁、进入小学教育体系中的儿童,进行了语文能力(如听、说、读、写)和数理能力(如数字、形状、空间、测量)等方面的检测,以了解"阅读起步走"活动的效果持久性。研究发现,拥有早期阅读经验的儿童,更能为即将到来的学校生活预先做好准备。2000年,两位学者再次以随机抽样方式进行了纵贯研究。研究以43位在出生9个月时曾接受过图书礼袋的儿童为实验组,并以性别、母语、种族、出生日期等为标准,选择了另外43位未曾接受图书礼袋的儿童为对照组,由教师评估这些儿童在英文、数学及科学测验上的表现差异。结果显示,实验组儿童在各方面表现都比对照组儿童好。2003年,两位学者在实施"阅读起步走"活动的西米德兰地区进行了质性研究,以半结构化访谈方式访问了参与该项目的四类关键人员——图书馆员、儿童保健员、幼托人员及项目的协调人员,调查参与各方对该活动的看法。访谈结果表明,大多数的工作人员对该项目的成效持肯定态度,认为经常且持续进行亲子共读对婴幼儿的语文能力发展和阅读行为都有正向的影响,此外活动对参与家庭中成人改变其教育观念和行为方面也有影响。

图书信托基金会的研究之外,英国政府在2005年又委托罗汉普顿大学的学者对该项目进行了一项官方研究。研究采用了定量和质性两种方法。量化研究以参加"阅读起步走"的家庭与未参加该计划的家庭为问卷对象,了解该计划是否影响幼儿的阅读行为及学习成效。质性研究,以访谈法了解图书馆员、健康咨询者及其他合作伙伴对该计划成效的看法。研究表明,在参与活动的家庭中,68%的家庭认为参与活动后,孩子养成了阅读和利用图书馆的习惯,并乐于分享书籍。这些孩子在进入小学后,语言与数学能力都优于其他儿童,并且能持续进行阅读。更为重要的是,该活动影响了家长行为的变化,越来越多的家长对阅读的态度有所转变并开始重视亲子阅读。参与计划的家庭在亲子阅读、成为图书馆读者、申办借阅证及每月到图书馆的次数等方面都较未参加者有显著差异。图书馆员、健康咨询员及其他合作伙伴对该计划成效均持肯定态度,认可该计划对学龄前儿童所发挥的教育功能,并认为专业技巧训练对参与计划的人来说是必需的。图书信托基金会2009年继续以领有阅读礼袋的家庭为研究对象,访谈了解家长如何应用阅读礼袋、如何为孩子选书,以及参与阅读活动的可能影响。研究结果显示,阅读礼袋对亲子共读的频率和习惯的养成均有促进作用,同时还影响了家长和孩子共同利用图书馆和参与阅读活动。

除了关注结果和影响外,对于这一主要由政府公共基金资助的全国性项目,2010年图书信托基金会还委托相关咨询公司进行了一项社会投资回报研究,旨在量化2009—2010年英格兰"阅读起步走"计划所创造的社会—经济价值。研究发现政府每投入1英镑,该计划为社会产生共计25英镑的经济价值。"阅读起步走"项目从英国发起之后,迅速在国际上形成联盟,欧洲和亚洲很多国家都参与了该联盟。比利时近期一项研究表明,随着项目推行,图书馆建设和丰富了针对婴幼儿的馆藏,父母改变了在家庭中为婴儿阅读的认知,但是父母需要更多隐性支持,去图书馆寻找适当的图书,在家庭中创建阅读文化。在亚洲,日本2000年在全国推行了"阅读起步走"项目。2002年一项调查发现,赠送图书礼袋对促进亲子阅读,带孩子上图书馆的适当时间点都有影响,参与家庭有更多亲子阅读经验,较早带孩子上图书馆(1岁左右),对照组则较晚(2岁过后),图书礼袋赠送,婴幼儿借阅证办理、图书馆信息的提供等因素都对此有影响。

在中国台湾地区,2003年台中县沙鹿镇立深波图书馆仿效英国"阅读起步走"计划办理阅读起跑线活动。2009年,该计划在全台湾开展,教育部辅助各县市公共图书馆推广该活动。由于计划开展时间较短,台湾地区还缺乏对参与者的长期持续跟踪研究。但是现有研究也已发现,"阅读起步走"运动以赠送免费阅读礼袋吸引家长对幼儿阅读的注意,短期颇具成效。图书馆搭配后续延伸活动,如提供亲子读书会及阅读书目等,有助亲子共读长期进行。参与亲子读书会的家庭在执行亲子共读时更为投入,活动结束后使用图书馆资源的频率较高,同时也提高了家中年长幼儿的阅读机会,提升了家庭阅读风气。参与亲子读书会的幼儿在词汇量及人际关系上表现有明显进步。此外,由于项目开展时间还较短,台湾的研究更多关注了项目执行的效率和困难。研究发现,活动执行的问题主要集中在宣传、人员(包括人手不足、态度和观念问题、馆长态度、上下级机关互动)、馆藏、空间环境和场地安排、用户后续持续追踪、用户包容性等方面。不少研究建议,在推动"阅读起步走"项目时,整合目前的宣传策略,由官方力量统一宣传;充实婴幼儿书籍馆藏,提升阅读品质;为家长提供进阶课程,家长课程以团体形态(如工作坊或读书会)举行,加强亲子互动游戏、婴幼儿心理与认知发展、婴幼儿活动教具制作与应用、婴幼儿故事活动的设计、婴幼儿阅读指导技巧等课程;提升图书礼袋发放普及率和阅读活动参与人数;在阅读讲座举办之后,持续追踪、观察参与者后续阅读情况,办理相关配套阅读活动,掌握实际成效。

1.3 常规性婴幼儿阅读推广活动"故事时间"评估

讲故事活动或称故事时间,始于20世纪40年代末期或50年代早期,是现今图书馆普遍开展的儿童阅读推广活动。这类活动通常是针对婴幼儿及其父母,"培育儿童对图书的喜爱、读写能力,为家庭提供温馨的图书馆经历,为父母或照看者提供好的阅读技巧和经验",以及帮助儿童为入学和阅读做好准备。2010年有学者尝试评估了美国西雅图地区公共图书馆系统的讲故事活动。研究考察了该地区公共图书馆8个针对幼儿、学龄前儿童及家庭的讲故事活动,观察这些活动是否包括了儿童6项早期预备技能,同时对活动执行者和管理方进行了访谈,探讨什么是成功的讲故事活动。研究认为,优秀的图书馆讲故事活动的突出特点即囊括了儿童早期需要培养的6项预备技能。由于婴幼儿早期素养的培育大多数是在家庭环境中进行，主要取决于父母的努力，因而图书馆讲故事活动首要的目标是要能影响父母或者照顾者（如保姆、日托机构人员等）的行为，使得父母或照顾者在图书馆所学到的为婴幼儿朗读等技巧能迁移到家庭环境中使用。发生在图书馆中的讲故事活动，成功的要素是，执行中要能让父母（或照顾者）和儿童同时参与进来，要选择儿童喜欢的图书并且图书内容要在多方面吸引人。该研究发现，西雅图公共图书馆系统的讲故事活动正面影响了儿童和家长的行为，父母使用图书馆的频率和在家中进行亲子共读的频率增加，同时在家里使用了相应的讲述技巧。此外，该研究还提出一套图书馆系统测量讲故事活动的指标集，包括：①投入（或资源），如员工准备每个活动所用的时间、每月或每年活动使用的主题、每年投入活动支持资料的经费。②活动或行动，如每月员工分享优秀实践的时间、每年分配的员工职业发展时间、员工在儿童早期学习理论和实践方面的熟练度、多少目标用户知晓该活动、在线故事活动日程的点击率、用户对当前活动日程安排形式和可获取性的满意度。③产出数据（即资源和行动产生的贡献），包括平均参与率（整个公共图书馆系统及各分馆故事活动参与率）、每个讲故事活动中6类儿童早期预备技能各自占用时间、具体指导成人早期学习占用时间、为儿童做好入学准备技能占用时间，以及为父母或监护人提供的交互机会次数。④结果（即产出带来的贡献），包括参与人次、重复参与人次、平均参与时间长短、参与活动后认为儿童早期技能知识增长了的家长或监护人的比率、参加活动后知识增长了的家长或监护人的比率、活动后在家中父母（或照顾者）对6类儿童早期预备技能运用频率增加的比率、活动后儿童在家中展示早期阅读预备技能比率的变化、活动后儿童在家中展示的为入学做好准备的变化，以及父母（或照顾者）和儿童的积极反馈。这些数据可以通过问卷测试获得。⑤影响（包括对儿童、图书馆及社区的影响），如入学后对幼儿园适应性增强的儿童比率，全州阅读测试学生熟练度的比率，图书馆参与儿童早期阅读预备技能研讨情况，与图书馆合作的社区组织数量，参加其他图书馆活动的比率，参与儿童成为独立图书馆用户的比率，参与者中为图书馆捐赠或倡导的比率，经常参与故事活动的儿童成年后平均教育水平，社区是否将儿童早期素养与图书馆对社区识字人口率、教育水平、就业率、犯罪率、健康等贡献联系在一起。

很显然，该研究所建议的一些指标比较理想化，难于统计或测度，特别是对儿童和社区的影响指标，一方面需要长期跟踪研究，另一方面故事时间与活动结果之间是否存在必然因果关系会受到质疑。尽管如此，这些指标还是为图书馆评估故事时间这一常见的儿童阅读推广活动提供了基本思路。

1.4 特定婴幼儿阅读推广项目评估

除了全国性和常规性阅读活动外，各国还有一些创新性的婴幼儿阅读推广项目，著名的案例如美国的"你所在图书馆每个孩子都做好了阅读准备"（ECRR）项目。该项目是始于2000年美国公共图书馆协会和全国儿童健康与人类发展研究中心（NICHD）合作发起的早期素养项目。与以往项目主要关注儿童不同，该项目是一项针对儿童父母教育的创新活动。项目使用经过研究和实践检验的资料包、培训、讲故事等活动，来帮助父母（或照顾者）使儿童成功开始阅读。项目开展的理论基础为，如果儿童生命中最重要的成年人能更多了解早期素养的重要性，以及学习在家中培育阅读预备技能，那么图书馆的努力可能产生成倍效果。公共图书馆通过关注父母或照顾者的教育方法可以对儿童早期素养培育产生更大影响。

2001和2002年，美国公共图书馆协会和儿童图书馆服务协会选择部分图书馆，对NICHD的阅读研究资料和儿童早期素养教育领域专家设计的图书馆示范项目，进行了试点和评估研究。评估采用标准的产出测量和访谈方法。评估发现,参与了早期素养项目的父母,无论年龄、教育背景、收入水平和种族,其素养教育行为有极大提高,图书馆利用方面提高最显著,尤其是低收入、低教育水平的父母,早期素养教育行为得以全面提升。参与图书馆发生了全面变化,在活动项目、馆藏、物理空间、馆员培训、社区合作等方面都得以提升。无论是图书馆员还是社区合作者,如学校、"启智"中心、青少年父母活动地点、监狱、医院等,都认为培训开展良好,活动延伸到了原本不利用图书馆的父母群体。项目增强了公共图书馆在儿童早期素养特别是早期阅读技能培育方面的影响。在上述试点和评估、研究等基础上,2004年ECRR正式培训资料和方法等工具形成,针对0~2岁(早期学说话者)、2~3岁(学说话者)和4~5岁(预备阅读者)三个年龄阶段父母形成三类活动项目,在公共图书馆全面推广。2009年儿童教育领域专家苏珊·纽曼和唐娜·塞拉诺两位博士被委托评估该创新活动的影响,并修订第一版资料包。评估通过问卷调查、用户和非用户访谈及最新文献回顾进行。评估结果表明,项目非常成功,对用户很有吸引力,接受度好并被认为质量高。许多参与父母喜欢培训中的相关资料。项目增强了图书馆作为早期素养资源的公众认知,增强了图书馆与支持早期素养的社区组织和教育机构的合作。但是,项目实施也遇到了很大挑战,包括经费、招募、吸引父母参与、保持参与者等。一些图书馆质疑了项目与其使命的相关性,认为图书馆有其他优先做的事情。一些则不知晓该活动,认为应增强项目可见度。评估修订形成第二版资料包,该版保持了项目的基本理念,即"阅读是一项重要的生活技能;学习阅读需要从出生即开始;父母和护理者是儿童首位和最好的老师,公共图书馆需要支持他们培育儿童从出生到5岁时的早期读写技能"。与第一版不同的是,第二版更加强调了词汇量、背景知识和理解的重要性,这些是非限制性的阅读技能,儿童需要持续学习。此外,由于儿童通过与成年人交互及所处的物理环境来学习早期读写技能等,修订版突出了增强学习环境的重要性。

2 图书馆暑期阅读推广项目评估

2.1 暑期阅读推广项目目标及典型评估案例

暑期阅读计划是各国图书馆普遍开展的一项主要针对小学年龄的儿童阅读推广计划。其主要目的是激发儿童对阅读的热爱,保持对阅读的热情;鼓励小学年龄儿童独立阅读,培养阅读自信;以及吸引儿童暑期到图书馆来。此外,更重要的是,近些年来许多研究表明,暑期假期导致儿童学习和阅读技能下降,尤其是对于贫困家庭的孩子而言。来自贫困家庭和富裕家庭的孩子,其学习成绩和阅读成绩之间的差异,主要来自暑期而非学年,而且这种差异是逐年累积的,小学阶段累积的差异最终体现到高中和大学完成率上。富裕家庭的孩子在暑期进步更多,而贫困家庭的孩子很少能在家中利用高质量图书,同时,在贫困的街区,公共图书馆所提供的藏书质量和服务(如开放时间、借阅限制)等更差。

增加获取图书的机会,在暑期阅读更多的书,特别是愉悦阅读,将能提高阅读能力,特别是对贫困学生和少数族裔学生而言。因而,公共图书馆在暑期为儿童提供阅读机会,开展各种活动来鼓励愉悦阅读,如阅读游戏或挑战、图书讨论、与图书相关的手工艺活动、作家见面会、讲故事、奖励和激励等,帮助解决暑期学习和阅读能力下降的问题。暑期阅读项目的评估即衡量上述目标的达成情况。

由于政府和图书馆投入了大量资源开展暑期阅读活动,各国都注重暑期阅读项目的评估和研究。美国图书馆的暑期阅读项目已有一个多世纪历史,大多在全州范围内开展。早在20世纪50年代就有学者对暑期阅读进行过评估研究。2000年以来,不少州图书馆协会对本州范围内暑期阅读项目开展评估研究,如宾夕法尼亚州、南加州、俄亥俄州等。2006年,美国博物馆和图书馆服务协会委托多米尼肯大学图书情报学院等进行了一项为期三年的全国性评估研究,调查暑期阅读项目对学生阅读成绩的影响,以回应近年来相关利益方因学生成绩不断下滑而对图书馆的质疑。

在加拿大,TD暑期阅读俱乐部是在全国范围开展的暑期阅读活动。该项目1994年在多伦多开展,2004年夏季扩展到全国,参与图书馆可免费获得活动资料包,但需要收集和提交与项目及评估相关的统计信息。2012年,加拿大10个省和地区(新不伦瑞可省和不列颠哥伦比亚省未参与)的432个公共图书馆参与了该项目,23万0~12岁的儿童参与。从2005年开始,该项目每年都进行评估研究。加拿大国家图书馆和档案馆(LAC)负责制定调查问卷、监督评估实施和数据分析,安格斯列特公众意见调查机构(ARPO)负责数据收集。前者为后者提供两种官方语言的评估表格及各地区图书馆的协调人数据库,后者将调查问卷放在其在线服务器上,同时向各馆协调人发送电子邮件邀请函,提供在线评估地址链接和密码。参与图书馆每年定期在线提交评估数据。此外,从2007年起,TD银行集团还资助设置了年度TD暑期阅读俱乐部图书馆奖,评选在该项目实施方面最具创造性,以及在延伸到参与者方面最高效的图书馆案例。每年春天评委会成立,三名评委从儿童文学、儿童图书馆学、儿童素养教育领域选取。活动设立一、二等奖,分别奖励5000美元、2500美元及荣誉证书,并通过媒体宣传使获奖案例获得全国认可。

在英国,"夏季阅读挑战计划"是最大规模的图书馆儿童阅读推广活动,由阅读社组织。该计划从1999年开始,每年在公共图书馆以不同主题开展,截至2017年9月已举办13届。活动面向4~12岁儿童,激励他们到访当地图书馆,在暑期阅读6本及以上的书,活动鼓励通过写作、绘画及手工活动方式与书互动,儿童还收到粘贴画、海报、旗帜、书签及奖牌。2011和2012年,该项目与"阅读起步走"、皇家盲人协会等机构合作增加了针对学龄前儿童的活动,以及面向视障、学习障碍和诵读困难等残障儿童的活动。关于该项目的评估报告较多。其中2002—2003年的评估由阅读社委托市场调查公司进行,2002、2003年分别进行了预评估和正式评估。2006年有专门的影响研究报告。2009年在该计划举办十周年时,阅读社委托英国读写素养协会评估了该计划在儿童素养教育方面的影响和贡献。此外,还委托市场调查公司进行了一项质性研究,举办了相关会议,并发布了自评报告。2011和2012年的活动,阅读社分别发布有自评报告。

暑期阅读挑战计划之外,"图书絮语"也是英国一项重要的阅读项目。它是一个面向全国4~12岁儿童的阅读小组网络,由Orange电信公司和公共图书馆系统合作开展,树立了商业支持如何帮助图书馆改善儿童阅读体验的典型。该项目始于2001年,在3所图书馆试点,目前已扩展至96个图书馆当局。2003和2010年有相应评估报告。

2.2 暑期阅读推广项目评估主体、评估方法和测量指标

分析上述典型评估案例可发现,发达国家图书馆的暑期阅读推广项目评估,无论在评估主体、方法或工具,还是测量指标、数据统计方面都有鲜明特点。在评估主体方面,多数评估,尤其是影响研究,委托第三方机构进行,如儿童教育领域的学者、图书情报学院,或者专门的市场调查机构、民意调查机构等。在评估视角和方法方面,除了重视对图书馆执行情况的评估外,各国评估特别重视对参与者,如儿童、家庭的结果和影响评估。在影响研究方面,相关研究大多采用了定量和定性相结合的方法,例如阅读成绩的前测和后测、实验组和控制组对比(即参与暑期阅读活动的儿童和未参与活动的儿童)等实验方法,以及对儿童、父母或

家庭成员、组织活动的公共图书馆员、学校教师、学校图书馆员等相关方的问卷调查和访谈，收集相关定性数据给予证明。在全国统一评估实践方面，加拿大暑期阅读俱乐部项目评估经验值得借鉴，其特点是由专门机构负责监督、协调、调查设计、数据收集与分析，图书馆自行在线填报数据，重视年度累计调查和数据统计，重视创新案例评选、奖励和宣传。

在评估指标方面，相关评估主要涉及如下维度：投入指标，如暑期阅读项目开展的活动数量、类型，发放的资料和海报数量，宣传推广方法和次数，与学校等机构合作，志愿者参与等。产出指标，如登记人次、实际参与人次、参与儿童性别比率、完成暑期阅读目标的儿童数量、弱势儿童参与数量、暑期阅读活动网站点击量、暑期图书馆办证数和图书流通量等。结果和影响指标，包括参与者满意度指标（如对活动主题、阅读资料质量和相关性、活动支持资源、网站等满意度）、参与者受益度指标（如阅读量、阅读时间、阅读成绩的变化，阅读态度和自信变化，亲子共读时间变化等）。在典型案例中，加拿大和英国的评估多属于综合评估，运用的指标较全面。在美国，2009年一项研究专门调查了公共图书馆如何评估儿童阅读推广项目，结果发现图书馆大都采用了部分指标进行评估。69.3%的图书馆准备暑期阅读活动的书面评估报告。几乎所有图书馆（92.8%）都追踪登记参与暑期阅读活动的儿童数量，大多数图书馆（79.2%）追踪完成暑期阅读活动的儿童数量，34.5%的图书馆追踪儿童在活动中阅读的图书数量，31.9%的图书馆追踪每个参与者花费在阅读上的时间，21.6%的图书馆让父母或照看者参与到评估过程，询问暑期阅读活动对儿童及家长的影响，只有2.65%的图书馆与学校合作，采用标准化的测试测定参与暑期阅读活动对儿童阅读成绩的影响。研究建议，在暑期阅读评估上，公共图书馆应采取多维度方法，确定一套最基本的绩效测量指标，逐年连贯收集数据。例如，向州图书馆报告的数据至少应包括如下方面：登记参与活动的人数，登记参与活动的人数占社区总人口比率（图书馆应该设立指标，达到该地区10%的儿童人口），完成活动的人数，每位参与者阅读的图书数量、每天花在阅读上的时间及每天亲子共读时间，对参与儿童及其父母或照顾者的简短问卷调查。

2.3 暑期阅读推广项目评估结果和发现

国际图书馆界暑期阅读评估或研究结果主要关注了如下方面：暑期阅读推广活动的影响，特别是参与者的受益度和满意度，这方面研究最多；成功的暑期阅读推广活动所具备的因素；以及暑期阅读活动举办中存在的问题和困难。

2.3.1 参与者及对参与者的影响

暑期阅读计划大多针对小学年龄儿童。参与暑期阅读活动的儿童，大多数来自社会经济地位较高的家庭，女孩居多，更多的是图书馆的用户。例如，一项对加拿大6个城市的小学和初中儿童的调查发现，暑期阅读俱乐部更多吸引的是经常使用图书馆的用户（经常使用的用户占43%，不经常使用的用户占17%）。但是，英国2012年夏季阅读挑战计划评估也发现，与其他阅读推广活动相比，该计划在吸引男孩参与方面更成功，男孩参与率达43%。确保儿童平等获取暑期阅读项目是图书馆持续面临的一个挑战，英国夏季阅读挑战计划通过与更多社会机构合作，以延伸到更多弱势儿童，以及0~3岁低幼儿童。

暑期阅读对于参与儿童（如阅读成绩和技能，阅读数量、范围和时间，阅读主动性和自信，愉悦阅读和阅读激情，社会交往和自信）及其家庭（如亲子共读、家庭阅读氛围等）、图书馆（如图书馆使用、图书流通量等）和社会都有积极影响。

在儿童阅读成绩方面，那些通过前测和后测、实验组和控制组对比的研究表明，图书馆的暑期阅读活动对阅读能力和学校成绩的提高有积极影响。早在20世纪50—80年代美国学者对暑期阅读绩效的实验研究就支持了这一结论，得到图书馆关注的实验组在阅读理解、阅读速度和词汇量上都要优于没有得到关注的控制组。近年来，更多的评估研究为此提供了证据。例如，美国2001年儿童教育学者苏珊·纽曼和唐娜·塞拉诺对宾夕法尼亚州的研究，对比了参与图书馆暑期阅读项目与参与夏令营（没有阅读活动）的少数族裔低收入家庭儿童的阅读成绩。研究发现：前者的阅读水平在所在年级居平均水平，后者低于所在年级平均水平；参与了图书馆阅读活动的儿童在作者认知测验上表现得更好，知道更多作家和其图书；儿童花费时间在图书馆提高了阅读成绩。2006—2009年多米尼肯大学在美国全国范围内的研究发现参与公共图书馆暑期阅读项目的儿童维持和提高了阅读成绩和技能。2009年英国儿童教育领域所做的影响评估研究表明，夏季阅读挑战有助于减少暑期学习和阅读成绩下滑，参与儿童认为自己比没参加的阅读水平上有提升，教师认为参与挑战的儿童比没有参加的更可能维持或提高阅读成绩。

在暑期阅读项目如何作用于阅读成绩和能力提高上，一些研究表明，秋季学期阅读成绩的维持和提高与暑期阅读图书数量正相关，暑期阅读至少4本书或6本书有助于维持原来的阅读程度，阅读10~20本儿童自选的图书，将可能提高阅读成绩。一些研究指出，与阅读数量相比，参与暑期阅读活动、学校之外的愉悦阅读而非为上学而阅读，可能是学习和阅读成绩提高更重要的影响因素。还有一些研究认为，能够获取到图书和阅读一定量图书是非常重要的，但是仅仅如此并不一定能够提高阅读能力和成绩。尤其是对处于小学早期、阅读还不熟练的儿童而言，儿童需要阅读适合自身水平和兴趣的图书，同时父母、教师或其他成年人要提供相应的指导和交互。

各国暑期阅读项目的评估结果为上述观点提供了支持性证据。图书馆为儿童接触图书资源提供了重要机会和环境，面向小学儿童的服务项目在应对"能够阅读但缺乏阅读积极性"问题上发挥着重要作用。暑期阅读活动不仅使得儿童阅读数量、范围、时间扩大，同时提高了儿童的阅读主动性、自信、激情和愉悦阅读。例如，美国宾夕法尼亚州2001年的调查发现，暑期阅读活动每年吸引了大量的儿童和家庭参与，与暑期阅读相关的活动，如手工、唱歌、戏剧、讲故事、木偶戏延伸了阅读体验。2006—2009年多米尼肯图书情报学院的全国调查发现，参加暑期阅读活动的刚升入四年级的小学生，暑假期间花更多时间阅读更多书，阅读理解能力提高，增加了愉悦阅读，认为阅读是重要的，更有阅读动力，对于阅读能力和自我选择图书都更自信，暑期返校后为学习做好了准备，参与课堂阅读活动更自信。英国研究表明，夏季阅读挑战使阅读具有趣味性，改善了儿童的阅读范围，主动性和自信，并激发了儿童返回学校后的学习动力。例如，2006年的影响评估研究表明，挑战在推广儿童愉悦阅读、培育独立阅读、扩展阅读范围（作者和各类型文本）、拓宽视野、提高阅读技能、增强阅读激情和主动性上是成功的。2009年的影响评估研究表明，暑期阅读挑战促进了儿童在家阅读的意愿，扩大了阅读范围和资料库，参加挑战的儿童比那些喜爱阅读但未参加挑战的儿童，在整个暑期阅读了更多图书。参与调查的教师认为，儿童阅读范围比在学校更为广泛，"挑战在拓宽儿童阅读范围和提高儿童阅读自信方面有价值"，"参与儿童自信心增加，这有利于培育对图书和阅读的喜爱"。2012年的评估表明，参与挑战的儿童阅读了超过300万本图书馆的图书，许多儿童在暑期阅读的更多，25%参与挑战的儿童阅读7~12本书，8%超过12本书。

暑期阅读活动还增强了亲子阅读及家庭阅读氛围和图书馆利用。例如，美国多米尼肯图书情报学院的研究发现，参与暑期阅读活动的儿童比未参加者更多使用图书馆，其父母也更多使用图书馆，家中有更多图书和从事更多素养活动。南加州地区的评估发现参与暑期阅读活动使得一些父母花更多时间从事亲子共读（每周达15小时以上）。宾尼法尼亚地区的评估发现，43%的图书馆在儿童暑期阅读活动期间每周都会访问，75%的图书馆图书流通量增长6%~10%。英国研究表明，参与暑期阅读活动提高了儿童使用图书馆的能力，促进了其家庭成员访问图书馆，例如41%参与"图书絮语"活动的图书馆认为，儿童更多、更自在和自信地使用图书馆，员工技能、馆藏和活动都更加针对儿童需求。

此外，参与暑期阅读项目对增强儿童社会交往和自信也有影响。英国和加拿大的研究发现，阅读俱乐部不仅使儿童在教育和娱乐方面受益，还促进了更积极的社会交往，参与阅读俱乐部的儿童自信和自尊有所提高，更愿意在群体中表达看法和观点，儿童和父母对图书馆暑期阅读项目都比较满意。

2.3.2 图书馆暑期阅读推广项目成功的要素和存在的问题

1988年，洛克·吉尔将高效的暑期阅读项目界定为延伸到更高比例学龄儿童的项目。该研究指出，延伸到所在地区8%以上儿童，则该项目被认为是成功的，成功的图书馆一般位于较小的社区、能延伸到该地区平均11%的学龄儿童（而不成功的只延伸到平均3%的儿童，范围是0~40%）。

相关研究中经常提到的可能影响儿童参与率的因素有：宣传、活动（或主题）吸引人、公众对免费的高质量娱乐的认知，以及活动对0~5岁儿童的包容性等。与学校、教师、图书馆员和青少年服务机构建立有效的紧密合作，是促进暑期阅读项目延伸到更多儿童的关键因素。班主任在支持儿童参与暑期阅读挑战方面起着关键作用。例如，2012年英国暑期阅读挑战计划，92%的图书馆当局组织图书馆员访问了7460所学校，占所在当局学校的45%。图书馆使用各种方式在学校宣传暑期阅读活动，如视频预告片、PPT展示、邀请信、海报、布告栏信息、宣传单和小册子、网站、Youtube剪辑，参与过的学生作为使者在学校开放日和暑期活动上与父母交谈，参加班主任会议展示，通过学校向学生发送登记表等。因为图书馆依赖家长鼓励孩子使用其服务，图书馆需要强调暑期阅读活动在提高学习成绩方面的作用。

除了与学校和社区机构建立合作外，延伸到弱势青少年的方法，还包括如积极推动其父母、家庭其他成员和志愿者参与，与非营利组织等合作使弱势儿童自身拥有图书，位于贫困街区的图书馆提供更好的馆藏和服务。此外，图书馆应付出更多努力使男孩参与到暑期阅读活动中来，如设计专门针对男孩的项目等。

在活动内容和形式上，英国的研究发现下述暑期阅读活动运作良好：手工艺活动（如设计图书封面）、诗歌朗诵和写作、与作者互动等活动、使用计算机的活动、游戏、活动与全国性创始活动相关。激励机制（比如奖品）对活动及其满意度很重要。此外，好的暑期阅读活动，儿童能够独立自主选择图书来阅读。在活动方面存在的问题是，图书交流和暑期之后后续活动缺乏。美国俄亥俄州2011年的调查发现，将电子阅读器整合进阅读平台或奖品、提供暑期午餐项目、激励/奖品、改变暑期阅读计划的形式、增加服务和开放时间等使得参与率提升。此外，还有研究提出，应扩大阅读含义，将计算机游戏、漫画、动画、杂志等都包括进来，为儿童提供在线机会等。

在管理和人员方面，成功的暑期阅读推广活动多有明确的目的和目标，在活动设计上限制少，有宣传推广策略，有书面的评估报告，环境舒适；在人员方面，有受过良好训练的儿童专家，图书馆员知识渊博、理解受众群体，做事灵活且具有创新性。

3 结论及启示

国际图书馆界开展的儿童阅读推广项目主要有两类。其中面向婴幼儿的阅读推广是为了培育儿童早期素养，特别是阅读预备技能，培养儿童的阅读兴趣和习惯。现有研究发现，婴幼儿阅读推广活动对参与儿童的阅读能力、文化素养（包括读写、数学、科学等）产生了积极影响。在这一过程中，更重要的是影响了家长的阅读态度和行为，有利于鼓励亲子阅读和培育家庭阅读氛围。暑期阅读推广活动传统上主要面向小学年龄儿童，目前不少国家也扩大到低幼和青少年。暑期阅读活动的目标是培养儿童对阅读的喜爱，增强儿童独立阅读能力、阅读主动性和自信，减少暑期所带来的学习和阅读能力的下降。研究发现，暑期阅读活动提高了儿童阅读量和时间，拓宽了儿童的阅读范围，增强了儿童阅读自信，维持和提高了儿童的阅读成绩和技能，同时促使儿童及其家庭使用图书馆、亲子共读和家庭阅读氛围培育。此外，暑期活动对提高儿童的社会交往技能和自信也有积极作用。成功和高效的暑期阅读活动通常具有如下特点：能延伸到所在社区8%~10%的儿童；多与学校、教师、学校图书馆员及其他社会机构建立紧密合作；图书馆员有创造性且友好；采用了激励措施，同时确保参与者的包容性；积极进行宣传推广；有明确的目标和书面评估报告等。

近10年来我国图书馆界十分重视儿童阅读推广，全国涌现了很多优秀案例，但是还缺乏深度的评估研究，特别是缺少对参与者的影响评估。全国每四年一次的公共图书馆评估定级活动，对儿童阅读推广设有部分指标，但更多以投入—产出指标为主。例如2012年第五次评估，省市县少儿图书馆评估标准中，在443或442条设置"阅读指导与推广"指标，仅包括书刊宣传、阅读指导和课外阅读兴趣辅导活动每年举办次数等分指标。此外，数据统计也做的不完善。为此，国际图书馆界的研究和实践，无论在评估视角、方法、工具和过程，还是在数据统计方法和价值导向等方面都为我们提供了借鉴。我们应重视对儿童阅读推广项目的评估研究，特别是影响评估研究。在影响研究方面，可以采用第三方评估方式，委托儿童教育领域、图情领域学者或市场调查公司，与学校等机构合作，采用对照组实验等方法，加强对参与者的长期跟踪研究。图书馆应加强日常数据、档案和逸事等资料积累。全国性评估可以借鉴加拿大经验。但是，评估本身不是目的，评估的最终目标是改善儿童阅读服务，使它们产生最大影响，改善青少年生活、家庭生活乃至社会生活。因而，评估最重要的意义可能是促使图书馆反思活动要达到的目标、产生的影响，鼓励何种阅读理念和实践，并明确何种推广活动能达到上述目标、哪些活动环节需要改进，如何选用最恰当的评估工具和使用评估数据来改善项目。例如，在阅读推广理念上，是鼓励儿童阅读的更多，还是进行高质量的阅读，是鼓励儿童愉悦阅读、自主选择阅读资料，还是提高图书流通量/儿童办证人次或参与人次，是否要采用奖励、奖品、竞赛这些活动方式。很显然这些目标之间存在一定的冲突性。

国外，如美国图书馆界，在一个多世纪的暑期阅读活动开展中也经历了对这些目标的选择。早期项目中，图书馆员更关注阅读质量而非数量，强调要指导儿童阅读最好的文献。之后质量要求降低，图书馆员日益将重点放在允许儿童自由选择阅读资料的重要性上。尽管图书馆员仍然编制高质量阅读书目，但是对优质图书的关注已经为"阅读什么都比什么都不阅读要好"的信念所取代。"竞赛"和"激励"机制也是图书馆员关注的两个主要问题。不少图书馆员质疑他们所带来的负面效果，并在实践中减少竞争，使用小组目标或设立更低目标，如英国暑期阅读挑战中确立的最低目标即暑期阅读6本书，或使用阅读协议，由儿童自行设立目标。使用阅读时间而非阅读量来测量阅读成功，也是一个平衡暑期阅读中不同阅读能力儿童的措施。

尽管长期以来，对阅读推广的目标、有用性、活动内容和形式都存在争议，国外儿童阅读推广最基本的核心理念并没有改变，即激发儿童对阅读的喜爱、主动性，尽可能延伸到更多儿童，保证儿童，特别是贫困家庭儿童、阅读积极性不高的儿童对图书、阅读机会、阅读推广活动的平等获取。这些基本理念和实现方式在评估中都有相应指标给予反应，最值得我国图书馆界反思和借鉴。

第三节　我国图书馆儿童阅读推广实践

1　重庆市少年儿童图书馆阅读推广活动

1.1　数字阅读推广活动

1.1.1　举办读者培训和讲座

要推广电子书阅读器的使用，引导少儿养成正确的数字阅读习惯，就要向更广大的读者介绍、指导电子书阅读器的使用，也就必须开展相关的读者培训活动。重庆市少年儿童图书馆曾经举行了"如何使用汉王电子书"的读者培训活动。工作人员结合视频资料从"硬件结构""通用常识""特色服务"和"注意事项"四个方面讲解、演示并介绍了电子书的使用方法及技巧。之后，又在多媒体借阅厅开展了题为"如何正确引导孩子数字阅读"的讲座，主要培训广大少年儿童如何正确操作使用电子书阅读器。网络技术部还通过幻灯片从数字阅读的"概念""载体""资源"和"阅读方式"四个方面图文并茂地介绍了数字阅读的发展趋势，以及正确使用数字阅读的方式与技巧。在培训中，少儿用户对电子书阅读器表现出了浓厚的兴趣。大多数少儿通过培训第一次认识到电子书能产生与纸质书一样的阅读效果，相比于纸质图书更为轻便，操作也并不复杂，内容还更加丰富，从而极大地调动了他们使用电子书阅读器的积极性。

1.1.2　举办少儿数字阅读普及和推广研讨会

电子书阅读器的推广使用，必须结合当地图书馆数字资源建设的实际状况进行规划安排。为了解重庆市图书馆数字资源建设和阅读服务总体情况，听取收集重庆市图书馆界相关工作者就少儿数字阅读普及和推广的意见和建议，在开展读者培训和讲座以后，又组织了部分主城区图书馆和涪陵区少儿图书馆馆长、有关工作人员参加了"重庆市少年儿童数字阅读普及和推广业务研讨会"。版权问题是最受关注的问题之一。版权问题贯穿于图书馆数字资源建设和利用的全过程，涉及数据库、软件、信息资源管理、用户服务等多方面问题。要很好地解决这些问题，需要法律、出版、图书馆等相关行业和领域的共同努力。现在重庆市绝大多数公共图书馆在数字资源加工方面存在着硬件、软件、技术、人才的不足，推行数字阅读的条件还有很多缺陷，整体发展状况比较薄弱。同时，与会代表们还提出了电子书阅读器在折旧率、成本、如何鉴定损坏程度、读者素质有待提高等等在实际流通中存在的问题。除此以外，电子图书的购买、数字资源的建设、电子书借阅管理制度都必须跟进，如果有条件还可以与学校开展数字阅读合作。

1.2　阅读推广活动的思考和总结

1.2.1 电子书阅读可以进行试验推广

以电子书阅读为代表的数字阅读无疑将是未来社会阅读的主流,引领更环保、便捷的新阅读时代。但是目前电子书阅读器技术的缺陷、市场的不规范、相关法律制度和政策的不完善及理论研究的不足都使得电子书阅读不可能立刻就能大规模推广应用。我们可以尝试结合地区实际,在小范围内进行试验,摸索出最可能适合本地本馆的管理方法和流通模式,提炼理论。

1.2.2 培养引进复合型人才,寻求广泛合作

电子书阅读器的推广和电子书借阅服务的开展,是一项涉及范围广泛的事业。它需要图书馆员既具备图书馆专业知识,还要具备计算机技术、网络通讯技术。另外,它不仅需要生产厂商、出版商的参与,更需要法律界、教育界、心理学界等多方面人士的关注和参与。因此,一方面图书馆要加强培养、引进复合型人才;另一方面,要积极寻求广泛的支持与合作,为这项事业注入源源不断的动力与活力。

1.2.3 普及信息技术,降低阅读门槛

目前的推广范围局限于重庆主城区,其原因是城乡发展差距较大,城市里的儿童接触电子阅读载体的机会远多于村镇少儿。对于更多的村镇儿童,应该做的是普及信息技术,通过培训、讲座让他们掌握信息技能,然后引导他们学会使用数字资源,进行数字阅读。

1.2.4 推广开展数字阅读活动

希望通过对电子书阅读器的研究,探索图书馆新型服务模式,培养少儿数字阅读能力,提升少儿综合素养。无论是怎样的服务模式,阅读活动都是其中至关重要的一环。宣传图书馆的电子图书资源,培养少儿的数字阅读兴趣和良好习惯,进而提高他们的阅读能力。

2 广州少年儿童图书馆阅读推广活动

2.1 广州少年儿童图书馆科普阅读推广活动的开展情况

2.1.1 品牌推广活动

2.1.1.1 "机器人展示"——聚集人气的科普活动项目

科普馆的机器人展示活动深受小读者的欢迎和喜爱。在2016年6月1日20周年馆庆当天,在一楼大堂及科普馆内均开展了"机器狂欢日——馆庆二十年"机器人展示活动。活动由该馆与广州市青少年科技中心联合主办,中鸣数码科技有限公司巴巴机器人活动中心协办。16台智能机器人排成方阵,与少儿图书馆吉祥物"悦悦"、无人机配合共舞,另外在科普馆还有猜拳机器人、分拣机器人、魔方机器人等的展示和互动环节,为馆庆仪式增添了科技的元素。在6月中旬,科普馆则联合"比隆小镇"儿童科技创新教育机构,进行了ev3机器人的现场展示,平衡机器人、光感车的出现,让孩子们感受高科技的魅力,引发对科学探索的兴趣。

2.1.1.2 "千师万苗工程"——蝴蝶培育科普系列活动

该馆与广州市青少年科技中心签订"千师万苗工程"的共建协议。"千师万苗工程"组织、筛选千名来自各学会、科研院所、高等院校和企业的教授、专家组成科技导师志愿团,让青少年在科技导师的指导和帮助下开展各种科技创新活动,点燃未成年人爱科学的热情,弘扬科学精神、倡导科学方法、普及科学知识,提高青少年的创新能力和科研能力。在上半年共开展3期有关蝴蝶培育的活动。来自华南师范大学生科院的教授和大学生志愿者向小读者剖析了蝴蝶的成长过程,指导如何从野外寻找蝴蝶幼虫,解释毛毛虫变蝴蝶的不同阶段所遇到的困惑,并引导读者们选择和阅读有关昆虫类的科普图书。

2.1.1.3 "真人图书馆"——讲述万千世界神奇的生命现象

"真人图书馆"延续阅读真人图书的风格,推出"人与动物专题",主讲嘉宾朱华君毕业于华南农业大学,是位职业动物医师,也是一本移动的"动物百科全书"。在2016年上半年共开展三期活动,分别介绍大象、狮子和骆驼。主讲嘉宾贴近小读者的视觉,从大型动物的生长环境、生理特征、食物链、性格特点、与人类的关系等,加深读者对它们的认识。真人图书馆科普系列延续"求真、探索、新知"的宗旨,并添加一些小读者喜爱的元素,如动物速绘、有奖竞猜、阅读推荐等,把图书阅读、科普视频、讲解示范三者有机结合,力求科普活动推广的多样化。

2.1.1.4 "科乐多实验室"——通过小实验解释物理和化学现象

联合广州科乐多文化发展有限公司,开展读者喜闻乐见的科学小实验,引发他们探索科学的热情。在2016年上半年,举办了"纸的秘密""冰淇淋大战火山""表面张力大战地心引力"三场实验活动。用吸引眼球的科学实验,解释科学原理。让小读者在游戏和互动中增加对物理和化学现象的感性认识,激发对科学探求的热情。

2.1.2 与合作方共建的科普推广活动

2.1.2.1 华农生科院大学生志愿者参与科普活动推广

在2016年5月科技周中,广州少儿图书馆科普馆举办了题为"叶子与叶脉书签"的知识讲座。来自华农生命科学学院的青年志愿者带领小读者走进多彩的叶子世界。科普讲座还融入了手工制作活动,小读者知道了叶脉书签就是除去叶子表皮和叶肉组织,剩下叶脉做成。制作过程还可以用氢氧化钠等碱溶液加热煮沸,水解掉叶肉等部分,仅剩下网状叶脉,再进行上色即可完成。通过科普活动,小读者既学到了科普知识,又培养了动手能力,制作出属于自己的独一无二的叶脉书签。

2.1.2.2 广州稚然协会志愿者组织策划特色自然分享讲座

该馆携手广州稚然协会举办了一场关于人与自然的分享会。活动邀请了广州市科技骨干教师谢辅宇作为主讲嘉宾,介绍南岭国家自然保护区观察到的各种各样的昆虫和植物;谢沈凌老师则向小朋友展示了各种美丽的鸟类。小朋友们通过老师的镜头领略到南岭自然保护区的多姿多彩,感受自然之美。在活动中,参与自然观察的家庭分别分享了他们走进南岭后的丰富感受,并向大家推荐相关的科普图书,把自然观察实践和理论知识阅读有机地结合。

2.1.2.3 广州市青少年科技中心提供科普展览的展品

该馆联合广州市青少年科技中心,开展"探索—解密"——科普"魔术"箱体验展。2016年4月到2017年9月开展两期,展览项目包括"锥体上滚""液晶新材料""旋转镜像""机翼与小球"等,涉及光、电、力、磁等学科内容,深受小读者的喜爱。展览的形式灵活,由一个个展箱进行独立展示,并配以操作方法及科学原理的说明,把科学原理加以形象化地展示,让低龄读者也能在家长或工作人员的指导和示范下参与和了解。科普小展览是科普馆的一项特色服务,也是对科普知识的立体展示,有效地促进了科学知识的传播。

2.2 科普活动对科普图书推广的效能

2.2.1 整体提升科普图书借阅量和图书利用率

2016年上半年,科普馆外借图书接近8万册次,第二季度相比第一季度,借阅量增加一万册次。总体文献利用率68%。上半年利用率最高的是U类图书,达到约190%,最低的是T类,只有42%左右,利用率超过100%的有J、Z、U三类。

2.2.2 专题推广活动直接促进该主题的图书借阅行为

以广州少年儿童图书馆科普馆为例，2016年4—5月，举办了4场与昆虫相关的活动，分别是：华农志愿者的"约会昆虫"，千师万苗之蝴蝶培育计划（共3场）。为配合这些与昆虫相关的活动，特别推出"虫虫欲动"专题书架，推荐图书30种，280册。在4—5月期间，推荐的图书共借出373册次。借阅量最多的是《蝴蝶，如此耐心》，一共借出31册次。虽然推荐的图书借阅的总量并不大，但结合这两个月所举办的昆虫类活动，直接带动Q96昆虫类的图书借阅量大幅上升，在没有昆虫活动的1—3月，昆虫类图书正常每月的借阅量只有不到600册次，但4—5月，平均每月超过1200册次，可见，活动对相关图书的借阅量会有很好的带动作用。

2.2.3 活动有效地宣传了图书馆的形象和提升社会影响力

媒体对科普活动的正面宣传和报道，扩大了公共图书馆在科普教育方面的影响力和公众形象，令更多的市民知道公共图书馆的社会教育职能，从而挖掘潜在的读者群。

公共图书馆作为社会教育的重要职能机构，光是单一、机械的图书借阅服务远远满足不了日益增长的社会需求。阅读推广活动是公共图书馆向读者推介馆藏资源的有效手段。而科普阅读推广是阅读推广的重要的有机组成部分，也是特色阅读推广活动的重要环节。

2.2.4 科技实践类的活动激发了小读者的科学探究兴趣

该馆服务的对象是未成年人，少年儿童处于成长期，对万事万物充满好奇心，对科技实践类的活动尤其感兴趣，像"科乐多实验室""比隆小镇机器人之旅""Makey makey智能游戏"这些互动性强的活动能一下子吸引住他们的注意。因而图书馆馆员可以因势利导，通过活动的开展去推荐相关的优秀图书。如《玩出来的科学家：随手能做的194个实验》，这本书通过若干有趣的科学小实验把涉及数学、物理、化学、生物的知识传递给读者，以动手实践验证的形式解决一个个有关科学的疑问，并与我们的生活息息相关。既推广了科普常识，又培养了小读者用实验的方法探究大千世界内在规律和奥秘的科学精神。

2.2.5 自然观察类的活动培养了小读者探索自然的兴趣

相对于高新科技类的活动，自然观察类的活动则是吸引了一批对自然生态学、环境保护学、动物行为学等感兴趣的读者。这类读者喜欢走进大自然，进行户外观察。针对这个群体的特点，该馆携手广州市自然观察协会开展系列知识讲座，向广大青少年普及并推广自然观察活动。在图书推荐方面，《蝴蝶故事》《我的第一本观鸟日记》《早安！我的植物邻居》《野鱼记》《自然野趣大观察》等等，都是新出版的非常适合少儿阅读的好书。科普图书推介结合科普知识讲座和读者沙龙活动，培养青少年热爱自然、观察探究的兴趣，从而推动有关自然观察的研究、欣赏及保护。

2.3 科普阅读推广存在的问题及反思

2.3.1 优秀的科普图书市场供应量相对不足

与儿童文学作品相比，科普读物在培养少儿掌握科学知识，探索自然奥秘的科学精神方面有着不可代替的作用。优秀科普读物种类不多，科普图书的质量参差不齐，这就需要图书馆人对科普图书进行筛选与推荐。现在越来越多的人关注和推动少儿阅读，但这种阅读集中体现在纯文学阅读，却忽视了科普阅读。其实科普读物对少儿的成长非常重要，对培养他们的科学素养、想象力、创造力等有着不可估量的作用。

2.3.2 科普图书的阅读推广人才不够专业

科普阅读推广的瓶颈还有一个重要的因素是适合做推广人的人力资源供不应求，公共图书馆的科普图书推广工作处于成长阶段。在现阶段，在儿童文学领域有建树的作家较多，但从事科普题材创作的作家比较稀缺。在科普阅读推广的实践工作中，需要推广人自己真正懂科学原理和科普知识，才有利于导读活动更好地开展。而放眼现在各公共图书馆，科普推广活动的形式主要还是以知识点的讲授为主，倾向于解释科学发现的结论，而对科学发现的过程涉及得不够，这与推广人自身的科普素养有关。

2.3.3 科普阅读推广的方式可参照文学作品的推广方式

目前科普读物的切入点主要以"讲故事、讲方法"为主，让读者在阅读的过程中，产生对科学原理探索的兴趣。从总体上来讲，公共图书馆进行有针对性的科普阅读推广刚起步，需要总结和摸索出一套适合馆情的方式和方法。针对不同年龄阶段、不同接受程度、不同性格的少儿读者应该采取不同的推广方式，不能千篇一律地进行撒网式推广。如针对幼儿读者，可开展以培养兴趣为主的科普立体书展示、科普动漫展览；针对小学生，可开展体验性强的科普小话剧、科普夏令营等活动；针对中学生，可开展难度较大的科普演讲比赛、科普创作比赛活动，引导读者在科普活动中体验科学、阅读科学，从而爱上科学。

科普市场需要精心地培育，科普原创需要发掘和保护。科普阅读推广可以借鉴文学阅读推广模式，探索科普阅读推广的新方式。可组织科学家、科普作家作为科普读物形象大使，走进公共图书馆进行科普类图书的阅读推广，开展"图书馆科普之旅"。

3 江苏少儿数字图书馆阅读推广活动

数字阅读推广是推广主体通过推广手段向阅读者推广数字资源的活动过程，让数字阅读成为人们实现知识分享、提升精神境界、获得有用信息及愉悦身心的一种渠道。数字图书馆平台的建设模式能有效地发挥推广主体的作用，强化推广手段的针对性，提升少儿读者的数字阅读兴趣，打消家长对少儿数字资源的疑虑，并将有力地推动少儿数字阅读推广工作，主要措施有：

3.1 省馆牵头，全省各馆参与

"十二五"期间，全国图书馆界在普遍均等的公共图书馆服务体系建设背景下，逐步开始公共图书馆总分馆体系建设的实践。江苏少儿数字图书馆正是在这一大背景下的区域性服务模式的构建尝试。省馆将发挥中心馆资源、技术、人才等方面的优势，发动全省公共图书馆参与到此项目中。在省馆前期调研的基础上，全省共有100家公共图书馆明确同意参加本平台建设，占全省图书馆的90%。随后，省馆将与各级公共图书馆签订共建协议、采购协议与服务协议，形成全省共建的大格局。这不仅推动了江苏省少儿读者服务工作，更标志着江苏的少儿数字阅读工作走在全国前列。2014年11月，我国首个全民阅读地方性法规《江苏省人大常委会关于全民阅读的决定》出台，将阅读公共设施建设纳入城乡建设规划，工作经费纳入本级财政预算。虽然苏州地区的总分馆制走在全国公共图书馆的前列，并且江苏全省范围内92%的各级公共图书馆均为少儿读者提供服务，但搭建全省性的少儿图书馆服务体系仍存在理论与实践的难度。因此，借助江苏少儿数字图书馆服务平台，既能够满足政府对全民阅读的规定与要求，同时能够借助作为阅读推广主体的公共图书馆向特定服务对象即少儿读者开展有针对性地数字资源推广。并且，不仅可以满足基层少儿读者对于数字资源的需求，体现公共文化服务体系均等性，而且能够推动数字阅读推广的辐射效应，将辐射范围扩大到江苏全省。

3.2 以少儿数字资源建设为基础，有效推动数字阅读工作

进行数字阅读推广工作的前提是，完善数字资源建设，使少儿读者可以使用不同类型的数字资源。目前省馆已完成全省公共图书馆少儿资源情况的调研，调研结果显示全省市、区、

县图书馆中已购买少儿数字资源的共有34家,占全省公共图书馆总数的30%;购买的少儿数字资源共有22种,主要集中在动漫、电子书、电子期刊、连环画、多媒体数据库、英语学习数据等方面。而许多图书馆尚未采购少儿数字资源,对少儿读者提供的服务还是以纸质图书为主。如何满足全省少儿读者的资源需求,是有效推动数字阅读工作的前提条件。因此,在平台建设时必须要考虑到构建学科丰富、内容合理、使用便捷的少儿数字资源体系。需要注意以下几点,一是在购买少儿数字资源时,应从江苏少儿读者的年龄情况、对资源的需求情况、利用图书馆的频率等方面进行考虑。以省馆为例,在目前应试教育的背景下,周末常来图书馆的少儿读者年龄段集中在4~10周岁,因为小学四年级的少儿读者就开始面临升学的压力,家长会让孩子周末去各种培训班、特长班等教育机构上课。二是全省公共图书馆应整合现有的少儿资源并加以充分利用。目前全省各级各地图书馆均能免费享用共享工程网站上的资源,其中不乏国学动漫、文化讲座、科普常识、优秀电影等适合少儿观看和使用的数字资源。整合利用这部分少儿数字资源,不仅能够充分发挥共享工程的文化惠民作用,而且能够避免重复采购与不必要的经费浪费情况。三是,加强少儿读者培训工作。多元化的少儿数字资源采购是进行少儿数字阅读推广的前提,进行有针对性的读者培训是进行少儿数字阅读推广的有效途径。少儿读者接受新鲜事物的能力很强,图书馆应对他们进行如何使用电子书、阅读电子期刊、使用数据库、利用数字图书馆等方面的培训,培养少儿读者的信息素养。

3.3 以资源商配合图书馆开展线下活动的方式开展少儿数字阅读推广

形式活泼、内容有趣的线下少儿读者活动是进行少儿数字阅读推广的重要助力。在我国公共图书馆目前的采购方式下,图书馆一旦购买数据厂商的资源,厂商会举办与产品相配合的线下活动,如南京图书馆举办的"连环画人物猜猜看"、连云港市少儿图书馆举办的"贝贝国学PK赛"、苏州图书馆举办的"中少讲故事"、扬州少儿图书馆举办的"乐儿线下活动"等。这种由图书馆主办,数字资源商协助,少儿读者和家长共同参与互动的活动方式,已经取得成效。这不仅能吸引少儿走进图书馆、利用图书馆,而且能吸引他们使用自己感兴趣的少儿数字资源。如在南京图书馆举办"3D立体书"体验活动后,很多小朋友开始在阅览室内查询恐龙的相关电子图书、视频等数字资源。因此少儿线下活动的举办与开展,会直接影响数字阅读推广工作的效果。平台建设进入到资源采购阶段就应该事先与数字资源厂商签订下共同开展内容多样化、专业化与个性化的线下体验活动的协议,规定开展活动的规模与参加人数。另一方面,图书馆作为活动的组织者,应培养具备举办少儿数字活动的馆员队伍,一是可以通过公开招聘的进人机制引进具有幼儿教育学历背景与工作经验的员工;二是与学校或者幼儿园合作共同举办活动,图书馆做好数字资源与场地的提供等工作,专业教育工作者前来组织少儿读者活动;三是举办少儿线下活动工作人员的培训,对馆员们进行儿童心理学、活动策划与组织等方面有针对性的培训。通过以上措施能够激发少儿读者对数字阅读的兴趣,并能够引起家长对少儿数字阅读的关注,这都能促进少儿数字阅读推广。

3.4 以移动APP、微信平台等数字化服务方式加强少儿数字阅读推广

随着数字时代中数字化和信息化的深入,目前我国图书馆界均能支持在APP程序内嵌入第三方系统网页,并实现第三方网页的既有功能。智能手机的普及使用使图书馆与家长之间有了新的互动平台,因此在江苏少儿数字图书馆平台建设中,尽快建立图书馆为少儿家长服务的APP,使图书馆与家长能够随时随地进行有效沟通,不仅能有效促进家长对图书馆少儿数字阅读推广工作的理解,而且将获得少儿家长对活动的支持。另一方面,通过江苏省少儿数字

图书馆微信平台的微活动、微推送、微服务、微留言、微相册等的推送,使家长们对少儿数字资源的内容、使用方法、互动方式等都有了充分的了解和认识。可以说,移动APP、微信平台等数字化服务平台打破了以做活动、读书会等形式进行的人与人之间面对面交流的阅读推广方式,为少儿数字阅读推广提供新的途径。

参考文献

[1] 范并思. 阅读推广与图书馆学：基础理论问题分析[J]. 中国图书馆学报, 2014, 40(05): 4-13.

[2] 王丹, 范并思. 图书馆阅读推广基础理论流派及其分析[J]. 大学图书馆学报, 2016, 34(04): 23-29.

[3] 王彦力, 刘芳兵, 杨新涯. 以信息技术为支撑的阅读推广模式研究[J]. 大学图书馆学报, 2016, 34(04): 30-35.

[4] 刘红, 刘力文. 少年儿童图书馆电子书阅读推广的实践研究——以重庆市少年儿童图书馆为例[J]. 图书馆工作与研究, 2012(07): 115-118.

[5] 王素芳. 国际图书馆界儿童阅读推广活动评估研究综述[J]. 图书情报知识, 2014(03): 53-66.

[6] 曹炳霞. 高校图书馆经典阅读推广研究——以郑州大学图书馆"重命经典"活动为例[J]. 郑州大学学报：哲学社会科学版, 2015, 48(05): 160-163.

[7] 廖元兴. 香港、台湾地区阅读推广活动研究及启示[J]. 河北科技图苑, 2016, 29(06): 79-82.

[8] 贺新乾, 王颖纯, 刘燕权. 美国公共图书馆阅读推广活动的发展现状与特点分析[J]. 图书与情报, 2017(05): 97-103.

[9] 王琳, 钟永文, 杨雪晶. 基于英国Bookstart案例研究的婴幼儿阅读推广策略[J]. 图书馆学研究, 2013(04): 69-73.

[10] 高云. 国内高校图书馆阅读推广研究综述[J]. 图书馆工作与研究, 2017(11): 108-113.